유고(1876년~1877/78년 겨울)
미학, 윤리학과 행복론에 관하여 외

유고(1878년 봄~1879년 11월)
우화에 의한 헤시오도스의 예술 외

니 체 전 집
KGW IV2, IV3

9

# 유고(1876년~1877/78년 겨울)
## 미학, 윤리학과 행복론에 관하여 외

# 유고(1878년 봄~1879년 11월)
## 우화에 의한 헤시오도스의 예술 외

Nachgelassene Fragmente 1876 bis Winter 1877~1878
Nachgelassene Fragmente von Früling 1878 bis November 1879

강용수 옮김

책세상

## 일러두기

1. 이 책은 독일에서 출간된 《니체전집*Nietzsche Werke, Kritische Gesamtausgabe*》(Walter de Gruyter Verlag) 가운데 vol. IV 2에 있는 "Nachgelassene Fragmente 1876 bis Winter 1877~1878"과 vol. IV 3에 있는 "Nachgelassene Fragmente von Frühling 1878 bis November 1879"를 번역한 것이다.
2. 원서에서 자간을 벌려 강조한 단어와 굵게 강조한 단어를 여기서는 각각 고딕체와 굵은 글자로 표시했다.
3. 주는 모두 옮긴이주이며, 후주로 처리했다.
4. 그침표(:), 머무름표(;), 말바꿈표(―), 따옴표(" ") 등 대부분의 문장 부호의 사용은 원서를 그대로 따랐다.
5. 맞춤법과 외래어 표기는 1989년 3월 1일부터 시행된 〈한글 맞춤법 규정〉과 《문교부 편수자료》를 따랐다.

# 차례

# 유고(1876년~1877/78년 겨울)

## : 미학, 윤리학과 행복론에 관하여 외

〔16 = N II 1. 1876년〕

16[1]

  I 미학 II 윤리학과 행복론에 관하여


16[2]

  아무도 영리하지 않다 ─ 결혼 ─ 폐허 ─ 소녀 행복

16[3]

  표현의 재능을 가진 사람은 사물에서 단지 표현 가능한 것을 본
다. 그들은 많은 것을 파악하지 않는다. 작가와 교육자 또한 그러하
다. 이들 모두는 근본적으로 그저 자신들의 재능만을 생각할 뿐이
다 : 그렇게 하지 않으면 그들이 더 좋게 되든 나쁘게 되든 그들에
게는 마찬가지다.

  인간으로서, 음악가로서, 문헌학자로서, 작가로서, 철학자로서
─ 나는 지금 이 모든 것에서 그것들이 나와 관계하고 있음을 알게
되었다 ─ 똑같다. 어디서나 똑같다! 만약 내가 탐욕스럽다면 그것
은 아마 전혀 절망할 일이 못 될 것이다 : 그러나 나는 아주 보잘것
없는 고로, 그것은 거의. 시용 성(城)에서 씀. 저녁 6시경.


16[4]

  해방.

문헌학자.

존경.

연령.

종교.

바그너.

기타 등등.


16〔5〕

레오파르디―샹포르―라 로슈푸코―보브나르그―콜리지 식사

중 담화.

번역하기.

문학사.

문헌학에 대하여.

책 : 자유로운 교사.

1. 해방에의 길.

2. 교육자의 학교.

3. 방랑자.

4. 죽은 자에게 은총을!


16〔6〕

자살의 일반적인 고찰 하에서 본 금욕, 마찬가지로 비이기적 희

생.


유고(1876년~1877/78년 겨울)

16[7]

　모든 인간은 저마다 삶을 견디기 위한 자신의 처방을 갖는다(언젠가 삶이 힘들게 보일 때, 일부는 그것을 가볍게 만들기 위해, 일부는 그것을 가볍게 견지하기 위해). 또한 범죄자도. 이 곳곳에 적용된 삶의 기술은 함께 결합될 수 있다. 종교라는 처방이 원래 어떤 상태를 초래하는지 설명할 것.

　삶을 가볍게 하는 것이 아니라 가볍게 생각하는 것.

　많은 이들이 나중에 그들의 최고의 처방(예술, 금욕 등)을 제공하기 위해 삶의 무게를 더하려고 한다.

16[8]

　"가벼운 삶"

　(ῥεῖα ζώοντες)

　정신적 자유로의 길

　그리스인들

　교사

　부부

　사유 재산과 노동.

16[9]

　가벼운 삶.

　자유로의 길.

　고대 문화의 죽음.

　교사.

여성과 아이.

사유 재산과 노동.

16[10]

반시대적 고찰.

1. 교양 속물 (교육의 화폐 위조).

2. 역사.

3. 문헌학자.

4. 예술가.

5. 교사.

6. 여성과 아이.

7. 사유 재산과 노동.

8. 그리스인.

9. 종교.

10. 해방.

11. 국가.

12. 자연.

13. 사교성.


16[11]

1. 자연 1883

2. 여성과 아이 1878

3. 사유 재산과 노동 1881

4. 교사 1882

16[12]

일곱 가지 반시대적 고찰 ─ 1873~78.

아포리즘에서 증보의 모든 고찰에 관하여.

나중에 : 반시대적 고찰에 대한 증보들 (잠언으로)


16[13]

매일 하나의 즐거움을 만드는 것 ─ "친구".


16[14]

덕으로부터 하나의 고난을 만드는 것


16[15]

매주 하루 아무것도 먹지 않는다.

저녁은 우유와 차로만 때우기.

매일 네 시간씩 외출하기 (수첩 지참)

수집 : 독일어를 위해.

　　잠언.

반시대적 고찰　29.─ 37. 연령

$$38. — 48.$$
$$49. — 58.$$

16[16]

자유를 향해 난 계단은 다양하다. 한 사람이 이 계단으로 올라갈 수 없으면 (예를 들어 그가 완고한 기질의 사람이라면) 그는 아마 저 계단으로 올라갈 수 있을 것이다. 그러면 그 한쪽 힘은 비정상적으로 강하게 발전한다. 독립성을 위한 감각을 예로 들어볼 때, 그것은 사랑에서의 의존성이 그러하듯이 자유를 향해 잘 나아갈 수 있다.

16[17]

모성(母性)은 모든 종류에 있어서 사랑이다 : 그러나 부성(父性)은 아니다.

16[18]

교제하는 인간의 측면에서 볼 때 무자비한 우월성의 표시는 매우 고통스럽고 가슴 깊이 파고든다.

16[19]

콘실리아 유벤투티스Consilia Juventutis는 더 많은 신성을 가지고 있다. 베이컨.

16[20]

나의 문체는 특정의 육감적인 간결성을 지닌다.


16[21]

시인은 사물을 처음엔 정확하게 보고 다시 부정확하게 보아야 한다. 즉 의도적으로 그것에 베일을 씌워야 한다. 많은 이는 이것을 직접적으로 시도한다 ; 그러나 그것에 성공하지는 못한다 (실러의 경우에서처럼). 자연의 빛은 의복을 통해 비쳐 보여야 한다.


16[22]

제거하는 자는 예술가다 : 덧붙이는 자는 비방자다.


16[23]

바그너에게 있어서 어원학은 참으로 예술적이다 : 비과학적이긴 하지만. 그것이 자연과의 올바른 관계다.


16[24]

금욕주의자의 정신착란병delirium tremens des Asceten


16[25]

자유 정신의 권력을 본받은 삶―자유 정신은 스스로를 인류를 불태운 가르침으로서 고찰한다.
자기 방어로부터의, 권력 요구로부터의 자유 정신.

16[26]

종종 무능함에 대한 복수가 있다 (이소크라테스)


16[27]

전후(戰後) 슈트라우센Straussen의 책에 나타난 저수준의 독일 문화―천박한 향락 중독적인 성향에 대응한―독일적 문화 흐름의 수위(水位).


16[28]

자유롭게 사유하는 사람은 모든 세대의 발전을 미리 완료한다.


16[29]

힐레브란트처럼 몇 년 정도 여론을 앞서는 사람들, 그들은 마찬가지로 하나의 공적인 생각을 갖고 있다.


16[30]

아버지에 이르기까지 부단한 일련의 좋은 조상들에 대해 우리는 자부심을 가질 수 있다 : 그것은 우리 자신 앞에서 행하는, 고유한 자신의 정당화다. 그러나 연결 고리의 유일한 단절이 귀족을 파괴한다. 네 조상 중에 폭력적이고 탐욕적이고 방종하고 교활하고 무시무시한 사람이 아무도 없었는가? 사람들은 이렇게 각자에게 물어야 한다. ― 그러한 한 나는 4촌까지 귀족이다 : 계속하여 소급하면 더 이상은 모르겠다.

16[31]

　아내의 간통에 대해서 전혀 분노하지 않는 남자들이 많다. 이로써 그들이 같은 일을 범했을 때 손해를 보지 않고 상황을 모면하게 되는 것을 전제로.

16[32]

　아버지에 대한 아들의 불복종은 언제든 가능한 한 바로 계속된다, 즉 복종은 바로 아직도 허용된 최소로서 스스로 드러난다. 그러나 경계를 짓는 것은 전적으로 아버지의 손에 달려 있다. 왜냐하면 교육과, 그것에 의해서 습관 들이기는 아버지의 소관이기 때문이다.

16[33]

　목적 : 한 명의 독자에게 탄력성 있게 적중하여, 그가 스스로 발끝으로 설 수 있게 한다.

16[34]

　자유 정신, 요정 이야기, 탐욕스러움은 사람을 발끝으로 서도록 일으켜 세운다.

16[35]

　시간을 두고 생각하라. 샘물이 다시 한데 모여야 한다.

16[36]

성적 충동의 환상은 드물게 주기적으로 치료 불가능한 성격을 갖는다 : 비록 중간중간 실망하는 시기가 있긴 해도, 성욕은 항상 다시 자신의 그물에 빠져든다.

16[37]

만약 사람이 행복을 갖고 있지 않으면 스스로 행복을 만들어야 한다.

16[38]

"활동하는 사람"에게 있어서의 비활동성. 그들은 왜 그들이 일하는지 이유를 알지 못한다. 그들은 의미 없이 활력을 잃는다 : 그들에겐 보다 높은 활동, 개별적인 활동이 결여되어 있다. 공무원과 상인을 생각해볼 수 있겠지만, 그들은 희귀한 유의 사람들로서 비활동적이다.

16[39]

은둔한 삶vita umbratica에 있어서의 보다 높은 공명심 : 근본적으로 구분된다!

16[40]

활동하는 자의 행위가 항상 조금 비이성적이라는 것이 그들의 불행이다 : 그들은 마치 돌이 떨어지듯이 의식 없이 계속 구른다.

16[41]

　아마도 우리는 우리가 승리했을 때보다, 우리의 타락과 몰락을 통해서 더 복지를 이롭게 한다.

16[42]

　어느 누구나 모든 것에 관하여 고유한 의견을 갖는다, 왜냐하면 그가 고유한 존재이기 때문이다 ― 그렇긴 하나 각자는 깊이 숙고해야 한다!

　사물이 몰락하여, 그것에 대해 알 수 있고, 그것에 대해 의견을 가질 수 있는 그런 것이 된다.

16[43]

　자유의 상황은 건강과 마찬가지다. 그것은 개별적이다.

16[44]

　자유 정신은 사건의 정상만을 파악한다, 그러나 사건을 전체적으로 취하는 것은 원치 않는다 (예를 들어, 전쟁 ― 바이로이트).

16[45]

　근대의 수도원들 ― 그러한 자유 정신을 위한 장학 재단 ― 우리의 위대한 능력에서의 가벼운 (어떤) 것.

16[46]

　자유 정신의 담론 : 마치 다수의 사람이 서로 투쟁하면서, 바닥에

대한 권리를 인정하지 않은 채 하나의 가파른 산을 오르는 것과 같
은 ― 지긋지긋한 논쟁

16[47]
어떻게 자유 정신이 궁극적으로 적극적인 삶에 관계하는가? ―
가볍게 묶이는 것 ― 그러나 자기 행동의 노예는 아님.

16[48]
학식이 있는 자는 존엄을 잃었다, 그들은 서둘러 즐기는 적극적
인간에게 경쟁을 마련해주었다.

16[49]
작은 직분이나, 부양할 수 있는 재산과 같은 자신의 외적인 목적
에 시기 적절하게 도달하는 것. 그렇게 살면, 모든 것들이 뒤집혀도
우리를 그다지 놀라게 할 수는 없다.

16[50]
태양은 대지에 빛나고 그것을 넘어 물결이 흐르는 것을 보여준다
: 험준한 바위.

16[51]
관조적인 삶에 대한 평가가 감소했다. 예전에는 종교적인 것과 정
신esprit의 대립이 계속되었다 : 이제 한 인간 속에서 양자에 대한
일종의 새로운 탄생이 가능하다.

16[52]

이러한 요소에 잠수해 들어가기 위해선 얼마나 숨을 많이 들이쉬느냐가 관건이다. 숨을 많이 들이쉬면 바닥을 볼 수 있게 된다.

16[53]

사물을 완전히 보기 위해서 사람은 두 가지 눈을 가져야만 한다, 사랑과 증오의 눈을.

16[54]

생산적 인간이 자유 정신이 되는 경우는 드물다 ; 시인은 종교적으로 뒤처져 있다. 정치가는 ㅡ ㅡ ㅡ

16[55]

지난 세기, 자유 정신의 상은 미완성으로 남아 있었다. 그들은 너무 적게 부정했고, **스스로를 과잉보호했다.**

〔17 = U II 5b. 1876년 여름〕

17〔1〕

미적인 것에 관하여 : 몇 가지 세련되지 못한 것에 관하여.

　관념주의의 주요 수단은 생략이다. 사람들은 너무 정확하게 바라보아선 안 된다. 관객들은 아주 멀찍이 떨어져 있도록 강요당한다. 그곳으로부터 관찰할 수 있도록(실내 장식용 그림의 경우처럼) 말이다. 관찰자가 거리 두기를 시작하는 것은 얼마나 중요한지! 여기서 창조하는 예술가는 흔들리지 말아야 한다. 자신의 청중이 느끼는 가장 강한 감정으로부터 그가 얼마나 정확하게 출발해야 하는지가 바로 여기서 나타난다.

　측량구(測量具)가 실재성 위로 망사천을 드리운다. 몇 가지 예술적 잡담이 무엇인가를 숨겨 들어 올린다. "몽롱한 것"을. 예술 활동의 최후 수단을 정말로 소박하게 감상하는 것! 그것은 매우 드문 일이다! 거기서 생겨나는 일들은 상당히 하찮은 것들이다. 종교의 경우도 마찬가지다.

　순수하지 못한 사유의 예술을 위한 위대한 가치.

　사랑과 경멸은 함께 모방에 속한다, 아르킬로코스의 경우처럼. 인간 영혼의 가장 유익한 상태이리라!

17〔2〕

　비논리적인 것은 인간 존재의 이겨낼 수 없는 필연성에 속한다 :

〔17 = U II 5b, 1876년 여름〕 27

그로부터 많은 매우 좋은 것이 발생한다! 그것은 매우 확고하게 언어에, 예술에, 정서에, 종교에, 삶에 가치를 주는 모든 것에 감추어져 있다! 인간의 본성을 논리적인 것으로 변화시키려는 순진한 사람들! 아마 어느 정도 접근할 수는 있을 것이다. 그러나 모든 것을 잃게 된다! 때때로 인간은 본성, 즉 사물에 대한 자신의 비논리적인 근본 입장을 필요로 한다. 그로부터 그의 최상의 충동들이 일어난다.

17〔3〕

분리된 두 가지 세계 : 신들의 운명을 배경으로, 지크프리트¹⁾의 삶, 최고로 형이상학적으로 느껴진.

17〔4〕

독일인들은 다시 한번 **개혁** 이후와 같은 그런 상태에 이르렀다 ; 마찬가지로 독일인들은 실러와 괴테의 개혁을, 영향을 미치는 높은 정신을 완전히 희생시켰다 ; 지금 칭찬되는 모든 것은 그것의 완전한 반대물이고 성실한 사람에게 그러한 정신에 대한 일종의 경멸을 형성한다. 전적으로 사람이 위대하다는 것이 문제다 ; 인간에 속하는 것은 너무 빨리 가격이 매겨질 수 없다 ; 그러나 지금 이해되는 것과 같은 국가적인 것은 바로 제한을 도그마로서 요구한다. 강도들이 실러를 넘어서 어떤 느낌을 갖겠는가?

17〔5〕

다윈주의에 관하여.

인류과 함께하는 보편 감정.

국가에 관하여.

종교에 관하여.

17〔6〕

자신에 대한 진심 어린 동정은 인간이 다다를 수 있는 최고의 감정이다.

17〔7〕

잠시 잠이 들게 되고, 잠들면 더 이상 인간이 자신의 고통을 생각하지 않는 것으로써 족하다. 세상에서 가장 좋은 일은 세상의 광기를 위해 잠과 망각이 있다는 것이다 : 모든 윤리적인 체계는 최악의 세상에 있는 이러한 최선의 길을 염두에 두고 있다.

17〔8〕

인생이란 모든 노력을 기울여도 덧없는 것이다.

17〔9〕

많은 사람들은 죽음을 두려워하지 않는다, 그러나 예를 들어 병으로 인해 죽음에 대해 너무 오래 생각하는 것을 두려워하고 이러한 상태보다 삶을 선호한다.

17〔10〕

그러자 누군가가 말한다 : "저 작가를 가까이해선 안 되겠어. 그

자는 인간에 관해서 너무 많이 나쁘게 말하거든. 그 자신이 진짜로 나쁜 인간임이 틀림없어." 대답 : 그렇다면 당신 자신이 더 나쁜 사람임이 분명해. 당신이야말로 현존하는 가장 선한 사람들, 진실을 말하는 사람들, 그리고 스스로 몸을 사리지 않는 사람들에 대해 나쁘게 말하고, 게다가 허위 사실을 말하고 있으니까!

17[11]

병든 사람은 종종 영혼에 있어서 건강한 사람보다 더 건강하다.

17[12]

지성의 날카로움과 깊이 없이 세계에 대해 종교적으로 고찰하는 것은 종교를 세계에서 가장 혐오스러운 것으로 만든다.

17[13]

파고 들어갈 내면이 없고, 순전히 가면뿐인 여자들이 있다 : 거의 유령과 같은 존재, 흡혈귀 같고 절대로 만족하지 않는.

17[14]

우리는 이웃의 적개심에 찬 목소리를 두려워한다, 왜냐하면 우리는 그가 그런 목소리를 통해 우리가 숨기는 부분들에 몰래 들어와, 우리가 우리 자신을 경멸하는 것처럼 우리를 경멸하는 법을 배운다는 것을 알기 때문이다.

17〔15〕

어떻게 우리가 자신의 경멸보다 타자의 경멸에 더 괴로워하는 일
이 일어나는가? 타자의 경멸은 우리에게 더 해롭다.


17〔16〕

인간의 천재적 상태는 그가 같은 사물에 대해 동시에 사랑과 경
멸의 상태로 있는 것이다.


17〔17〕

국가의 목적은 절대로 국가여서는 안 되고, 오히려 항상 개인이
어야 한다.


17〔18〕

사물을 자신의 표상을 위해 미화하려는 이는 자신의 생각을 미화
하려는 시인과 같은 방식으로 그것을 행해야 한다 : 시인은 생각을
측량구에 묶고, 그 위에 리듬이라는 부드러운 천을 드리운다 : 게다
가 그는 시구에 맞추기 위해 생각을 약간 더 악화시켜야만 한다. 사
물을 예술에 굴복시키기 위한 인식의 악화 : 삶을 즐겁게 하는 것의
비밀.


17〔19〕

기독교의 가장 세련된 기교는 사랑에 대하여 말하는 것이었다 :
마치 플라톤의 그것처럼. 그것은 너무나도 다의적인 어떤 말, 수집
된 말, 기억된 말을 담고 있어서, 가장 낮은 지성의 소유자들은 그

저 이 말들의 어렴풋한 의미를 느낄 뿐이다 : 가장 늙은 여자와 가장 이성적인 남자는 사랑에 그네들 삶의 가장 고귀하고 비이기적인 순간에 대한 감사를 전한다.

17[20]

유대인이 지상에서 가장 나쁜 민족이라는 것은 온 인간의 모든 원죄와 사악함에 관한 기독교적인 교리가 바로 유대인 가운데서 탄생했다는 것 — 그리고 그들이 자신들에게는 이 교리를 거부한다는 것과 잘 일치한다.

17[21]

정신적인 자유에 이르는 길.

교육의 단계들.

부모들. 친척 이웃들. 친구들. 공립 학교 선생. 민족-사 자연. 수학. 지리학. 여행. 고대. 노년기, 노인과의 교제. 공무. 인간 봉사. 종교적인 고백으로의 편입. 결혼. 여성들. 어린이들. 고독한 사람들. 미혼인 사람들. 생계. 결혼. 재산이 없는 이들. 불명예스러운 사람들. 출판. 영원불멸. 죽은 자와의 교제. 죽음의 선행(善行), 성숙함. 목적 없음과 쓸모없음에 대한 이른 통찰에 관하여.

17[22]

반시대적 고찰. 나는 개인들을 위대하고 자립적으로 만드는 것과 또한 그들을 서로 결속시킬 수 있는 관점을 한데 모으고 수집했다. 나는 우리가 상승 기류를 타고 있다고 본다 : 우리는 곧 모든 문화의 보호자가 될 것이다. 다른 모든 운동들은 문화 적대적이다〔사회주의적 움직임, 또한 거대 국가와 금권(金權) 운동들, 그리고 과학 운동도 물론이다〕.

나는 사람들에게 안식을 되찾아주려고 한다, 그것 없이는 어떤 문화도 생성하거나 존재할 수 없기에. 그리고 단순함 또한.


17〔23〕

나에게는 인간의 동기들이 중요하다 : 내게 있어 인식의 객관적인 존립은 소름끼치는 일이다. 인간이 악화될 경우, 최상의 인식이 닦여 없어져버릴 것이다.


17〔24〕

나는 소년과 청년 시절을 슬픈 감정을 갖고 뒤돌아보는데, 매일 더 많은 해방을 느낀다. 속박에서 자유로의 이행.


17〔25〕

첫 번째 반시대적 고찰의 탄생 때 느꼈던 감정의 긴장. 천재와 그의 작품에 대한 두려움과 아울러 슈트라우스적인 느긋함을 바라봄. 모든 정신적인 삶의 수단을 위조하는 것! 모든 인식하는 자들을 무기력하게 하는 것! 공정함과 불공정함 사이에서 비틀거리는 도덕성, 그리고 상스러운 것에 대한 무절제한 탐닉! 기만적인 방식의 행복!


17〔26〕

평온 단순함과 위대함!

내 본성의 가장 큰 집중력의 결과로서 문체 면에서도 이와 같은 노력을 모사하는 것.

"너 자신에게 이르는 길."

17[27]

인식이 의지에 불을 붙일 수 있는 것처럼, 절반의 인식은 의지를 탁하게 하고, 그리고 건강하지 않게 만들 수 있다 : 그래서 의지는 더 이상 배고픔과 갈증을 올바른 방식으로 갖지 않고, 언젠가 구제될 수 없다. 개체가 요구하는 바를 실제로 알기 위한 개체의 생산!

10

17[28]

아이를 생산하는 목적은 우리보다 더 자유로운 인간들을 세상에 낳는 것이다. 어떠한 사려도 특성들의 유전에 관한 것보다 더 중요하지 않다.

15

17[29]

자연은 남자에게 여러 번의 결혼을 차례대로 지시한다 : 처음엔 과년한 처녀. 나중엔 모성적인 것으로 이행.

"알케스티스는 그녀의 남편을 위해 죽을 것이다", 그에게 모성적
20 인 사랑이 베풀어진다. 그 사랑은 두 번째 결혼을 허용할 것이다. 그것은 하데스로부터 가져오게 된다.

17[30]

나는 자신의 청년기, 예를 들어 학창 시절을 되돌아보며 한숨짓

는 사람들을 보면 놀라움을 금할 수 없다. 그것은 그들이 부자유스
럽게 되었고 그 당시에 더 형편이 좋았다는 표시다. 나는 그와 정반
대로 느낀다. 그러니까 나의 경우 유년기와 청년기만큼 원치 않는
것도 없을 정도다 : 나는 과거보다 지금 더 젊고 자유롭게 느낀다.

17〔31〕

한 나그네가 밤새 길을 간다
유쾌한 발걸음으로 ;
그리고 그는 굽은 계곡과 긴 언덕을
쓸고 지나간다.
아름다운 밤이다 —
그는 성큼성큼 발걸음을 내딛으며 멈추어 서지 않는다,
정처 없이. —


그때 밤을 가르며 한 마리 새가 노래한다. —
— "오 새야, 너는 무엇을 하였느냐?
무엇을 하였기에 내 마음과 발걸음을 방해하고,
내 심장에 불쾌할 정도로 달콤함을
퍼부어, 나로 멈추어 서게 하여
네 소리와 인사말을 알아들으려
귀 기울이게 하느냐?" —


착한 새가 노래를 멈추고 말한다 :
아닙니다, 나그네여, 아니랍니다! 내 노래로

인사한 건 당신이 아니랍니다 ;
밤이 너무도 아름다워서 노래하였답니다.
그래도 당신은 계속 길을 가야 하는군요
내 노래는 영영 이해할 수 없겠네요.
이제 떠나가세요
그대 발소리가 먼 데서 울려 오네요
나는 다시 밤 노래를 부르기 시작합니다,
내가 할 수 있는 한 잘. ―
잘 가요, 그대 불쌍한 나그네여! ―

17〔32〕

예술가는 자연을 그대로 베끼기 위해서가 아니라 변형시키기 위해서 기억의 불성실을 필요로 한다.

17〔33〕

"사물의 위에" ― 전치사 "위에über"를 완전히 파악한 사람은 인간적인 자부와 비참함의 범위를 파악했다. 사물의 위에 있는 사람은 사물의 안에 있지 않다 ― 그러니까 한 번도 그 자체 속에 있지 않는 것이다. 후자가 그의 자부(自負)가 될 수 있다.

17〔34〕

실패와 멸시받는 것은 자유롭게 되기 위한 좋은 수단이다. 인간은 그것에 대해 경멸을 느낀다 : 그것은 나에게 아무것도 덧붙여 주지 않는다! 그래서 이제 나는 본성대로 존재한다.

17〔35〕

인간은 나이가 들면서 스스로를 불필요하게 만든다.


17〔36〕

나는 반시대적 고찰의 여기저기에 빠져나갈 문을 내두었다.


17〔37〕

코엘리바트Coelibat는 가톨릭 국가들에서 종교적인 어린이들을
빼앗았다 : 온화하며 반쯤은 스스로를 부정하는 인간들을.


17〔38〕

이리저리 바삐 몸을 굴려보았자 고통만 클 뿐이다.


17〔39〕

인식의 반짝이는 태양빛은 사물의 흐름을 통과하여 그것의 바닥
에 다다른다.


17〔40〕

개개의 세대마다, 마찬가지로 개개의 문화 사조마다, 의지가 지
향하는 바는 생기 없고 선량해지는 것과 소멸하는 것이다.


17〔41〕

명상적인 삶에 대한 평가가 줄어들었다 ― 그 때문에 나의 고찰은
반시대적이다. 예전에는 종교적인 것과 정신esprit은 끊임없이 대립

물이었다. 양자는 명상적인 삶의 안에 있었다.

17〔42〕

자유 정신은 적극적인 삶에 어떻게 관계하는가? 적극적인 삶에 가볍게 결부된다고 해서 그것의 노예인 것은 아니다.

17〔43〕

적극적인 사람은 명상적인 삶에 의해 발견된 이념과 보조 수단을 사용한다.

17〔44〕

인간의 미래를 위해 자유 정신이 생존하므로 그것은 삶에 대한 새로운 가능성을 고안하고 낡은 것에 대해서는 신중하게 검토한다.

17〔45〕

에피쿠로스의 교리를 이용할 것.

17〔46〕

지식인의 왕국을 위한 평화와 고요의 재생산, 근대적인 소음의 제거.

인간이 근대의 야단법석에 지쳐버리고 난 후에야, 비로소 고요함의 추구와 심화가 그것이 전혀 존재하지 않았던 것처럼 인간에게 와야만 한다.

17[47]

자유 정신과 친구들과 같은 사람에겐 모든 사람들에게서 귀족과 상사를 보고, 또는 미지의 이점에 이르는 하나의 연결 다리를 보고 아첨하는 그러한 경악스러운 사람들은 어울리지 않는다. 오히려 이들은 모든 사람들과 친구에게서 후원자와 스승, 전제 군주적인 것을 보고, 위대한 자선을 단호히 거부하는 자유 정신이 된다.

17[48]

야심가도 자유 정신이 될 수 있다. 왜냐하면 그는 여기서 수단을 철저하게 구별해야 하기 때문이다.

17[49]

보편 언어가 발견되지 않는다면 모든 문헌학의 목적은 무엇인가? 그렇게 되면 유럽적인 보편 인간이 있게 된다. 그렇게 된다면 무엇 때문에 아직도 무시무시한 말하기를 배워야 하는가!

17[50]

자유 정신으로서의 자신의 돈을 잘 사용하려는 이는 반드시 수도 원과 같은 기구를 설립해야만 한다. 아니면, 세계와 더 이상 관계하지 않으려는 사람들을 위해 최고의 단순함 속에서 친구 같은 공존을 가능하게 하려면.

17[51]

근대의 병은 : 경험의 과도함이다. 그 때문에 모든 사람들은 경험

을 잃지 않으려고 시간에 맞게 귀가한다.

17〔52〕

조국애와 정치에 대해 강조하는 것은 나쁜 징조다. 칭찬할 수 있
는 보다 고상한 것이 더 이상 없는 것처럼 보인다.

17〔53〕

현대의 격동성은 그로 인해 문화의 위대한 결과물들이 사라질 정
도로 커져서, 그에 적합한 의미가 점점 부족해지고 있다. 따라서 문
명은 하나의 새로운 야만으로 질주한다. 그러나 인류는 "행동하는
자"들의 이 유일한 흐름으로 유도되어서는 안 된다. 나는 균형을,
러시아의 농부와 동양인의 명상적인 요소를 희망한다. 이것은 언젠
가 대단한 정도로 인류의 특성을 수정하게 될 것이다.

17〔54〕

서쪽을 향하여 운동의 광기가 점점 커지기 때문에 미국인들에게
이미 모든 유럽인들은 느긋하고 즐기는 것처럼 보인다. 두 가지 흐
름이 합류하고 융합되는 곳에서 인류는 그들의 목적, 즉 현존재
Dasein의 가치에 대한 최고의 인식에 이른다 (사유의 활동이 너무
미약하기 때문에, 그리고 이러한 활동이 다른 것을 지향하기 때문
에 그곳에서는 불가능하다).

17〔55〕

내가 상상하는 미래의 사상가는 내부에서 유럽적이고 미국적인

불안이 수백 겹 유전되었을 아시아적 평온과 결합하는 자다. 그와 같은 결합이 세계의 수수께끼를 풀게 될 것이다. 그동안에 고찰하는 자유 정신은 자신의 임무를 갖는다 : 자유 정신은 인간의 융합에 방해가 되는 모든 울타리를 제거한다 : 즉 종교, 국가, 군주적 본능, 부와 가난의 환상, 건강과 인종에 대한 선입견 등을 제거한다.

17〔56〕

비밀스럽게 자신의 계획에 대해 말하는 이는 누구나 우리에게 어리석고 잘난 체하는 것으로 여겨진다. 그것은 그렇게 중요하지 않다. 어떤 일에 대해 말하지 않으려는 것은 부당한 자기 감정이며 옹졸한 것으로 간주된다.

17〔57〕

내가 저주하는 영혼의 불안Seelen-Unruhe이 아마도 바로 나를 생산으로 몰아넣는 상태일 것이다. 완전한 평화를 열망하는 경건한 자들은 자신들의 가장 훌륭한 활동성의 뿌리를 뽑아버린다.

17〔58〕

자유 정신은 인간의 우둔한 평온에 대해 "신처럼 질투한다". 분노를 불러일으키는 것 νεμεσσητικόν은 신의 시기심이다.

17〔59〕

꾸밈없는 진리의 외관.

17〔60〕

천재를 산출하기 위해 억제가 필요하다.


17〔61〕

세 가지 재능 사이에서 **중도 노선**을 찾아내는 것이 — 나의 문제다.


17〔62〕

모든 장기(長技)를 중심적인 것으로 만들어, 현재의 재능에 뜨개질 코 엮듯 엮어 들이는 것.


17〔63〕

악습은 자유 정신에 대한 많은 단초를 제공했다. 영원한 처벌에 대한 두려움도 마찬가지다 : 사람들은 이 성가신 생각을 떨쳐버렸고 그렇게 하는 중에 종교에서 벗어나게 되었다.


17〔64〕

시기적으로 조금 일찍 시작하면, 종교적 견해에 쉽게 물드는 버릇을 떨쳐버릴 수 있다.


17〔65〕

오늘날의 강의의 주요 오류는 강의가 시간제로 이루어지고 모든 것이 뒤죽박죽이라는 것이다.

17[66]

고상한 배반자들 만세!


17[67]

민주적인 공명한 국가는 어떤 대가를 치르더라도 최고의 교육을 모두에게 베풀어야 한다.


17[68]

예술이 자연의 참된 것을 표현한다는 것은 예술이 불러일으킨 환상이지, 철학적 실재는 아니다.


17[69]

성스러운 혐오


17[70]

깨끗함에서 순수함으로 상승하는 것 : 아마도 그리스인들에게 있어서 바로 아름다움의 개념으로 상승하는 것.


17[71]

사람은 자신의 온 힘을 주어진 범위 안에서 자신의 개인적인 장점에 바치기 위해 일반적인 견해를 습관을 통해 자신에게 물려준다. 그것은 개인적인 힘의 탕진을 막아준다.

17[72]

인간적인 그리고 너무나 인간적인.

정신의 해방에의 길.

삶의 무게를 가볍게 하는 것.

여성과 아이.

국가와 사회.


17[73]

자유의 다섯 가지 작은 행동이 모든 자유 사상Freidenkerei보다 더 영향을 준다.


17[74]

만약 우리가 진리에서 생생한 황홀감을 갖는다면 가볍게 사는 신들처럼 살 수 있다.


17[75]

1. 속박된 정신.

2. 보다 높은 발전의 방법, 자유 정신의 필연성.

3. 자유 정신의 탄생 — 발전, 습관에 물들지-않기.

4. 부분적으로 자유 정신들.


17[76]

국가, 혼인 등등은 지식이 아니라 믿음에 근거한다. 그러나 그것은 하나의 수치스러워해야 할 것pudendum이다 : 비밀을 선포하고 신앙을 요구하고 지식을 거부하는 기독교는 뻔뻔스럽다.

곳곳에서 종교는 믿음에 근거한다.

국가가 여기 있다. 그러므로 그것의 원칙은 옳다. 군주제가 존재하기 때문에 군주제의 원칙은 참이다.

17〔77〕

예수가 세계를 구원했다는 것은 뻔뻔스럽다.

17〔78〕

살아가면서 형이상적인 것으로의 도피를 점점 덜 찾는 것은 순수함에 속한다.

17〔79〕

불순한 사유와 양식.

17〔80〕

예술을 결과에 따라, 그리고 원인에 따라 판단하는 것 — 두 가지 미학!

17〔81〕

금욕자 나쁘고 불규칙적인 두뇌.

엑스터시 지성의 쾌락.

17[82]

여유와 게으름이 없어져! 다시 비방된다!

17[83]

§ 성공에 이르는 방법 : 정신적인 자유를 통해.
§ 게으름.

17[84]

독일인과 프랑스인의 지난 전쟁 이후에 대략 모든 독일인이 한 단계 정도씩은 더 정직하지 않게 되었고, 놀기 좋아하고 탐욕스럽고 경솔하게 되었다는 점은 만인이 목도하는 사실이다 : 슈트라우스에 대한 일반적인 경탄은 독일 문화 사조의 가장 낮은 지위에 부여한 기념비다 : 자유롭게 사유하는 늙어버린 신학자는 공식적인 안락의 전령사가 되었다.

17[85]

결론적으로 : 자유 정신은 **가볍게 살아가는 신들이다.**

17[86]

종교와 함께하면 머리에 손상이 온다. — 전혀 숙고하지 않는다.

17[87]

그들은 자신을 위해서zu sich가 아니라 자신을 넘어서서über sich 교육해야만 했다.

어느 위대한 남자도 스스로를 보여주지 않고, 항상 스스로를 넘어서서 보여준다.

17[88]

나의 겸손한 불명료함에서 벗어나 — — — 유명한 남자들에게 속하게 되는 부담이라는 불행이 아직 내겐 없기 때문에

17[89]

인간은 원인에 대해 결과와 똑같은 술어를 사용한다.

17[90]

무(無) 성격은 정신의 과중함에 관한 표시일 수 있다.

17[91]

만약 모두가 자유 정신이 된다면 토대가 약해질 것이다 : 그러한 문화는 결국 몰락하거나 또는 이슬과 안개처럼 사라져버린다.

17[92]

우리는 모든 악덕의 초기 단계에서는 그래도 여전히 미덕에 아주 가까이 서 있다.

17[93]

자유 정신은 거의 행동하지 않는다 : 그 때문에 성격이 뚜렷한 사람에 비하여 불확실함.

자유 정신은 또한 사유에서 이탈한다 : 약간의 의심.

17〔94〕

정치를 추진하기 시작한 민족은 그로 인해 몰락하지 않기 위해서
반드시 매우 부유해야만 한다.

17〔95〕

고대 가톨릭urkatholisch의 프랑스와 그리스 - 가톨릭의 러시아는
절대로 하나의 멍에를 메지 않는다 ─ 그 때문에 독일의 정치인은
독일적인 운동을 장려했다.

17〔96〕

사람들은 소국을 파괴한 것과 같은 방법으로 강대국을 파괴한다.

17〔97〕

자유무역주의자는 범죄자 정치가 등이다.

17〔98〕

속박된 사유가 도덕성으로서 요구된다 : 이집트인 사이에서는 고
양이를 죽이는 것이 하나의 범죄다. 사람은 신념이 아닌 행위를 처
벌한다 : 위협하기 위해서가 아니라 신의 편에서 볼 때의 **보편적인
타락**을 믿게 하기 위해서다.

17〔99〕

스위스 운동의 잘못된 해석 ─ 그들은 소국을 요구한다. 그들의 주(州)는 소국이 아니었다.

17〔100〕

어떠한 윤리도 사물의 순수한 인식에 근거할 수 없다 : 왜냐하면 사람은 자연처럼 반드시 선하지도, 악하지도 않기 때문이다.

17〔101〕

나는 악한에 대한 정의(定義)를 원한다. 강도, 살인자, 도둑은 악한이 아니다.

17〔102〕

가톨릭 교회에는 (고해를 통하여) 뒤탈 없이 자신의 비밀을 말할 수 있는 귀가 마련되어 있다. 얼마나 다행인가! 또한 부정을 선행을 통하여 (비록 타인이 증명할지라도) 보상할 수 있다는 생각은 좋다. 그것이 참된 "벌"이다.

17〔103〕

욕구가 충족되면 권태가 엄습한다. 어떻게 권태를 없앨 수 있는 가? 오직 열정을 만족시키기 위한 새로운 열정을 창조함으로써만 가능하다. 사람은 스스로 하나의 필요를 만듦으로써 욕구를 생산한 다 : 필요는 습관을 통하여 점점 고통스러운 성격을 잃고 쾌락이 된 다. 담배 피우는 것을 생각해볼 수 있겠다.

17〔104〕

자유롭고 속박된 정신.

여성과 아이.

신분과 직업.

5     삶의 무게를 가볍게 함.

인간적인 그리고 너무나 인간적인.


17〔105〕

### 쟁기 날.

10                정신적 해방을 위한 지침서.

첫 번째 장 :     자유롭고 속박된 정신.

두 번째          삶의 무게를 가볍게 함.

세 번째          신분과 직업.

네 번째          여성과 아이.

15   다섯 번째       사회.

여섯 번째        혼자인 인간.

일곱 번째        교육자의 학교.

〔18 = M I 1. 1876년 9월〕

쟁기 날.

18〔1〕

"그대가 나를 따르고자 한다면, 쟁기를 들고 땅을 갈라! 그리하면 많은 사람들이 그대가 한 일을 즐길 것이니, 가난한 자와 부자가 분명 그대의 일을 즐거워할 것이고, 늑대와 독수리 그리고 모든 피조물이 다 그대의 일로 즐거워할 것이다."

청지기 헬름브레히트.

정신적인 자유에의 길.

18〔2〕

1. 2. 공식적인 모든 학교는 평균적인 본성들에 맞게 조정되어 있다. 그러니까, 익어가면서 별다른 관찰 대상이 되지 못하는 과실을 맺는 그런 본성에 맞춘 것이다. 원래 성숙해지고 열매 맺는 것이 모두에게 중요시되는 그런 보다 높은 정신과 정서가 그런 본성들에서는 희생양이 된다. 또한 이 점에서 중심에 선 문화가 몰락하고 있는 한 시대에 우리가 속해 있음이 드러난다. 당연히 재능 있는 본성은 스스로를 도울 줄 안다 : 그러한 본성의 발명적인 힘은, 그것이 처한 나쁜 토양에도 불구하고, 사람들이 스스로를 맞추려고 하는 나쁜 환경에도 불구하고, 사람들이 그것에 제공하는 나쁜 양분에도 불구하고 온 힘을 다하여 스스로를 보존할 줄 안다는 점에서 드러

난다. 그러나 거기엔 그 본성을 이런 상태에 빠져들게 한 사람들의 어리석음에 대한 어떠한 정당화도 없다.


18[3]

3. 이해하지 못하는 환경으로부터 벗어나기 : ─ 자기가 오랫동안 신뢰하며 교제하고 자신이 가진 최선의 것을 준 상대가 때때로 자기를 무시한다는 것을 알아차리게 될 때, 하나의 깊은 상처와 모욕이 생긴다. 사람과 조심스럽게 관계하고 상처받지 않기 위해서 상처를 주지 않는 사람은, 경악스럽게도 대체로 사람들이 자신의 의도를 전혀 알아차리지 못하거나 심지어 의도를 알아차리고도 거기서 재미를 느끼기 위해 그것을 무시하는 것을 체험하게 된다.


18[4]

4. 사람들을 자신에게서 멀리하게 하는 수단 : ─ 온 힘을 다하여 자신을 기억에서 몰아내기 위해 일에 대해 생각하도록 강요할 때, 예를 들어 신학자에게 신앙고백에서의 솔직성을, 문헌학자에게 고대 시대의 교육 능력을, 정치가에게 국가의 목표를, 상인에게 모든 돈벌이의 의미를, 그리고 여자들에게 그들의 기호와 결속성에 대한 우연성과 무효를 생각하도록 강요할 때보다 더 사람을 불쾌하게 하고, 스스로에 대해 혐오하게 할 수 있는 경우는 없다.


18[5]

8. 더 요구하는 것은 유용하다 : 무엇을 달성하려는 사람은 더 많은 것을 요구하는 데 더욱 역점을 두어야 한다. 그렇게 하면 사람들은

그가 그 자신에게 요구했던 것의 적은 분량만 해도 그를 승인해주
며, 사람들은 자신들이 만족감을 준 것에 만족스러워한다.

18〔6〕

12. 압박받는 기분의 가치 : ─ 내적인 압력 하에 사는 사람들은 탈
선하는 경향이 있다 ─ 또한 사유에서도 탈선한다. 잔인함은 가끔
마취를 열망하는, 평화롭지 않은 내적인 신념의 표시다 ; 마찬가지
로 사유의 어떤 잔인한 무자비함이다.

18〔7〕

24. 이곳저곳을 여행하면서, 가는 곳마다 어떤 두뇌들이 그곳에서
최고의 세력을 갖는지를 묻는다면, 뛰어난 지성이 얼마나 드문지
발견하게 된다. 사람들은 바로 존경받는 영향력 많은 지식인과 최
소한 지속적인 관계를 갖고자 한다. 왜냐하면 사람들은 그런 지성
들에서, 그들이 유익한 명성을 가진 우두머리로서만 그런 세력을
갖는다는 것, 많은 사람의 필요가 그들에게 그들이 갖고 있는 명성
을 부여한다는 것을 알아차렸기 때문이다. 수백만의 두뇌를 가진
한 나라는 그와 같은 시각에서 볼 때 축소되고, 그래서 세력을 가진
모든 것은 한 사람에게 의심스럽게 된다.

　보호관세론자와 자유무역주의자에게는 학문과 조국애의 가장자
리에 접해 있는 연금 생활자의 이익이 중요하다.

18〔8〕

27. 생산성이 없으면 삶은 품위가 없고 견딜 수 없다 : 그러나 그대

들이 아무런 생산성이 없거나 단지 약한 생산성을 가진다고 가정하면, 그대들은 내가 자살이라기보다는 차라리 삶의 환상으로부터의 완전한 해방으로 이해하는, 삶으로부터의 해방에 대해 숙고한다. — 그대들이 마치 나무의 지나치게 익은 과일처럼 떨어질 때까지. 자유 정신이 정상에 도달하면, 의지의 모든 동기들은 자유 정신에 더 이상 작용하지 않는다, 비록 자유 정신의 의지가 아직 물어뜯고 싶어한다 할지라도 : 자유 정신은 모든 치아를 잃었기 때문에 더 이상 물어뜯을 수 없다.

18[9]

31. 유치가 빠져야 제대로 씹을 수 있는 이가 자라나듯, 신과 자유 그리고 영원불멸에 대한 믿음을 잃어버려야 제대로 된 믿음이 자라난다.

18[10]

32. 사랑을 죽음의 공포로부터 구제하는 것은 아마도 영원한 삶을 가르치는 하나의 수단일 것이다. 보다 확실하며, 어쨌든 죽음에의 요구를 불러일으키는 또 다른 수단일 것이다.

18[11]

33. 사람들은 생후 열다섯 살까지는 종교적 견해에 익숙해지고, 다음 15년 동안은 다시 그 익숙해진 습관을 떨쳐버린다. 열 살 때 인간은 이제 습관적으로 가장 종교적이다. — 인간으로 하여금 제일 먼저 종교라는 유모의 가슴에 안기게 하여 신앙의 우유를 마시게

함으로써 나중에야, 그리고 점차적으로 인식의 빵과 고기에 익숙하게 하는 것이 유용하다고 한다면, 나에게는 인간의 삶의 짧음을 고려할 때 그래도 시간이 너무 많이 걸린다고 여겨진다. 만약 인간이 60세가 되어서야 힘과 이성의 전성기에 들어선다면 지금의 경제는 아마도 정당할 것이다. 그러나 사실 그는 이제 현명한 동시에 힘이 없게 된다. —

18〔12〕

38. 누구에게서나, 친구, 후견인, 교사에게서도 압제적인 우위의 위험을 보고, 위대한 선행을 받아들이는 것에 주의하는 것은 매우 두렵거나 매우 자랑스러운 지조의 표시다. 그런데 이런 지조가 없는 자유 정신은 하나도 없을 것이다.

인간적인, 너무나 인간적인.

18〔13〕

우리와 관계가 불편한 사람들의 경우, 우리와 그들이 헤어지는 계기가 제공되면 우리에게 호의를 보인다. 우리는 나중에 그들에게 먼 곳에서 선한 것을 증명하거나 또는 베풀 준비가 훨씬 일찍 되어 있다.

18〔14〕

52. 사람들은 정직한 남자와 소매치기 간의 도덕적인 차이가 매우 크다고 생각한다 : 그와 반대로 일반적으로는 지적인 차이가 크다. 도둑과 살인자에 대한 법은 교양인과 부자를 위하여 만들어졌다.

18[15]

55. 세계에는 불쾌보다는 쾌적함이 더 많다. 통치에 있어서 낙관주의는 실용적이다 ; — 우리의 쾌적함의 원인이 얼마나 나쁘고 부조리한 것인가 하는 고찰로부터 이론적인 염세주의가 발생한다 ; 염세주의는 이러한 쾌적함으로 인해 깊이 없는 신중함과 이성에 대해 감탄한다 ; 염세주의는 지속되는 불쾌를 이해할 것이다.


18[16]

57. 철학적 인간이 그 자체로서 싫어하는 영혼의 불안정이 아마도 바로 그들의 높은 생산성이 샘솟는 상태일 것이다. 만약 그들이 저 완전한 평화에 다다른다면, 아마 그들은 그 자신의 최선의 활동성을 뿌리 뽑고 스스로를 그것과 함께 무용하고 쓸모없게 만들 것이다.


18[17]

58. 비밀스럽게 자신의 계획에 대해 말하거나 또는 자신의 계획에 대해 전혀 말하지 않는 것처럼 보이려는 사람은 누구나 그의 이웃 사람으로 하여금 아이러니한 기분을 갖게 한다.


18[18]

60. 우리 속에 있는 선한 성향은 종종 악습과 사악한 분위기 속에서 그것의 샘물을 모은다. 그런 다음 더 강하게 뿜어져 올라올 수 있도록. 한잠 자고 일어난 덕은 더 상쾌하게 일어날 수 있다.

18〔19〕

62. 다른 모든 것들이 국가 간의 융합을 언급하는데, 현재 국가들 상호간에 요청된 연합의 동인은 무엇일까? 나는 역동적인 관심과 상업상의 관심이 그때에 제휴하게 한다고 믿는다. 그러면 모든 자유주의적 정당은 사회적인 삶을 보다 자유롭게 형성하기 위해 국가 간의 연합을 하나의 우회로로서 이용한다. 사람들은 큰 민족 국가를 세우는 동안에 많은 작은 권력가와 개별적인 억압하는 계급의 영향에서 벗어난다 ; 이때 현재 소국을 반드시 파괴해야 한다는 것과 똑같은 힘이 언젠가 대국을 파괴해야 한다는 것은 자명하다. 그와는 반대로 맹목적인 선입견은, 이제 국가를 대국으로 변형시키는 것이 인종과 혈통의 다양성이라는 것이다.


18〔20〕

64. 근면에 대하여 배운 사람들은 많은 아름다운 말을 한다 : 중요한 것은 그들이 근면 없이는 죽을 정도로 지루해한다는 것이다.


18〔21〕

65. 기독교와 라 로슈푸코는 그들이 인간 행위의 동기를 의심할 때 유용하다 : 왜냐하면 모든 행위, 모든 판단의 근본적인 부당함의 가정은 인간이 너무 격렬한 의욕으로부터 자유롭다는 것에 큰 영향을 주기 때문이다.


18〔22〕

66. 젊은 사람들은 너무 많이 체험했다는 바로 그 사실 때문에 괴로

워하면서도, 반면 종종 자신들이 아무런 체험도 하지 못했다고 불평한다 : 그것은 근대의 사려 없음의 절정이다.

18[23]

67. 제2서열의 철학자는 부차적 사유자Nebendenker와 반(反)사유자 Gegendenker로 몰락한다, 즉 기존의 건물에 하나의 측익(側翼)을 주어진 기본 설계에 맞게 짓는 것(그것에 필요한 유능한 건축가의 덕이 충분하다)과 같은 행위로, 그리고 지속적인 반대와 반박을 계속하여 결국 기존의 체계에 또 다른 하나의 체계를 대립시키는 것과 같은 행위로 몰락한다. 나머지 모든 철학자는 초(超)사상가, 사유된 것을 사유하는 역사가다 : 이와 별개인, 스스로 존립하고 스스로의 힘으로 성장하고 오직 "사상가"로 불릴 만한 이들은 얼마 되지 않는다. 이들은 밤낮으로 사유하고 밤낮을 더는 의식하지 못하며, 대장간에 살고 있는 사람처럼 설교단의 소음을 더 이상 듣지 못한다 : 그들은 마치 뉴턴처럼 지낸다 (언젠가 그가 어떻게 발견을 하게 되는지에 대해 질문받았을 때 그는 단순하게 대답했다 : "항상 생각함으로써.")

18[24]

68. 관객은 이중적으로 작가에게 불손하게 반대한다 : 어떤 작가의 한 작품을 그 작가의 또 다른 작품을 맛보지 않은 채 칭찬한다. 그런 다음 : 만약 작가가 한 번 썼다면, 항상 새로운 저작을 요구한다 ― 마치 선물을 받음으로써 선물을 준 사람에 대해 우위를 차지하는 것처럼.

18[25]

71. 친교나 은혜를 통해 우리에게 의무 지워진 사람 편의 무자비한 우월성의 표시는 매우 고통스럽고 가슴 깊숙이 파고든다.

18[26]

77. 사람들이 대중의 질서 문란에 대하여 불평한다. 만약 이것이 입증된다면, 비난의 화살이 학식 있는 사람들에게로 비중 있게 되돌아올 것이다 ; 학식 있는 사람들과 똑같이 대중은 선량하기도 하고 악하기도 하다. 그들은 학식 있는 사람들이 문란하게 자신을 드러내는 그 분량만큼 악하고 문란하게 자신을 드러낸다 ; 사람들은 지도자인 그들을 앞서 간다. 사람들은 자신이 원하는 바대로 사는 걸 좋아한다 ; 사람들은 자기 자신을 치켜세우거나 타락하는 것에 정비례하여, 그들을 치켜세우거나 타락시킨다.

18[27]

90. 거의 모든 좋은 작가는 단지 한 권의 책만을 쓴다. 다른 모든 책은 단지 서론, 사전(事前) 시도, 설명, 그것에 대한 부록이다 ; 그뿐만 아니라 많은 매우 좋은 작가는 **자신의** 책을 절대로 쓰지 않았다, 예를 들어 레싱이 그러한데, 그의 지적인 의미심장함은 그의 모든 작품을 넘어서, 그의 시적인 모든 시도보다 더 뛰어나다.

18[28]

91. 나는 위대한 작가, 즉 언어를 형성하는 작가와 ― 언어를 다루는 데 있어 언어를 아직 살아 있게 하거나 다시 살아나게 하는 그와 같

은 작가 — 그리고 고전적인 작가를 구별한다. 후자는 모방함과 전형이라는 관점에서 고전적이라 불리게 되는 반면에, 위대한 작가는 모방될 수 없다. 고전적인 작가들에게서 언어와 말은 죽는다 ; 조개 속에서 동물은 더 이상 살 수 없는 법이다. 그런데도 그들은 조개에 조개를 나란히 배열한다. 그러나 괴테의 경우엔 그것이 아직 살아 있다.


18〔29〕

92. 의지의 완전한 침묵이 본래적인 명상적 상태로 규정되는데도, 그 반면, 연인이 비극과 모든 예술의 작용을 더 강하게 느끼는 것은 어찌 된 일인가? 오히려 예술의 씨앗을 수용하기 위해서 의지가 먼저 갈아엎어져야 하는 것처럼 보인다.


**가벼운 삶.**

18〔30〕

101. 삶이 한번 어려운 모습을 보이고 나면, 사실 삶을 가볍게 유지하거나 삶을 가볍게 만드는 것이긴 하지만, 모든 인간들은 저마다 삶을 견딜 수 있는 나름대로의 처방전을 갖는다.


18〔31〕

104. 만약 삶이 역사의 진행에서 점점 더 어렵게 느껴져야 한다면, 인간의 발명의 재능이 결국 이러한 가중의 최고치를 위해 또한 충분한지를 아마도 질문할 수 있다.

18〔32〕

112. 이러한 기독교에 맞는 위로를 갖지 않고 또한 철학을 완전한
무책임성의 답례물로 만들지 않는 사람은 다음과 같은 점에서 나쁘
다 : 그는 자기 자신을 너무 잘 알고 있고 스스로를 경멸한다. 왜냐
하면 그가 자신의 본질을 잘못된 방법으로 죄로서 측정하기 때문이
다 ; 그 때문에 그는 함께하는 사람이 자신의 비밀을 알아채지 않을
까 하는 두려움을 갖고 그를 본다. 그는 타인을 잘 알지 못하기 때
문에 실제적으로 타인이 자신보다 선하다고 여기거나, 마치 타인으
로 하여금 이득을 보게 하고 동일한 감정을 자신에 대하여 갖게 하
기 위해 그를 더 선하다고 여기는 것처럼 행동한다. 인간의 허영심
과 명예욕은 대부분 자기 경멸의 감정에 바탕을 둔다 : 그는 사람이
자신을 잘못 생각하기를 원한다 ; 만약 자신에게 유리하게 들린다
면, 그들의 판단이 틀렸다는 것을 알지라도, 그는 타인의 모든 판단
에 기뻐한다 ; 그들의 노력은 자신에 관한 진실이 백일하에 드러나
는 것을 방지하는 것이다.


18〔33〕

113. 고통에 대항하여 사람들이 사용하는 수단은 여러 가지지만 모
두 단지 마취일 뿐이다. 그러나 그러한 모든 수단은 치료법의 낮은
단계에 속한다. 표상을 통한 마취를 사람은 치료법의 역사에 속하
는 한 종교와 예술에서 발견한다. 특히 종교는 추측을 통하여 고통
의 원인을 눈 밖으로 몰아내는 데 아주 능숙한데, 예를 들어 죽은
아이의 부모가 시체를 바라보면서 아이는 죽은 것이 아니고 더욱
아름다운 아이가 되어 계속 살게 된다고 첨언함으로써.

18〔34〕

115. 동일 인물에게서 사랑과 존경이 함께 느껴질 수 없다는 것은
알려져 있다. 그러나 가장 어렵고 드문 것은 최고의 사랑과 가장 정
도가 낮은 존경이 나란히 존재하게 되는 것일 것이다 ; 그러니까 머
리의 판단으로서의, 경멸과 가슴의 충동으로서의 사랑. 그리고 그
럼에도 불구하고 이러한 상태는 가능하며 역사를 통해 증명되었다.
순수한 종류의 사랑으로 자신을 사랑할 수 있는 이는 동시에 자기
자신을 경멸하는 자, 그리고 자신에게 이렇게 말하는 자일 것이다 :
너를 제외한 그 누구도 경멸하지 말라, 너는 너 자신만을 알 뿐이기
때문이다. 이것은 아마도 기독교라는 종교의 창시자의 세계에 대한
입장일 것이다. 스스로에 대한 연민과 자신에 대한 모든 경멸로 인
한 자기 사랑이 모든 껍데기와 신화를 벗겨낸 기독교의 핵심이다.
이러한 경멸의 감정은 자기 인식에서 생겨나고 자기 인식은 다시
복수의 필요에서 생겨난다. 누군가 자신에 대해 괴로워할 대로 괴
로워하고, 온갖 종류의 죄를 통해 자기 자신에게 상처를 줄 만큼 주
면, 그는 자신에 대하여 복수의 감정을 느끼기 시작한다. 날카로운
자기 고찰과 최후의 자기 경멸은 자연스러운 결과로, 많은 사람들
의 경우 고행 그 자체다. 즉 자기 자신에 대해 혐오와 증오를 활성
화함으로써 복수하는 것이다. 또한 인간이 스스로에게 더 많은 노
력과 서두름을 요구하는 것에서도 자신에 대한 똑같은 복수의 경향
이 나타난다. 그럼에도 불구하고 인간이 아직도 스스로를 사랑한다
는 것은 기적처럼 보이고, 사람들은 통상 그와 같은 순화되고 파악
할 수 없는 사랑을 신에게 덧붙인다. 그러나 인간 자체에게는 자기
은총의 한 종류로서 그러한 사랑을 할 수 있는 능력이 있다. 왜냐하

면 그는 자신을 사랑하는 것을 중지할 수 없기 때문이다, 왜냐하면 그의 사랑은 절대로 머리의 일일 수 없기 때문이다. 이러한 상태에서 사랑은 복수의 감정을 지배하게 되고, 인간은 다시 행위하고 계속 살 수 있게 된다 ; 물론 그는 이러한 행위와 모든 세속적인 노력을 그렇게 높이 평가하지 않는다. 그것은 거의 목적이 없다, 그러나 그는 행위하는 것 이외에 달리 할 게 없다 ; 마치 1세대 기독교도들이 세계의 몰락을 주시함으로써 스스로를 위안하고 결국 자신의 경멸적이고 행동하도록 추진하는 본성을 상실하기를 희망하는 것처럼, 이제 모든 인간은 행동이 인류와 함께 어느 경우든 언젠가 끝나게 되고 그로써 모든 인간적인 노력이 목적 없는 행위라는 것이 표현되어야 한다는 것을 안다 ; 게다가 인간은 항상 모든 노력에서의 근본 오류들을 더 알아내고 그것을 명백하게 한다 ; 이 모든 것의 바탕에는 불순한 생각이 깔려 있다. 예를 들면 그는, 모든 부모가 아이를 책임 없이 낳고 교육 내용에 대한 인식 없이 교육하여, 부모들이 필연적으로 부정을 행하고 자신에게 생소한 영역에서 일을 그르치는 것을 통찰하게 될 것이다. 이것은 심지어 존재의 비사회성에 속한다, 그리고 인간은 결국 자기가 행하는 모든 것에서 완전한 불충분을 느낀다. 그리고 그가 도달할 수 있는 최고의 것은 : 자신에 대하여 동정을 갖는 것일 것이다 ; 자신에 대한 사랑과 동정은 삶의 무게가 최고로 더해지는 단계를 위해 가장 강한 진정제로서 남겨진다.

## 여자와 아이.

18[35]

116. 너는 어디에서 유래한 인간인가라는 난처한 질문에 나는 대답한다 : 아버지와 어머니로부터, 그때 우리는 언젠가 멈추어 서기를 원한다.

18[36]

118. 만약 내가 도처에서 독일인의 실추를 발견한다면, 나는 40년 전부터 더 천박한 정신이 결혼 중매를 지배해왔다는 것을, 예를 들면 중산층에서 벌어지는 돈과 지위를 둘러싼 순수한 중매를 이유로 가정한다 : 딸들은 부양받아야 하고 남자들은 결혼하여 재산과 총애를 얻고자 한다 ; 이것을 위해 우리는 어린아이들에게서 이러한 결혼의 천박한 근원을 본다.

18[37]

119. 결혼에서 최선은 우정이다. 만약 이것이 충분하다면, 그것 자체가 아프로디테적 사랑을 부드럽게 무시하고 극복할 수 있다. 우정 없는 결혼은 우정과 결혼을 천박하게 생각하고 경멸하게 만든다.

18[38]

123. 남편과 함께 사는 것이 좋은 결혼을 드물게 만드는 주요 수단이다. 왜냐하면 최상의 우정조차 이것을 견뎌내는 경우가 드물기 때문이다.

18[39]

124. 좋은 결혼에서 가장 감동적인 것에 속하는 것은 새로운 아이가 생겨 태어나게 된다는 역겨운 비밀에 대한 상호간의 앎Mitwissen이다. 사람은 특히 생식(生殖)에서 사랑 때문에 연인을 천하게 한다고 느낀다.

18[40]

125. 세상에 존재하게 된 것에 대해 어떤 아들도 자신의 아버지에게 감사할 필요는 없다. 게다가 그는 어쩌면 아버지의 특정한 유전적 특성(성급함과 쾌락에의 경향) 때문에 화를 내어도 된다. 아버지는 아들이 있다는 것을 보상하기 위해 다시 많은 것을 해야만 한다.

18[41]

126. 자신의 부족함을 정말로 진심으로 느끼고 지성과 가슴의 정상(頂上)을 지속적으로 동경하는 아버지는 아이를 생식할 권리를 가진다. 언젠가 아버지가 이러한 경향, 이러한 동경을 갖는다면, 그들은 이미 아이에게 진실로 추구할 만한 가치들에 대해 많은 위대한 신호를 주게 되고, 그러한 신호에 대해 성인(成人)들은 자신의 부모에게 정말로 비할 데 없이 감사하곤 한다.

18[42]

130. 인간은 어떤 의미에서 아버지 또는 어머니로 규정될 수 있다. 생산성이 없다면 삶은 끔찍하므로 나는 청소년기를 하찮은 것으로 여긴다. 왜냐하면 청소년기에는 생산하는 것이 가능하지 않거나 이

성적이지 않기 때문이다.

18〔43〕

131. 만약 여성이 남성의 아름다움에 그렇게 열의를 보인다면, 결
국 통례적으로 남자는 아름답고 허영심 있게 될 것이다 — 통례적
으로 지금 여성들이 그런 것처럼. 남자가 여성이 아름답기를 원하
는 것은 남자의 탐닉과 아마도 보다 높은 지조를 보여줄 것이다. 또
한 여자가 못생긴 남자를 받아들이는 것은 여성의 보다 큰 이해심
과 무미건조함을(어쩌면 그녀의 미적 감각의 결여 또한) 나타낸다
; 여성은 보다 구체적인 것, 즉 여기서는 : 보호, 부양과 같은 것을
본다 ; 남자는 보다 아름다운 외모, 존재의 미화를 본다, 비록 그것
을 통해 남자가 더 고통스럽게 되어야 할지라도.

18〔44〕

135. 누군가 다수의 좋은 친구를 가질 수 있고 이러한 친구들이 서
로서로 다시 친구가 되는 한편, 배타적인 소유를 요구하는 사랑은
사랑을 우정보다 한참 아래에 두는 것이다.

18〔45〕

140. 자신의 아들을 특별히 사랑하는 여자는 대부분 허영심이 있고
망상적이다. 자신의 아들을 그다지 중요하게 여기지 않는 여성은
대부분 옳다, 그러나 여성들은 그러한 아버지에게선 더 좋은 아이
를 기대할 수 없었다고 시사한다 : 여성들의 허영심은 그렇게 드러
난다.

## 그리스인에 관하여.

18[46]

143. 그리스인들에 대해, 육지는 몽골에서 유래한 한 인종으로 덮여 있고, 해안은 유대인의 띠로 장식되어 있으며, 그 사이에 트라키아 사람들이 둥지를 틀고 있다고 생각했던, 인구수가 많은 땅덩어리를 지녔지만 적은 수의 혈통을 가진 사람들로서 생각한다면, 무엇보다도 기질의 우수성을 확인하고, 그것을 늘 다시 생산해야 할 필요성을 깨닫게 된다 ; 그와 함께 그들은 대중에게 마법을 걸었다. 적대적인 다수 가운데 보다 높은 존재로서만 존재를 지속하는 감정은 그들에게 계속하여 최고의 정신적 긴장을 강요했다.

18[47]

146. 플라톤의 소크라테스는 본래적인 의미에서 하나의 캐리커처다 ; 왜냐하면 그는 한 사람에게 절대로 공존할 수 없는 특성으로 과장되었기 때문이다. 또한 플라톤은 소크라테스의 상을 단지 대화에서만 고집하기에는 극작가로서 충분하지 않다. 따라서 그것은 더구나 하나의 유동적인 캐리커처다. 그와는 반대로 크세노폰의 회상록은 그림의 대상처럼 바로 정신이 풍부한, 실제로 정확한 상을 제공한다 ; 그러나 사람은 반드시 이 책을 읽을 수 있어야 한다. 문헌학자들은 근본적으로 소크라테스가 그들에게 말할 아무것도 갖고 있지 않고, 그 때문에 그때 지루하다고 생각한다. 다른 사람은 이 책이 아프게 찌르고 동시에 행복하게 한다고 느낀다.

18[48]

153. 만약 신들이 인간에게 호의를 갖지 않는다면 인간은 더욱 악하게 될 것이다 : 그것은 그리스적일 뿐만 아니라 인간의 본성이다. 어떤 이가, 자신이 사랑하기를 원하지 않는 사람이 더 악화되고 그래서 마찬가지로 자신의 혐오를 정당화하기를 침묵 속에 소망한다. 그것은 아직 기록되지 않은 증오의 우울한 철학에 속한다.

"인간적인 너무나 인간적인"
속편.

18[49]

154. 운이 좋은 어리석은 군주는 아마도 태양 아래 가장 행복한 존재일 것이다, 왜냐하면 궁중의 예절이 그의 행복을 위해 필요한 일인 양 그로 하여금 현명하게 생각하게 하기 때문이다. 운이 나쁜 어리석은 군주는 항상 더욱 견디며 살아간다, 왜냐하면 그는 자신의 불만과 불행을 다른 사람에게 말할 수 있기 때문이다. 운이 좋은 영리한 군주는 일반적으로 화려한 야생 동물이다 ; 운이 나쁜 영리한 군주는 그와는 반대로 사람이 우리 안에 가두어야만 하는 매우 성난 야생 동물이다 ; 그는 자신의 실책을 잘못으로 생각하지 않고 그것은 그를 더욱 악하게 만든다. 그때 착하고 영리한 군주는 대부분 매우 불행하다, 왜냐하면 그는 너무 선하거나 너무 영리한 많은 것을 반드시 행해야 하기 때문이다.

18[50]

155. 한 인간의 노력과 의도한 바가 아주 위험하고 특이하다고 할

지라도 그 인간이 그것에 인생을 다 바친다면, 근본적으로 사람들은 그것을 면제받을 수 있는 것, 혹은 최소한 용서될 수 있는 것으로 간주한다. 인간들은 자신이 인생의 가치를 얼마나 높게 받아들이고 있는지 그 어떤 것으로도 그렇게 분명하게 표현할 수 없을 것이다.

18〔51〕

156. 범죄자에 대한 우리의 범죄의 본질은 우리가 그들을 마치 악한처럼 취급한다는 것에 있다. 나는 언젠가 악한의 정의(定義)를 듣기를 원했다. 본래 악한은 재판의 눈에는 인식하기 어려운 것으로 여겨지고 그 때문에 또한 재판의 팔은 악한에 이르지 못한다.

18〔52〕

157. 가장 오래된 처벌의 의미는 위반에 대하여 경고하는 것이 아니라, **첫째** : 예를 들어 맞아 죽은 사람의 친족에게 보상금을 지급함으로써 손상을 다시 보상하려는 시도다 ; **두 번째**는 스스로를 통째로 모욕된 신성의 분노로부터 지키기 위한, 공동체에 합당한 조치가 여기에 해당된다, 그 때문에 호메로스의 작품에서 살인자는 자신의 고향에서 도망가야만 한다 ; 인륜적인 것은 아니지만, 그러나 그에게 종교적인 오점이 남는다 : 그는 그가 속한 공동체를 위험하게 한다. 이러한 종류의 조치는 우리에게 불필요하다.

18〔53〕

158. 보다 인간적인 새로운 형법의 근본 생각은 다음과 같아야 한

다 : 부정(不正)은 언젠가 손상이 다시 보상될 수 있도록 처리되어야 한다 ; 그 다음에 악행은 선행으로 보완되어야 한다. 이러한 선행은 피해자와 모욕당한 사람에게 제시되는 것이 아니라, 불특정한 누군가에게 제시될 필요가 있다 ; 불법 행위가 개체를 대상으로 범법 행위를 하는 경우는 드물고, 보통은 인간 사회의 구성원에게 범법 행위를 하는 것이다. ― 사람들은 그것을 통하여 사회에 선행을 빚지게 된다. 이것은 마치 절도가 선물을 통하여 다시 보상될 수 있을 것처럼 그렇게 거칠게 이해될 수 없다 ; 오히려 자신의 나쁜 의지를 보였던 이는 이제 언젠가 자신의 선 의지를 반드시 보여야만 한다.

18〔54〕

162.인식에 대한 갈증을 가진 선한 인간에 대해 그가 항상 더 선하게 되는 것이 유익할 것인지 어떤지 회의해볼 수 있다. 때에 따라서는 죄를 조금 더 짓는 것이 아마도 그를 더 지혜롭게 만들 것이다. 어느 정도 경험이 있는 모든 사람은 어떤 상황에서 자신이 사회와 결혼의 불안정함에 대해 가장 깊이 이해하며 공감했었는지 알게 된다.

18〔55〕

163. 원래 한번 처벌받았던 도둑이라고 해도 그가 법정을 통하여 자신의 명성을 상실했다면 보상에 대한 요구를 할 수 있다. 이제부터 도둑으로 간주됨으로써 고통을 당하게 되는 것은 한 번의 죄에 대한 속죄를 넘어서는 것이다.

18[56]

164. 가톨릭 교회는 고해라는 제도를 통하여 사람이 자신의 비밀을 위험한 결과 없이 다 말하도록 들어주는 귀를 만들었다. 이것은 삶의 무게를 크게 경감시키는 것이었다. 왜냐하면 사람은 죄를 계속 이야기하는 곳에서 자신의 죄를 순간적으로 잊기 때문이다. 그러나 일반적으로 타인은 죄를 잊지 않는다.

18[57]

165. 비존재를 존재보다 실제로 더 높게 설정하는 사람은 이웃과의 관계에서 그 자신의 존재보다 비존재를 더 장려해야만 한다 ; 왜냐하면, 도덕가들은 이러한 요구를 피해 가고자 해서, 모든 사람들이 단지 자기 자신만을 비존재 속에 넣어 구원할 수 있다는 그러한 명제를 만들기 때문이다.

18[58]

167. 기존의 어떠한 윤리도 사물의 순수한 인식에 근거할 수 없다 ; 윤리로부터 단지 사람은 자연처럼 선하지도 악하지도 않아야 한다는 결론이 나올 뿐이다. 선해야 한다는 요구는 불순한 인식에서 유래한다.

18[59]

168. 부정은 부정을 행하는 사이에 그것을 행하는 이에게 상처를 남긴다. 자주는 아니어도 말이다. 양심의 가책은 규칙이라기보다는 예외다. 우리에게 반대하는 누군가에게 그와의 교제를 끊는 것으로

고통을 줌으로써 심지어 그 얻어진 자유에 대해 안도의 한숨마저 나온다. 그러나 아마도 여기서 부정은 정당방위일 것이다.

18[60]

169. 정치가는 반드시 자신의 기획 앞에 선한 양심을 내세울 수 있어야 하고 게다가 열광적인 진실함과 그렇게 보일 수 있는 것들을 더욱 많이 필요로 한다.

18[61]

173. 정신적인 부분에서도 순수함에의 충동을 가진 이는 잠시 종교에 머문 다음, 형이상학으로 도피한다 : 나중에 그는 단계적으로 또한 형이상학에서 벗어나게 된다. 순수에의 충동이 도덕적인 것에서 오히려 대립되는 길로 나아가게 되는 것은 그럴듯하다 ; 그렇게 되기 위해 이러한 충동은 항상 사유의 불순과 결합되고 사유를 아마도 더욱 불순하게 만든다.

18[62]

176. 쟁기 날은 딱딱하고 부드러운 땅을 자르고, 높고 낮음을 무시하고 땅에 접근한다. 이 책은 선한 자와 악한 자를 위한 것, 저열한 자와 힘 있는 자를 위한 것이다. 책을 읽는 악한 자는 더 선하게 되고 책을 읽는 선한 자는 더 나쁘게 될 것이다. 책을 읽는 소인배는 더 힘을 갖게 되고 힘 있는 자는 더 작게 될 것이다.

〔19 = U II 5c. 1876년 10~12월〕

10월 3일부터 베스

19[1]

1. 문헌학은 아주 많은 독서를 하는 시대에 읽기를 배우고 가르치는 기술이다. 단지 문헌학자만이 여섯 줄을 천천히 읽고 반시간 동안 곰곰이 생각한다. 결과가 아니라 이러한 그의 습관이 그의 소득이다.

19[2]

2. 문헌학의 역사는 부지런하지만 재능이 없는 인간 부류의 역사다. 따라서 그것은 문헌학자들 사이로 빠져든 보다 명민하고 보다 부유한 자연에 대한 훗날의 과대평가이고 무의미한 싸움이다.

19[3]

3. 문헌학자가 (예를 들어 의사보다 더) 청소년을 잘 교육할 수 있다는 것은 매일 겪게 되는 경험을 통해 거짓으로 판명될 선입견이다. 따라서 이제 최상으로 거리를 청소할 수 있는지 여부는 검사 대상이 되지 않고, 이러한 지저분한 일을 할 의지를 갖는 것으로 충분한 청소부의 경우에서처럼 교육을 처리한다. 마찬가지로 모든 계층은 청소년 교육이라는 사업을 거절하고 문헌학자들이 그것을 ― 하지 않는 것에 만족한다.

19〔4〕

4. 예술가나 정치인, 철학자들의 모든 중심 사항에서는 고대가 발견된다. 하지만 문헌학자의 경우에는 아니다. 그리고 오늘날까지도 그러하다.

19〔5〕

5. 사람들이 소포클레스의 비극을 백 군데에서 잘못 이해하고 많은 변질된 부분들을 단순히 지나친다는 것, 그러나 그래도 비극을 가장 근본적인 문헌학자보다 더 잘 이해하고 설명할 수 있다는 것을 문헌학자들은 믿고자 하지 않는다.

　재치 있는 작가를 읽고 결론을 믿는 사람은 모든 것을 이해했다, 등등. ― 그는 행복하다.

19〔6〕

6. 나는 비록 내가 많은 오류를 만들어도 현대 영어 선생보다 셰익스피어를 더 잘 이해한다고 믿는다. 일반적으로, 더욱이 누구나, 나이 든 작가를 문헌학적인 언어 선생보다 더 잘 이해할 수 있을 것이다 : 무엇 때문에 이런 일이 일어나는가? ― 그 때문에 문헌학자들은 늙어버린 김나지움 학생들 외에 아무것도 아니다.

19〔7〕

8. 보다 섬세한 사상가들은 웃을거리가 별로 없지만, 웃어야만 하는 이야기들을 계속 하는 그런 사람들에게 압박당한다.

19〔8〕

12. 어떤 대가(大家)가 다른 예술의 대가 중에서 자신의 교제를 선택하고 **그의** 제자가 될 것이다, 그러나 전문가 동료도 아니고 전적으로 전문가인 것도 아닌 사람, 대가가 아닌 사람의 제자가 된다.

19〔9〕

14. 우리와 함께 기뻐할 수 있는 사람은 우리와 함께 괴로워할 수 있는 사람보다 고상하고 우리에게 더 가깝게 있다. 함께 기쁨을 나누는 것은 "친구"〔동락(同樂)하는 이〕를, 동정은 고난을 함께하는 사람을 만든다. — 동고(同苦)의 윤리는 우정이라는 훨씬 높은 윤리를 통한 보완을 필요로 한다.

19〔10〕

15. 인간은 자신의 고향에 따라서 프로테스탄트 신자, 가톨릭 신자, 터키 사람이 된다. 마치 포도주 산지에서 태어난 사람이 포도주를 마시는 사람이 되는 것과 같다.

19〔11〕

17. 전체에서 많이 단념한 사람은 작은 것에 쉽게 관용을 베푼다. 따라서 사랑을 단념하는 가톨릭 성직자의 지위처럼 에로틱한 것을 오로지 탈선으로만 이해하는 지위도 없을 것이다. 에로틱한 것 대신에 성직자들은 스스로에게 이따금씩 쾌락을 허용한다.

19〔12〕

18. 사람은 매우 적합하게 말할 수 있다. 그리고 더구나 그러므로 모든 세계는 대립을 넘어선다. 그렇게 소크라테스는 매우 적합하게, 그러나 세계사적 법정 앞에서 말했다 : 그의 심판자는 거꾸로 판결했다. ─ 이 대가는 스스로 자기 청중에게 교만하게 말한다.

19〔13〕

19. 좋지 않은 아버지를 가졌다면, 사람은 스스로 아버지를 하나 만들어야만 한다. 아들이 아버지를 입양하는 것은 그 반대보다 더 이성적이다 : 왜냐하면 아버지는 아들이 필요로 하는 것을 훨씬 더 정확하게 알기 때문이다.

19〔14〕

20. 의사의 명성은 건강한 사람과 아픈 사람에 대한 무지에 근거한다 : 그리고 이러한 무지는 다시 의사의 명성에 근거한다.

19〔15〕

21. 최선의 의사는 단지 한 명의 환자를 가질 수 있을 것이다 ; 모든 사람은 저마다 하나의 병력(病歷)을 갖고 있다.

19〔16〕

23. 스스로 작가임을 내세우지 않는 작가를 추측하고 폭로하는 것은 그를 마치 변장한 범죄자나, 가끔 충분히 허용될 수도 있는 간악한 아름다움과 관계하는 것처럼 대하는 것이다 : 그러나 익명으로

incognito 여행을 하는 영주처럼 : 사람이 자신의 침묵을 적어도 존중해야만 하는 경우가 있다.

19〔17〕

특성에 관한 평가는 상대적으로만 가능하다. 자신의 관심은 최상의 평가를 원한다.
경쟁심 또는 파괴.

19〔18〕

24. 성 충동의 환상은, 찢어지면 다시 항상 저절로 짜이는 그물망이다.

19〔19〕

27. 위험한 돈 투기의 장점을 누리기 위해서는 사람은 마치 냉탕에서처럼 해야만 한다 ― 빨리 들어가고 빨리 나와야 한다.

19〔20〕

28. 드라마 음악가는 반드시 귀뿐만 아니라 귓속의 눈도 가져야만 한다.

19〔21〕

32. 노동자는 자신이 과잉 노동을 하게 된다고 불평한다. 그러나 이와 같은 과잉 노동은 상인, 학자, 관료, 군대 어디서나 발견될 수 있다 : 부유한 계급에서 과잉 노동은 가장 위대한 활동의 내적인 충동

으로 나타난다, 노동자들에게 그것은 외적으로 강요된 것인데, 그 것이 차이다. 이러한 충동이 완화되면, 간접적으로 노동자들에게 유리해질 것이다. 노동자는 지금의 은행가가 그가 사는 것보다 더 즐거움이 많고 가치가 있다는 것을 믿지 않을 것이다.

19[22]

35. 대부분의 작가는 글을 못 쓴다. 왜냐하면 그들이 우리에게 그들의 생각Gedanken이 아니라 생각의 사유Das Denken der Gedanken를 전달하기 때문이다. 종종 그것은 기간을 가득 채운 허영심이다. 그것은 우리로 하여금 알에 주의를 갖게 하려는, 닭의 안내하는 울어댐이다. 즉 어느 완전한 기간 중에 서 있는 작은 사유에 주의를 환기시키는 것이다.

19[23]

36. 인간은 아기 때 동물로부터 가장 멀리 떨어져 있다. 그의 지성은 가장 인간적이다. 15세 때 그리고 사춘기 때 그는 동물에 한 걸음 가까이 다가간다. 30세 때의 감각과 함께 (게으름과 욕망 간의 중간 선) 또 한 걸음 가까이 다가간다. 60세 때 가끔 부끄럼을 잃는다 ; 그리고 나서 70세 때 완전히 우리 앞에 가면을 벗은 동물로 걸어간다 : 사람은 단지 눈과 치아에만 마음을 쓴다.

19[24]

38. 아들의 아버지에 대한 불복종과 독립, 즉 내적인 불복종과 독립은 통례상 아버지가 어떻게든 견디어낼 수 있는 한도까지 나아간다

; 훨씬 불편한 것은 아들보다 아버지가 되는 것임이 밝혀진다.

19[25]

아이러니는 고상하지 않다.

19[26]

41. 군주가 자기 국가의 정치적 변화를 더 이상 고려하지 않고 단지
궁신(宮臣)과 시골 사람에 대해서만 관심을 기울인다고 파악되는
즉시 사람들은 그를 피해야 할 것이다. 왜냐하면 사람들은 그를 사
적인 사람으로 다루어서는 안 되기 때문이다.

19[27]

42. 활동가는 예술을 통해 기분 전환을 원한다. 예술가는 최고의 축
적을 요구한다. 따라서 그들은 서로에게 불만족해하고, 서로 으르
렁거릴 수밖에 없다. 예술은 이런 활동가를 위한 것이 결코 아니고,
바로 여가의 과잉을 갖고 있고 따라서 최고의 진지함을 예외적으로
예술가에게 선사할 수 있는 사람을 위한 것이다. 이러한 한가로운
대가 계급이 현존하도록 그러한 활동가(노동자든, 은행가든, 또는
관료든)들이 과잉 노동을 한다. 이러한 계급의 존재가 악이라면, 예
술 또한 악이다.

　　예술 한가한 사람의 활동.

　　쾌락이 활동가의 여가를 형성한다.

19[28]

43. 50년 후, 모든 힘 있는 남자는 유럽에서 무기와 군사적인 동원, 더 유능한 사람과 더욱이 전술에 정통할 것이다. 그때 여론을 지배하려는 사람은 자기가 자기 여론을 위해 숙련된 군대를 획득했는지를 알고 싶어한다. 그것이 여론의 역사를 결정하게 될 것이다.

19[29]

45. 모든 거짓말의 4분의 3은 반대 명제를 통하여 탄생했다.

19[30]

젊은이의 목소리는 너무 크다.

19[31]

허영심을 가진 사람과 연인은 다른 한 사람 때문에 허영심을 갖거나 사랑한다고 망상한다.

19[32]

50. 최선의 저자는 스스로 작가임을 부끄러워한다. 그는 사유가 너무 풍족하고 너무 고귀하여 그 풍족함을 단지 때때로 보이게 하는 것을 부끄러워하지 않아야 한다.

19[33]

51. 포도와 재능을 성숙시키는 데는 비 오는 날과 맑은 날이 동시에 관여한다.

19〔34〕

52. 만약 악행이 얼마나 많은 혀를 움직이게 하고, 얼마나 많은 에
너지를 해소하고, 얼마나 많은 사람들에게 깊이 사유하고 고양하는
데 도움을 주는지 고려하지 않는다면, 사람은 악한 행위의 가치를
과소평가한다.


19〔35〕

53. 유럽의 암흑화는 대여섯의 자유 정신이 충실하게 있느냐 없느
냐에 달려 있을 수 있다.


19〔36〕

54. 누구도 자신의 행위에 대하여 책임이 없다, 누구도 자신의 본질
에 대하여 책임이 없다 : 그러한 한 심판하는 것은 부당하다. 이것
은 또한 개인이 자신을 재판할 때에도 타당하다. — 이러한 명제는
태양빛과 같이 밝아서 사람들은 이 빛을 피해 오히려 그림자와 비
진리로 들어간다 : 그러니까 거짓의 결과로 인해 완전히 시력을 잃
지는 않을까 하는 공포 때문에.


19〔37〕

55. 도덕성은 지성을 밝게 함으로써 가능하면 많이 새롭고 높은 행
동의 가능성을 알게 하고 그와 함께 행위의 새로운 동기의 다양함
을 선택하게 하며, 따라서 사람이 기회를 제공하는 것을 통해서만
확대된다. 인간은 저급한 동기에 의해, 오직 그 때문에, 매우 자주
그 때문에 파악된다. 왜냐하면 그는 보다 높은 동기를 알 수 없고

자신의 행동에 있어서 평범하고 저열하게 머무르기 때문이다, 왜냐하면 그에게 자신의 더 위대하고 순수한 본능을 공공연히 드러내 보일 수 있는 아무런 기회도 제공되지 않았기 때문이다. ─ 많은 사람은 일생 동안 기회를, 자기 방식대로 좋게 되기를 기다린다.

19〔38〕

56. 육체적 후손과 정신적 후손 가운데 한쪽을 선택할 때, 후자를 위해 검토해야 할 것은 어머니와 아버지가 한 인물 속에 있다는 것, 그리고 태어난 아이에겐 교육이 필요한 것이 아니라 단지 세상 속으로의 편입만이 필요하다는 것이다.

19〔39〕

59. 두 가지 비참한 느낌으로부터 점차적으로 철학이 구원될 수 있다 : 첫째 임종의 자리에 대한 두려움으로부터, 왜냐하면 두려워할 것이 없기 때문에, 둘째는 행위 후의 후회와 양심의 고통으로부터, 왜냐하면 어떤 행위도 완전히 피할 수 없었기 때문에. 지나간 모든 것을 고려하면 냉정한 숙명론이 철학적 신념이다.

하나의 행위를 두고, 만약 내가 그것이 필연적인 것이었다고 통찰하더라도, 아마도 행위에 대한 불쾌감은 줄어들지 않을 것이다 : 그것은 비판, 복수 등을 통하여 경감되지 않는 고통이다. 왜냐하면 자신의 모든 본성을 자신의 행위의 존재esse의 죄로 돌리는 것은 우리를 개개의 행위에 대해 책임지게 하는 그와 같은 비이성의 새로운 단계이기 때문이다. 왜냐하면 불쾌에는 반드시 책임이, 따라서 어떤 자유가 존재해야 하기 때문이다 : 그래서 쇼펜하우어는 예지적인 자유의 개념에 이르게 되었다. 그러나 불쾌의 사실은 이러한 불쾌가 합리적이고 이성적이라는 것을 증명하는 것은 아니다 : 그리고 단지 그러한 상태라면 사람은 쇼펜하우어의 방식대로 결론지을 수 있을 것이다. — 게다가 이제 불쾌는 여기에 있으나 아마도 습관에서 떨쳐버려질 수 있다.

그러나 만약 나쁜 서투른 행위가 아무런 불쾌를 초래하지 않는다면, 사람이 과거를 고려하여 익숙하게 될 이러한 냉정한 신념은 행해진 것에 대한 기쁨 또한 뿌리 뽑을 것이다. 그러나 이제 인간의 행동은 얻게 될 쾌락 또는 불쾌감의 예감을 통하여 결정된다 : 이것이 없다면, 어떤 감각도 인간을 더 이상 나쁜 행위로 억제하지 못한다, 그리고 그를 더 이상 좋은 행위로 끌어당기지 못한다. 그는 다가올 일을 고려하여 과거를 고려하는 것과 마찬가지로 냉정할 것이다. 이제 생존 혹은 비생존을 선호할 것인지에 대한 냉정한 고려가 나타날 것이다 : 그리고 신중함에서 하는 자살은 결과일 것이다. 이러한 실상에 대한 인식과 예감으로 모든 사람과 또한 모든 윤리는 자유의 지양에 반대한다 : 후자는 부당하다, 왜냐하면 철학은 철저히 진리의 결과가 아니라 진리를 존중해야 하기 때문이다. — 전체로서의 삶이 감각(쾌나 불쾌)의 결과를 전혀 가지지 않아야 한다는 것은 같은 이유에서 지켜져야 한다 (따라서 임종의 자리에 의미가 있는 것이다).

19[40]
65. "본래의 너 자신이 되어라" : 이것은 항상 소수의 사람에게 허용된 요구다. 그러나 이 소수 중에서도 극소수의 사람에게는 이것이

불필요하다.

19[41]

66. 모든 염세적인 종교의 윤리는 자살로부터의 도피에 본질이 있
다.

19[42]

70. 그리고 무엇이 그대의 덕에 도움이 되는가? 양심의 소리? ―
오, 아니다, 이웃 여자의 목소리다.

19[43]

71. 자기 만족적인 사람들은 가끔 허영을 부린다. 예를 들어 특정한
계급의 허영심에 대하여 부끄러워하지 않는다.

19[44]

72. 그러나 만약 그가 매우 드물게 발생하는 다른 사람의 보다 높은
자기 만족을 느낀다면. 자기 만족을 하는 사람은 허영적이다.

19[45]

73. 재능을 두고는 누가 압도적으로 우쭐해하는지, 아니면 자기 만
족적인지 결론 내릴 수 없다 : 가장 위대한 천재는 때때로 어린 소
녀와 똑같은 허영심을 갖고서 머리를 염색할 수 있을 것이다. 이러
한 허영심은 아마도 그가 아직 자신을 신뢰할 권리가 없어 이러한
신뢰를 우선 다른 사람들에게 잔돈으로 구걸했던 그때부터 쌓아온,

현재까지도 잔존하는, 그리고 성장한 습관일 것이다.


19[46]

79. 사람은 자주 자신의 추적자로부터 빨리 가는 것보다 느리게 가는 것을 통하여 도망친다 ; 이것은 특히 문학적인 추적에 해당된다.


19[47]

코체부 — "그에게서 우리는 살고, 직조되고, 존재한다."
셰익스피어, 극장의 역사에서의 우연.
실러는 보다 나은 극작가다.


19[48]

84. 경건한 이는 자기가 불경한 사람보다 우월하다고 느낀다 : 만약 내가 경건한 이가 불경한 이들 앞에 자신을 낮추는 것을 본다면, 나는 기독교적인 겸손을 믿을 것이다.


19[49]

나는 독자 때문에 주기(週期)의 많은 리듬을 바꾼다.


19[50]

90. 사람들은 누군가에게 자신이 가진 돈 전부보다는 차라리 온 가슴을 선사한다. — 이것이 어떻게 가능한가? — 사람은 자신의 가슴을 선물하고도 여전히 갖고 있다, 그러나 돈을 선물하게 되면 더 이상 남아 있는 것이 없다.

19〔51〕

93. 지금까지 어떤 작가도 수사학적으로 쓰는 것을 필요로 할 만큼 그렇게 충분한 정신을 갖고 있지 않았다.

19〔52〕

96. 아름다운 여자에게는 진리와 공유되는 무엇인가가 있다. (비록 비방자가 말하고자 하는 것이라고 해도!) : 진리와 여자, 이 양자는 그들이 사로잡혔을 때보다는 열망될 때 더욱더 행복해한다.

19〔53〕

99. 동맹자들이 서로에 대해서 알고 있기보다 서로를 믿을 때 결합은 더 확고하다 : 왜냐하면 연인들 간의 결합이 결혼 후보다 결혼 전에 더 확고하기 때문이다.

19〔54〕

100. 전투를 이끌고자 했던 그 어떤 영주도 개전의 이유casus belli를 필요로 하지 않았다. 그러나 우리가 공식적으로 인정하는 모든 동기들에서 나타나는 것은 우리 모두가 개전의 이유를 필요로 하지 않는다는 것이다. 모든 행위는 동기 때문에 행해지고 이른바 동기 때문에 성취된다.

19〔55〕

103. 정치가는 인간을 두 종류로 나눈다, 첫째는 도구, 둘째는 적이다. 그러니까 그에게 있어서는 단지 한 부류의 인간만이 있는 것이

다 : 적이라는.

19[56]

108. 사람은 종교의 도움으로 외적인 삶을 어렵게 하고 내적인 삶을 가볍게 하거나 혹은 그 반대다 : 전자는 기독교의 경우이고, 후자는 종교의 몰락의 경우다. 이로부터 종교는 가슴을 가볍게 하기 위해 발생하고, 만약 가슴을 더 이상 가볍게 하지 않아야 한다면 종교가 몰락한다는 결론이 나온다.

19[57]

110. "정신은 바로 높은 만큼 깊다"고 누군가 말했다. 이제 사람은 "높은 정신"이라는 표현에서 상승과 비약의 힘과 에너지를 생각하고, "깊은 정신"이라는 표현에서 정신이 자신의 길을 취하는 목적의 까마득함을 생각한다. 따라서 다음과 같은 명제가 언급될 것이다 : 정신은 날 수 있는 만큼 간다. 이것은 그러나 참이 아니다 : 정신이 날 수 있는 만큼 멀리 간 경우는 드물다. 따라서 명제는 다음과 같아야 한다 : 정신이 높은 만큼 깊은 경우는 드물다.

19[58]

111. 만약 이전에 천연두가 육체적인 구성물의 힘과 건강을 시험해 보았고 견디지 못한 사람은 죽게 되었다면 : 사람은 아마도 이제 종교적인 감염을 정신적인 구성물의 힘과 건강을 위한 시험으로 간주할 수 있다. 사람은 그것을 극복하든지 아니면 정신적으로 그것으로 몰락하게 된다.

19[59]

## 교육의 요소들.

1) 오류들.

2) 잘못된 결론.

3) 열정.

4) 속박된 정신들.

5) 망각.

6) 사물로서의 인간.

7) 퇴화하는 본성.

8) 진리애의 발생.

9) 문화의 미래.


19[60]

113. 유럽 국가의 계약은, 이제 그 국가를 창조한 강제가 있는 한, 바로 강제라고 간주된다. 그것은 그러므로 폭력을(물리적인 의미에서) 결정하고 폭력의 결과를 낳는 상태다. 그것은 다음과 같다 : 대국은 소국을 합치고, 거대 괴물 국가는 대국을 합친다 ― 그리고 거대 괴물 국가는 폭발한다. 왜냐하면 거기에는 결국 몸을 매는 끈인 이웃 간의 적대감이 없기 때문이다. 원자 국가 형태로의 분할은 가장 먼, 아직은 피상적으로 보이는 유럽 정치의 전망이다. 사회의 투쟁 자체는 전쟁의 습관으로 옮아간다.


19[61]

114. 더 이상 교육자는 없다 ; 사람은 단지 이 이름으로 항상 교육

받지 못한 사람들을 매수한다. — 선생Lehrer은 있으나 교육자
Erzieher는 없다, 가축 우리를 돌보는 노예는 있으나 말 타는 이는
없다.

19[62]
116. 여기저기서 정당(政黨)은 오염된 기독교의 몇몇 조각을 청결
하게 하고, 그 조각들로 옷을 만들어 입으려고 시도한다 — 효과는
적다 : 방금 세탁한 누더기를 걸치면 깨끗하긴 하겠지만, 누더기는
항상 누더기일 뿐이기 때문이다.

19[63]
117. 한때, 기독교가 세웠던 무수한 교회들을 보면서 사람들은 현
재는 이 건물들을 허물기에 족할 만큼의 종교가 없다고 중얼거릴
수밖에 없을 것이다. 마찬가지로, 현재는 종교를 파기할 만큼의 종
교가 없다고 중얼거릴 것이다.

19[64]
112. 사적인 게으름에서 공적인 의견이 발생한다. 그렇다면 사적인
의견에서는 무엇이 발생하는가? — 공적인 열정.

19[65]
118) 우리는 중심이 몰락하고 있는 문화 속에서 산다.
  국가의 지양 — 유럽적인 인간.
  정치의 절제.

재능의 무시.

언론의 경멸.

단지 치료약으로서의 종교와 예술.

소박한 삶.

5 사회적인 다양성의 과소평가.

과학을 위한 보다 높은 법정.

여성의 해방.

우정 — 뒤얽힌 동아리.

정신의 경제의 조직.

10 제도는 여론 자체를 따른다.


19[66]

도덕가에게 인사.

도덕가의 부재.

15 활동가.

자유롭게 되고자 하는 사람들.

자유 정신.

상처 주기.

생산성 없이는 불가능하다 — 따라서 자유 정신.

20 옛날의 젊음에 대한 탄식.

아버지와 어머니.

천재의 교육. 길의 중간.

가볍게 된 자로서의 시인.

미학.

시인. 작가. 문헌학자.

예술 ― 활동가.

사회.

여성과 아이.

국가(그리스).

종교적인 것.

보다 높은 도덕적 명제 (선과 악) (허영).

삶의 최고의 경감,

가장 슬픈 운명fatum tristissimum.

19[67]

역사의 목소리.

모든 일반적인 것이 앞으로 :

자유 정신적인 순회 : 사람을 기존의 것으로부터 해방시키기 위한.

1. 홀로 있는 인간.

2. 여자와 아이.

3. 사회.

4. 예술 ― 시인 ― 미학.

5. 국가.

6. 종교적인 것.

7. 삶의 무게를 가볍게 하는 것.

19[68]

자유로운 사람은 죽음에 대해 생각하지 않고, 그의 지혜는 죽음이 아니라 삶에 관한 명상이다Homo liber de nulla re minus quam de morte cogitat et ejus sapientia non mortis sed vitae meditatio est. 스피노자.

5 19[69]
보다 예리하게 생각하는 이는 시인의 상을 좋아하지 않는다. 그것은 너무나 다른 종류의 것을 동시에 기억 안에 가져오게 된다 : 마치 예민하게 듣는 이가 소리의 상음(上音)을 불협화음으로 듣는 것처럼.

10

19[70]
　c. 4. 자유 정신과 철학자.
　　5. 문화 안에서 : 예(例).
　　6. 현재의 위치.
15 　　7. 미래.

19[71]
동정하는 자는 스스로를 보다 강한 자로 느낀다. 그가 도울 수만 있다면 공격할 준비가 되었을 때 쾌감이 생긴다. 고통은 미학적인 20 것과 같은 공명(共鳴)이다.

19[72]
주제 :
공리에 관하여.

단편 소설에 관하여.

시인에 반대하여.

선진들에 관해서는 생각할지 몰라도 후진들에 관해서는 생각하
지 않는, 만족하는 철학자 (어디에 만족이 있는 걸까?).

자유 정신과 철학자 간의 차이.

자유 정신-소피스트로서의 이상으로서의 투키디데스.

동정의 근원.

종교에서의 자살.

환자.

학식 있는 자의 자만심.


19〔73〕

사람들은, 우리에게 비슷한 느낌을 불러일으켜, 예를 들어 봄
〔春〕, 사랑, 자연의 아름다움, 신성 등등과 같이 서로 연결되는 사물
들을 찾는다. 이러한 사물의 엮음은 절대로 실제적인 인과적 연결과
부합되지 않는다. 시인과 철학자는 사물을 배열하기를 좋아한다 ;
예술과 도덕은 조화된다.


19〔74〕

그들은 하나의 국가를 위한 독일 정부의 통일을 하나의 "위대한
이념"이라 부른다. 그들은 언젠가 실현될 통합된 유럽 국가 사람과
같은 종류의 인간이다 : 그것은 훨씬 "위대한 이념"이다.

19〔75〕

언어의 상이함은 대부분 근본에서 일어나는 것을 보는 것을 방해한다 ― 국가적인 것의 소명과 유럽적 인간의 생산.

19〔76〕

문화의 모든 근본 토대가 약해졌다 : 따라서 문화는 몰락해야만 한다.

19〔77〕

자유 정신의 십계명.

민족들을 사랑하지도 미워하지도 말라.

정치를 추진하지 말라.

부유하지도 말고 그렇다고 거지가 되지도 말라.

유명인과 영향력 있는 사람을 피하라.

네 아내는 너 자신의 민족과는 다른 민족에서 취하라.

네 자녀의 교육은 네 친구에게 맡기라.

어떠한 교회의 제식에도 종속되지 말라.

범법 행위를 후회하지 말라. 오히려 그로 인해 선행을 더 많이 행하라.

진리를 말할 수 있기 위해, 망명 기한을 앞당기라.

세계가 너에게 반대하도록, 그리고 네가 세계에 반대하도록 내버려두라.

19〔78〕

　2장. 현재의 자유 정신.

　3장. 자유 정신의 목표 : 인류의 미래.

　4장. 자유 정신의 탄생.

19〔79〕

　몇천 년 후의 미래 : 대지의 경제학, 나쁜 인종의 사멸, 좋은 인종의 사육, 하나의 언어. 인간을 위한, 심지어 보다 높은 존재를 위한 아주 새로운 조건들? 현재 완전히 야만으로 침몰하는 것을 막는 것〔전신(電信), 지리학, 산업〈적〉발명, 기타 등등〕은 상인 계급이다.

19〔80〕

　비진리가 지배할 때 진리를 말하는 것은, 그로 인해 인간들이 망명이나 그보다 더 나쁜 것을 선택할 정도로 많이 만족과 혼합되어 있다.

19〔81〕

　그는 현자를 저주했고, 더 이상 좋은 친구로서 살기를 원치 않았다Il maudit les savants et ne voulut plus vivre qu'en bonne compagnie. 볼테르(자디그[2])

19〔82〕

문헌학자.

　왜 고등학생들의 우매화가 일어나는가? 모든 것을 우둔하게 하는 선생의 본보기, 작가 등을 통해.

왜 문헌학자는 그렇게 타락한 자리를 열망하는가? 허영심 때문에 : 그들에게는 고대인들에 관한 것은 아무것도 중요하지 않다. 그러나 그들 자신은 매우 중요하다.

정신적으로 풍부한 교과서가 있는가?


19[83]

인간들은 설명 가능한 세상에는 가치 있는 것이 많지 않다고 생각하기 때문에, 참된 것과 중요한 것은 설명 불가능한 것에 놓여 있다고 생각한다 ; 그들은 그들의 가장 높은 감각과 예감을 어둡고 설명 불가능한 것에 연결시킨다. 이제 이러한 해명되지 않은 영역에는 본질적인 것은 그 무엇도 놓여 있을 필요가 없다, 그것은 비어 있을 것이다 ; 만약 인간이 인식 속에서만 어두운 자리를 가진다면, 그때 해명되지 않은 영역이 그를 위해 생겨나게 될 것이다 : 거기서 그는 마술을 부려, 그가 필요로 하는 것을 불러내고, 정령과 예감의 어두운 과정이 안주하게 한다.


19[84]

사람이 엄격하게 진리를 고수하고 무엇보다도 형이상학적인 것, 해명되지 않은 것으로부터 자신을 보호하는 데 익숙하다면, 아마도 언젠가 창작의 즐거움은 금지된 어떤 것과 관계하고 있다는 느낌과 결합될 것이다 : 그것은 달콤한 쾌락이다, 그러나 나중에든, 그 당시에든 양심의 가책이 없지는 않을 것이다.

19[85]

　이른바 형이상학적 욕구는 이러한 욕구에 상응하는 실재에 대해 아무것도 증명하지 않는다 : 반대로, 우리는 여기서 필요하기 때문에, 의지의 언어를 듣지, 지성의 언어를 듣지 않는다. 그리고 우리가 지성의 언어를 믿으면, 헤맨다. 어떤 신은, 어떤 욕구 때문에 우리에게 그가 필요하다고 보이게 하는 것 없이 증명될 수 있을 때 받아들여질 수 있다.


19[86]

주제.

　자유 정신에 관하여.
　설명 불가능한 것과 설명 가능한 것.
　고대 문화의 몰락.
　예술의 원인.
　자살.
　학식 있는 자의 허영.
　공리(公理).
　작가.
　환자.
　인간의 개선성.
　단편 소설에 관하여.
　교제.
　여자의 지성.
　우정.

도덕의 단계.

권력에 관하여.

선(善)의 간소함.

희망.

귀족.

운명에 대한 투쟁.

선과 악.

종교의 동기의 대치.

약속.

지성과 도덕성.

권태 — 여가.

처벌과 후회.

선생으로서의 문헌학자.

소피스트〈적〉 자유로운 사유의 형태인 투키디데스.

19[87]

배심 재판의 판결은 교원들의 학생에 대한 검열이 오류인 것과 같은 이유로 오류다 : 판결은 다른 기존 판결 사이의 중재로부터 생긴다 : 만약 가장 유리한 경우를 가정하여 배심원의 한 **사람**이 옳게 판결한다고 한다면 전체 결과는 옳고, 많은 잘못된 판결, 즉 항상 잘못인 경우의 중간이다.

19[88]

시인은, 화가가 관람객에게 그림을 제대로 감상하기 위해, 그림으로부터 일정한 거리를 둘 것과 일정한 시력을 요구하는 것처럼 그렇게 자신의 독자에 대한 어떤 특정한 개념을 머릿속에 두어서는 안 된다. 보다 새로운 시작(詩作)은 단지 부분적으로만 우리에 의해 향유되고, 누구나 자기에게 맛있는 것을 수확한다 ; 우리는 이러한
5      예술 작품과 필연적인 관계에 있지 않다. 시인은 마찬가지로 불확 실하고 곧 그러한 청중에게 주목한다 ; 시인들은 자기의 모든 의도 를 사람이 파악하고 세부 사항을 통해 또는 소재를 통해 만족하려 고 애쓴다고 믿지 않는다. 이제 이야기하는 사람이 훌륭하게 만드 는 모든 것이 오늘날의 청중에게서 상실된 것처럼 : 청중은 단지 이
10     야기의 소재를 원하고, 흥미를 느끼고 감동받고 압도되기를 원한다 : 이야기하는 사람의 기술을 통해서가 아니라, 예를 들어 최상으로 포함된 범죄 행위, 사실을 통해서.


19〔89〕
15     선사 시대는 무한한 시간에 걸친 전승에 의해 규정된다, 아무것 도 일어나지 않는다. 역사 시대에 실재 사실은 늘 전통의 해체, 의 견의 차이다. 그것은 역사를 만드는 **자유 정신**이다. 의견의 격변이 빠를수록 세계의 변화는 빨리 진행된다, 연대기는 저널로 변하고, 드디어 전신(電信)은 인간의 의견이 몇 시간 안에 어떻게 변화했는
20     지를 결정한다.


19〔90〕
결혼할 때 아름다운 여자는 그녀가 아름답다는 것이 무시될 만큼 반드시 매우 많은 좋은 특성을 가져야만 한다.

19[91]

진리의, 전반적으로 의견의 전달 가능성.


19[92]

여론은 어떤 성과를 가져오는가? ― 라고 정치가는 묻는다. 그것은 힘인가?


19[93]

인간은 자신의 의견보다 다른 의견을 더 높게 평가하는 데 익숙해진다.


19[94]

경건한 사람은 묻는다 : 이러한 견해가 당신들을 행복하게 하는가? ― 그것은 진리를 찬성하거나 반대하는 증거로 간주된다. 만약어떤 미친 사람이 자기가 신이고 그 점에서 행복하다고 믿는다면― 그렇게 보이는 것처럼 ― 따라서 신이 존재한다는 것이 증명된다.


19[95]

비극에서는 필연적으로 어떤 시대에 바로 숙련되고 높게 평가받던 웅변이 지배한다. 그래서 그리스인에게도, 프랑스인에게도, 또한 셰익스피어에게도 마찬가지다. 셰익스피어에서 엘리자베스의궁중을 지배하는 스페인적인 영향은 오인할 여지가 없다 : 그림의과잉, 그림의 부자연스러움은 일반적으로 인간적이지 않고, 오히려 스페인적이다. 이탈리아적인 단편 소설에서는 마치 전설에서처럼 귀족과 르네상스의 고귀한 웅변 문화가 지배한다. ― 우리는 궁중의 웅변과 그리스인 같은 공적인 웅변을 전혀 갖고 있지 않다 : 그러므로 웅변은 드라마에서 대사와 아무런 관계가 없다. 그것은 자연화다. 타소Tasso에서 괴테는 르네상스의 전형으로 회귀한다. 실러는 프랑스인에게 의존한다. 바그너는 말의 기술을 완전히 포기한다.

19[96]

사람은 항상 가장 심오한 근거를 말하고자 애쓸 때 전통적인 것으로 기우는 경향이 있다. 그는 엄청나게 복된 결과를 감지하기 때문에, 심오하고 진리에 가득 찬 의도를 전통을 품은 영혼에서 찾는다. ― 그러나 그 반대다 ; 신과 결혼의 발생은 천박하고 어리석다, 전통의 토대는 지적이고 매우 저급하게 시작된다.

19[97]

신앙을 던져버렸다고 해서, 그로부터 성장한 결과를 던져버린 것은 아니다. 이 결과는 전통에 의해 계속 생존한다 : 전통은 신앙과 결과의 결합에 대하여 눈을 감는다. 이 결과는 그 자신 때문에 현존하는 것처럼 보인다. 결과는 그것의 아버지를 부인한다.

19[98]

무엇이 여론의 반응인가? 만약 의견이 더 이상 흥미롭지 않게 되면, 사람들은 그것을 반대설과 결부시킴으로써 그것에 자극을 부여한다. 그러나 일반적으로 반대 의견이 유혹적이어서 하나의 새로운 신봉자를 만든다 : 의견은 그 사이에 더 흥미롭게 된다.

19〔99〕
아리스토텔레스는 비극을 통하여 동정과 두려움의 과도함이 사라지고 청중은 보다 냉정하게 집으로 돌아간다고 생각한다. 플라톤은 반대로 청중은 전보다 더 감상적이고 초조하게 된다고 생각한다. ― 예술의 도덕적인 의미에 대한 플라톤의 물음은 아직도 다시 던져지지 않았다. 예술가는 열정의 해방을 필요로 한다. 아테네의 희극 작가가 자신의 청중에게 발산하고자 하는 열정이 우리에겐 더 이상 전혀 맘에 들지 않게 된다 : 욕망, 비방, 예의 없음 등등. 실제로 아테네인은 유약해졌다. 종교의 대용물로서의 예술은 타당하지 않다 : 왜냐하면 예술을 완성한 사람에게는 예술이 불필요하고, 전투 중인 사람에게는 예술이 종교의 대용물이 아니라 기껏해야 종교의 보조물이기 때문이다. ― 아마도 그것의 지위는 마치 밀라노 사람이 그렇게 대하는 것처럼 인식의 보조물일 것이다, 그것은 평화와 인식의 더 위대한 성공을 마치 파란 산을 보는 것처럼 멀리서 허용한다. 종교의 대용물은 예술이 아니라 인식이다.

19〔100〕
종교는 그 어떤 진리를 비유적 의미로sensu allegorico 표현하는 것이 아니라, 오히려 진리라고는 아무것도 표현하지 않는다. ― 쇼펜하우어에게 반대하여 이것이 이의로 제기될 수 있다. 종교관에서 일반 동의consensus gentium는 그래도 오히려 근본에 놓여 있는 진리에 대한 반론이다. 태고의 성직자의 진리가 아니라 해명할 수 없는 것에 대한 두려움이 종교의 근원이다 : 이성에 근거하는 것은 부정한 방법으로 종교 안으로 들어온다.

19[101]

　심리학 연구는 고대의 수사학에 속한다. 우리는 어떻게 멀리 되돌아가는가? 정당의 신문은 실제로 한 편의 심리학이다, 또한 외교다 — 실천으로서의 모든 것. 새로운 심리학은 개혁자를 위해 없어서는 안 된다.

19[102]

　새로운 개혁자는 인간을 점토처럼 취한다. 시간과 제도를 통해 그에게 모든 것을 가르치고, 그를 동물과 천사로 만들 수 있다. 약간 군은 것이 여기 있다. "인류의 변형이다!"

19[103]

　종교가 인간을 위해 유용한 모든 것을 갖고 있다는 것이 인정될 수 있다 : 직접적으로 행복과 위안을 선사한다. 사람이 진리를 유용성과 밀접한 관계를 맺게 할 수 없을 때 그는 할 일을 잃어버리는 것이다. 왜 인류는 진리를 위해 스스로 희생해야만 하는가? 물론 그는 전혀 그렇지 않을 수 있다. 모든 진리에의 노력은 지금까지 유용성을 주시한다 : 아버지가 공부하는 아들에게 주의시키는 수학의 미미한 유용성이 그것이다. 사람은, 스스로 어떤 것에 종사하고, 그것에서 아무것도 발생시키지 않는, 또는 오히려 손상하는 인간을 어리석게 여겼다. 사람은 인간이 마시는 공기를 썩게 하는 것을 일반적으로 위험한 것으로 여겼다. 만약 사는 데 종교가 필요하다면, 종교를 뒤흔드는 것은 위험하다 : 거짓말이 필요하다면, 그것은 동요되어서는 안 된다. 그러므로 ─ 진리는 삶과의 관련에서 가능한가? ─

19〔104〕

사람은 자신을 돌본다 ─ 그런 다음 자신의 아들도 돌본다 : 후자에 대한 고려는 인간이 완전히 개별적이고 무자비하게 사는 것을 방해한다. 그는 자신의 아들을 좋게 만드는 제도를 원한다. 그것에 인류의 지속성이 달려 있다 : 만약 인간이 아이를 갖지 않는다면 모든 것이 무너져버릴 것이다. 아이에 대한 배려는 소유와 보장된 자리를 돌본다 : 소유와 사회의 질서. 소유욕과 명예욕은 아마도 아이를 위한 배려와 관련된 충동이다 : 비록 특수한 경우에 아이가 없더라도 그것은 상속을 통해 매우 커진다 : 만약 노력에서 목적이라는 머리를 절단한다면 : 그럼에도 불구하고 신체는 아직 움직인다.

19〔105〕

단지 제자가 말하고자 하는 우둔함을 싹부터 억압하기 위해 좋은 교육자는 제자를 날카롭게 모욕할 수 있는 경우에 이를 수 있다.

19〔106〕

본의 아닌 순교자와, 자신이 그러할 수 있는 만큼만 그러한 반면 겁쟁이로 경멸되는 진지한 사람 등등.

19〔107〕

　어떤 설명을 특별히 선호하지 않는다는 것은 일종의 속박된 정신 안에 있다는 것이다 ; 그때 사람은 만족한다. 높은 문화는 많은 사물을 조용히 해명되지 않은 채로 내버려두는 것을 요구한다 : 나는 판단을 중지한다ἐπέχω.

19〔108〕

　어두운 것은 밝은 것보다 더 중요하고 더 위험한 것으로 간주된다. 두려움은 인간적인 판타지의 가장 내부에 있다. 종교적인 것의 마지막 형식은 사람들이 일반적으로 어둡고 설명할 수 없는 영역을 시인하는 것에 본질을 두고 있다 ; 이러한 것 안에 세계의 비밀을 숨겨야 한다고 사람들은 생각한다.

19〔109〕

　말뚝 박는 공사Pfahlbauten 등을 통해 인류의 **진보**가 있었다는 것이 증명되었다. 그러나 인류의 지난 4,000〈년〉을 근거로 할 때 이러한 가정이 허용되는지는 의문스럽다. 그러나 과학은 진보한다 : 그와 함께 기존의 문화의 최고 형식은 파괴되고, 절대로 다시 탄생할 수 없다.

19〔110〕

　본능은 사람들이 머리를 잘라도 같은 방향으로 계속 움직이는 벌레와 비슷하다.

19[111]

쇼펜하우어는 사랑에 관해 전혀 설명하지 않았다. 성적인 것에 관한 설명은 한 번 있었다. 특수한 성향은 미적인 유전을 통해 매우 강해지는 공통 판단으로 설명된다. 흑인은 흑인을 원하고 백인을 경멸한다. "유(類)의 천재"로는 아무것도 획득되지 않는다.

19[112]

사람은 불사(不死)를 위해서가 아니라 선전(宣傳)에 대한 고려 때문에 사랑에 빠진다 : 플라톤과 반대로. 오히려 향유 때문에. 그들은 비록 여자가 불임일지라도 그럴 것이다 ; 처음에는 옳다! 그리스의 남색은 부자연스러운 것이 아니다. 그들의 목적인은 플라톤에 따르면 "아름다운 말을 생산"해야만 하는 것이다.

19[113]

모든 인간은 자신에게 가장 높은 관심을 갖는다, 그러나 다른 사람의 판단을 자신의 것보다 더 높게 존중하는 것에 익숙하다 : 권위에의 믿음, 상속되고 사육된, 사회 · 인류 등의 기초. 이러한 두 개의 전제로부터 허영이 생긴다 : 인간은 자신의 가치를 다른 사람의 판단을 통해 자신 앞에 확증한다.

19[114]

모든 인류적인 것은 언젠가 한때는 아직 "인류"가 아니라 강제였다. 전통이 있는 후에야 비로소 선한 행위가 있다.

19〔115〕

    비이기적인 자극을 이기적인 것으로 환원하는 것은 방법적으로 제공된다. 사회적인 본능은 연맹에 일체가 될 때, 자신이 보존되는 것만을 파악하는 개인적인 것으로서 환원될 뿐이다. 사회적인 것에 대한 평가는 그래서 상속되고, 가장 유용한 회원이 또한 가장 존경받는 사람이기 때문에 항상 계속 강화된다. 이제 조국을 위해 모든 것을 견디기 위한 밝은 불꽃이 있다 (또한 모든 유사한 통일, 예를 들어 학문). 이기적인 목적은 망각된다. 사람이 근원을 망각할 때 "선한" 것은 탄생한다. ─ 부모의 본능은 처음에 사회 안에서 육성되고 사람은 후손을 필요로 한다, 그래서 사람은 결혼을 보존하고 그것을 존중한다. ─ 또한 (이성 간의) 비이기적인 사랑은 우선은 강요된 사실이다, 즉 사회성을 통해 강요된 것이다. 나중에 비로소 익숙해지고 상속되어 마침내 근원적인 자극처럼 된다. 충동은 처음에는 다른 개인을 고려함이 없이 만족을 꾀한다. 그것이 무시무시하다. ─ 또한 동물의 모든 부모의 충동을 사회성으로 환원할 수 있는지? ─

19〔116〕

    여기서 "사고와 기획들"이 1876년 가을과 겨울에 시작된다.

    1876년 12월 22일에 나는 마지막 쪽을 썼다.

19〔117〕

서문.

    "말을 해야 한다면 긍정적으로 말해야 한다"는 괴테를 기억하며.

19[118]

인간적인 너무나 인간적인.
사교적인 격언.

19[119]

사교성 테마로서의 경구.

19[120]

고대 문화.

1. 문화의 근본에서의 불순한 사유.
2. 풍습Sittlichkeit.
3. 종교.
4. 예술 (언어).
5. 자유 정신.
6. 여자.
7. 성자.
8. 삶의 평가.
9. 권리.
10. 민족.
11. 학문.
12. 고대 문화의 소멸.

〔20 = Mp XIV 1a (브레너). 1876/77년 겨울〕

20〔1〕

14. 이중의 미학이 있다. 하나는 예술의 결과에서 시작하여 그에 상응하는 원인을 추론한다 ; 이 미학은 이러한 방법으로 예술의 마법 아래 서고, 그 자체로 일종의 문학과 도취다 : 다른 미학은 예술의 여러 가지 부조리하고 유치한 시작에서 출발한다 : 그것은 그로부터 실제적인 결과를 유도할 수 없고 그 때문에 예술에 관한 감각을 총괄적으로 완화하고, 온갖 방법으로 앞의 결과에 대해 그것이 날조되었거나 병적이지는 않은지 회의해보는 시도를 하게 된다. 이로써 명확해지는 것은 어떤 미학이 예술에 도움이 되고 되지 않는가, 그리고 어느 정도로 두 가지가 아무런 학문이 될 수 없는가 하는 것이다.

20〔2〕

16. ─ ─ ─ 사실 이 결과들은 깊이 고려해볼 필요가 있는 것들이다. 만약 나쁜, 미숙한 행위가 언젠가는 더 이상 불쾌감을 낳지 않는다면, 사람들이 과거와 연관하여 익숙해져 있을 이 냉정한 신념은 또한 행해진 것에 대한 기쁨을 뿌리 뽑게 될 것이다. 그러나 이제 인간의 행위는 획득되는 쾌감과 불쾌의 예감을 통하여 결정된다 : 이른바 도덕적인 쾌락이나 불쾌를 고려할 때 이런 예감이 없다면, 어떤 감각도 더 이상 인간에게 나쁜 행위를 억제하지 못하고, 인간

을 더 이상 선행으로 이끌지 않을 것이다 : 유용한 것과 해로운 것에 대한 고려가 아니면 ; 도덕은 유용성 이론에 자리를 내준다. 인간은 과거에 대해서처럼 다가오는 것에 대해서도 고려하여 마찬가지로 냉철하고 영리하게 되어야 할 것이다. 따라서 아마도 비존재가 존재보다 선호되지 않는지에 대해 검토하는 것과 아울러, 여전히 고통스럽다고 할 수 있는 자신의 현재의 삶이 어떤 가치를 지니는지에 대해 냉정하게 숙고할 수 있도록 성숙해져야 할 것이다. 이러한 상황의 인식과 예감에서 모든 인간과 또한 철학적인 윤리는 책임성의 지양에 반대한다 : 후자는 부당하다, 왜냐하면 철학은 진리의 결과가 아니라 단지 진리 그 자체에 철저히 주의를 해야만 하기 때문이다. — 전체로서의 인간의 삶이 어떤 느낌에서도 쾌락이나 불쾌로 귀결되지 않고 파괴와 완전한 무감각으로 끝난다는 것은 같은 이유에서 대개 거절된다 : 사람은 삶의 가치에 대한 믿음을 약화하고 자살에의 쾌감을 촉진하는 것을 두려워한다. 삶에의 의지는 이성의 결론에 반대하고 이것을 흐리게 하는 것을 시도한다 : 따라서 사람들은 마치 두려워할 혹은 희망할 무엇인가가 아직 있기라도 한 듯이 생의 마지막 순간에 의미를 부여한다.


20[3]

1. 하나의 경구는 사유의 사슬의 한 마디다 ; 그것은 독자가 독자 고유의 방법을 사용하여 이 사슬을 재생하기를 요구한다 : 이것은 매우 많이 요구함을 뜻한다. 하나의 경구는 월권이다. — 또는 그것은 하나의 주의(注意)다 : 헤라클레이토스가 알았던 것처럼. 경구는 반드시 즐길 수 있어야 한다, 우선 감동을 주어야 하고, 다른 재료

(예를 들어 경험, 역사)로 이전되어야 한다. 이것을 사람들은 이해하지 못하고, 그렇기 때문에 경구 속의 의심해볼 필요가 있는 부분들을 의심도 해보지 않고 입 밖에 낼 수 있는 것이다.

20[4]

12. 정서의 완전한 냉정과 자유의 상태보다, 다른 사람을 향한 연모의 상태에서 사람은 사랑의 격한 감정에 보다 쉽게 빠진다.

20[5]

20. 만약 지금까지 신에게 주었던 것이 장래에 시간과 힘, 능력, 감정의 극복, 무자아, 사랑에 주어진다면, 인간 중에 재산과 행복이 얼마나 더 많아질까? 얼마나 더? — 아마도 결코 많지 않을 것이다.

20[6]

21. 많은 사람이 칭찬, 감탄, 다른 사람의 질투를 통해 자신의 본래의 가치를 확신하거나 설득하고자 한다 ; 그것이 그에게는 다른 어떤 것보다 훨씬 더 중요하며, 심지어 그들은 자기 기만과 자기 도취까지 온갖 수단을 사용한다. 물론 그들은 유용한 사람이기보다는 감탄받는 사람이기를 백 배는 더 선호하며, 자신에게 유익한 것 이상으로 스스로를 사랑한다. 그들에게서 허영심은 단지 자만심의 수단이다. 그들은 탁월하지도, 스스로를 탁월하게 느끼고자 원하지도 않는다. 그들이 그러한가 하는 것은 그들에게 아무 상관이 없다.

20[7]

25. 어디서 신들의 질투가 발생하는가? 그리스인들은 조용하고 차분한 행복이 아니라 단지 오만하고 불경한 행복을 믿었던 것처럼 보인다 ; 행복한 사람을 보는 것은 그들을 격분케 했다. 그것은 아마도 그들의 정서에 전체적으로 안 좋았을 것이 틀림없다 ; 왜냐하면 그들의 영혼은 행복을 바라볼 때 너무 쉽게 상처 입었기 때문이다. 뛰어난 재능이 있는 곳에서 질투하는 사람의 무리가 특별히 컸다. 누가 불행을 만난다면 사람들은 말했다 : 그것 또한 필요하다. 그들은 너무 오만하다 ; 그리고 만약 누구든 같은 재능을 가졌다면, 특히 오만하다면 그래도 똑같이 행동했을 것이다 ; 누구든지 기회가 닿으면 신으로 하여금 재능에 불행을 보내는 장난을 치게 하고 싶어하는 것과 마찬가지로.


20[8]

30. 허영은 약자의 감정과 권력의 감정이라는 두 가지 원천을 갖는다. 인간은 개별자로서의 자신의 무력함과, 그리고 자신의 능력의 정도와 소유물을 지각하자마자 이웃과의 교환을 곰곰이 생각한다. 이웃이 그의 능력과 소유물을 높게 평가할수록, 그는 이러한 교환에서 그만큼 더 많이 획득할 수 있다. 이제 그는 그가 소유하는 모든 것에 대해, 오직 약점만을 너무 정확하게 안다. 그 때문에 그는 약점을 감추고 강하고 빛나는 특성을 명백하게 한다. 이것은 일종의 허영이다 ; 진리에 존재하지 않는 현란한 특성이라는 가상을 일깨우고자 하는 허영이 또 다른 종류의 허영에 속한다 : 양자는 모두 보이는 허영심(가장)을 형성한다. 이러한 방식으로 허영을 가진 사

람은 스스로에 대한 열망과 함께 스스로에 대한 보다 높은 평가를 만든다. 질투는 누군가를 열망할 때 발생한다. 그러나 자신의 열망을 교환을 통해 만족시킬 전망이 전혀 없다. 우리 모두는 타주 점유 Fremder Besitz를 열망한다. 언젠가 우리가 사유 재산의 약점을 잘 알게 되고 그것에 대한 선호가 우리에게 습관을 통해 매력 없게 되기 때문에, 그 다음에 다른 사람이 자신의 소유들을 가장 좋게 보여 주기 때문에. 소유를 욕구할 가치가 있는 것으로 보이게 하기 위해 우리는 더 사랑스럽게 우리의 소유를 보여준다. 누구나 교환에서 자기가 다른 사람을 속였다고 믿고 자신이 보다 높은 이익을 가졌다고 믿는다. 교환하는 사람은 자신이 영리하다고 여긴다 ; 인간에게서 보이는 허영은 인간의 영리함에 대한 믿음을 증대시킨다. 교환하는 사람은 자기가 기만하는 사람이라고 생각하나, 그와 교환하는 상대도 자기가 그렇다고 생각한다. ― 우리는 자기가 부러움을 받는다고 평가한다. 왜냐하면 우리를 시기하지 않고 교환할 수 있는 타인이 시기하는 사람의 고양된 열망 때문에 우리의 재물에 대한 보다 높은 가격을 얻기 위해 경쟁하기 때문이다. ― 권력의 감정은 유전되고 맹목적인 허영을 생산한다 (반면에 감정은 이익에 따라 그쪽을 바라보는 것이었다) ; 권력은 토론하고 비교하지 않는다, 그것은 스스로를 최고의 권력으로 간주한다, 그것은 최고의 요구를 한다 ; 만약 다른 사람이 그와 같은 요구로서 그들의 재능과 힘을 원한다면 이제 오직 전쟁만이 남는다 : 경쟁을 통해서 이러한 요구에 대한 권리가 결정되고, 또는 경쟁자의 파괴를, 적어도 그의 뛰어난 능력의 파괴를 통해서도 결정된다. 시기심은 강한 경쟁자와의 관계에서 강한 자가 자극된 상태다 ; 질투는 추월할 수 없는 절망적

상태다 : 경쟁자가 전쟁에서 패배하게 될 때라도. 보이는 허영에서 질투는 진정될 수 없는 욕망으로부터 생긴다 ; 맹목적인 허영에서 질투는 패배의 결과다.

20[9]

35. 체념은 인간이 모든 시각, 자신의 사유, 그리고 느낌의 강한 긴장을 포기하고 자신을 자신의 사유와 느낌이 습관에 맞게 그리고 기계적으로 되는 어떤 상태로 되돌리는 것에 본질이 있다. 이와 같은 느슨함이 쾌락과 결합되고 기계적인 운동에는 적어도 불쾌가 없다.

20[10]

38. 질리지 않고 생산하며, 단 한순간도 샘물이 고이게 하지 않는다면, 가장 위대한 재능과 정신적인 창작을 억제할 수 있다.

20[11]

17. ㅡ ㅡ ㅡ ㅡ 과도하고 거의 불행한 접종의 예를 취하기 위해 : 독일인들, 그들의 건강에 대한 가장 위대한 찬미자인 타키투스가 기술한 원래 특별한 단호함과 강함은 로마 문화의 접종을 통해 상처 받았을 뿐만 아니라, 거의 출혈에까지 이르렀다 : 사람은 할 수 있는 한 많이 독일인들에게서 윤리, 종교, 자유, 언어를 빼앗았다 ; 독일인들은 몰락하지는 않았다, 그러나 독일인들은 하나의 깊이 괴로워하는 국가라는 것을 독일인들의 영적으로 풍부한 음악과의 관계를 통해 증명했다. 어떠한 민족도 독일인처럼 그렇게 상처 자리가 많

지 않다. 그리고 마찬가지로 그 때문에 그들은 모든 종류의 자유 정신에 있어서 보다 위대한 재능을 갖는다. — 나는 이러한 고찰에서 의도적으로 인간을 대상으로 하고자 하며, 보다 약해지고 퇴화된 본성들을 근간으로 한, 인간의 고상화에 대한 법칙들로부터 동물적
5 인 본성에 대한 결론과 법칙을 만드는 것을 경계하고자 한다. — 이러한 모든 고찰에서 자유 정신은 자기가 또한 속박된 정신에도 유용하다는 증거를 끌어다 댄다 : 왜냐하면 자유 정신은 속박된 정신의 산물인 국가, 문화, 도덕을 응고하지 않고 죽게 하는 것을 돕기 때문이다 ; 자유 정신은 줄기와 큰 가지에서 항상 새롭게 갱신의 생
10 기 있는 수액이 흐르게 한다.


20[12]

22. 삶의 가치를 측정하고, 무엇 때문에 인간이 존재하는지, 그 이유를 제대로 규정하는 것이 아마도 인류의 가장 중요한 목표일 것이
15 다. 그들은 그 때문에 최고의 지성의 출현을 기다린다 ; 왜냐하면 단지 그것만이 삶의 가치 혹은 무가치를 최종적으로 확정할 수 있기 때문이다. 그렇지만 어떤 여건에서 이러한 최고의 지성이 탄생하는가? 인간의 복지를 전체적이고도 거칠게 촉진하는 자들은 현재, 이들 최고의, 그리고 가치를 규정하는 지성들이 만들어낼 목표
20 와는 전혀 다른 목표를 설정한 것처럼 보인다. 사람들은 가능한 한 많은 사람들을 위해 하나의 쾌적한 삶을 산출할 것을 열망하고, 이러한 쾌적한 삶에 관해 아직 피상적으로만 충분히 이해하고 있다.

20[13]

4. 사람들은 종종 한 장소, 한 인간을 사랑하고, 훗날엔 그를 피한다 ; 마음의 호기심은 그렇게 크다.

20[14]

31. 사람들은 익숙한 사회를 떠나 양심의 가책을 느끼며 귀향하지 않기 위해서 반드시 매우 피상적이어야 한다.

20[15]

34. 친구와 여자와의 교제에서는 신뢰는 많게, 그러나 흉허물 없는 친밀감은 적게 하고, 나머지 세계와의 교류에서는 반대로 신뢰는 적게, 친밀감은 많게 하는 것이 실용적이다.

20[16]

79. 소녀를 유혹했을 때보다 자신의 결혼을 기독교적인 의식으로 시작할 때, 그의 양심이 자유 정신을 더 가책하게 될 것이다 ; 비록 소녀를 유혹하는 것이 책망과 처벌의 가치가 있다 할지라도, 기독교 의식의 결혼은 그렇지 않다.

20[17]

108. 자신의 건강을 찬미하는 사람은 병 한 가지를 더 가진다.

20[18]

자유 정신을 위한 교육.

| 첫 번째 단계 : | 개인적인 이익의 지배 하에. |
|---|---|
| 두 번째 단계 : | 전통의 지배 하에. |
| 세 번째 단계 : | 종교의 지배 하에. |
| 네 번째 단계 : | 예술의 지배 하에. |
| 다섯 번째 단계 : | 형이상학적 철학의 지배 하에. |
| 여섯 번째 단계 : | 일반적인 유용의 관점 하에. |
| 일곱 번째 단계 : | 인식에 대한 지배적인 의도 하에. |

1877년 1월에서 2월 중순까지

소렌토

20〔19〕

오페레타

실증주의는 전적으로 없어서는 안 된다

운명

세련된 영웅주의

정치인 박애주의자


20〔20〕

사람들은 거친 결론을 사랑한다 — 오버베크


20〔21〕

유럽인의 멜로디 : 아직도 몇몇이 유럽인에게 작용할 수 있다는 것이 밝혀짐.

무엇이 지금 유럽의 지배적인 멜로디인가, 음악적인 고정된 이념

l' idée fixe musicale인가? 소가극 멜로디 (당연히 귀머거리를 제외
하거나 또는 바〈그녀〉).

〔21 = N II 3. 1876년 말~1877년 여름〕

21〔1〕

빙하, 작은 별, 작은 꽃

21〔2〕

모든 작가는 너무 의식적으로 너무 불안하게 체험한다.

21〔3〕

빗, 목걸이, 귀걸이, 장식핀 ― 하나의 양식, 그것은 금사 세공(金
絲 細工)Filigran이다.

21〔4〕

"점잖은 범죄자"
"학식 있는 사람의 허영"
"우정"
"오류의 칭찬"
"유럽인"

21〔5〕

허영은 자기 경멸과 잘 지낸다 ― 자살에 대한 보다 높은 견지.

21〔6〕

위대한 동〈기〉의 주기(週期) 〔— — —〕 개인적인 것은 비개인적이지 않다.

21〔7〕

개방 은폐 — 저열한 인구의 덕 있는 자의 출발점으로서.

고귀한 — 보다 높은 계급에게는 천한.

21〔8〕

우리는 화자가 우리를 믿지 않으며 하는 이야기를 듣는 것을 달가워하지 않는다. 화자가 우리를 믿으면 그것은 완전히 놀랍고, 예외적인 방향으로 흐른다.

21〔9〕

자유 정신

결혼

가벼운 삶

심리학적인 관찰

21〔10〕

고래의 생기 넘치고 뛰어오르는 운동은 마치 그 움직임이 놀이와 쾌감을 의미하는 것처럼 즐거움을 준다 : 그러는 사이에 그것은 자연이 내적으로 그에게 주는 고통이다. 그래서 사람은 위대한 정치인의 활력에 탄복한다.

21[11]

인류, 무시무시한 힘을 갖고 질서 없이 작동하는 기계.


21[12]

화산대 위에서 모든 것이 번성한다.


21[13]

장님과 글의 관계와 같은 쇼펜하우어와 세계와의 관계.


21[14]

독일적인 본질 속에 있는 예감이 풍부하고 직관적-비논리적인 것은 그것이 뒤처져 있다는, 아직 중세에 규정되어 있다는 표시다 — 모든 사물의 경우와 같이, 그 속에는 많은 장점들이 있다.


21[15]

독일의 미래는 독일의 돈주머니의 미래는 아니다.


21[16]

눈의 교육이 귀의 교육보다 더 중요하다.


21[17]

자유로운 사유의 길은 (개별적인) 자유 무역으로 이어지는 것이 아니라 제도에 대한 정부 단위의 변형으로 이어진다.

21[18]

포유 동물, 생식 동물


21[19]

열한 번째 손가락 — 골무


21[20]

높이 존경받는 사람에게 감사의 의무를 지우는 것은 그에게 상처
를 주는 것이다.


21[21]

두꺼비에 대한 꿈.


21[22]

병으로 인하여 비활동을 선고받은 명예심 많은 사람은 자기 스스
로 최악의 적이 된다. 활동적인 명예심은 하나의 영혼의 피부병이
다, 그것은 모든 해로운 것을 밖으로 밀어낸다.


21[23]

공적으로 말하는 것을 허가받은 사람은, 자신의 견해를 바꾸게
되면 그 즉시, 또한 공적으로 이의를 제기할 의무가 있다.


21[24]

자살에 반대하는 이유는 단지 개인적인 것이다. 강한 약품. 도덕

적인 이유는 전혀 없다.

21〔25〕

사람은 너무 많은 권리를 가지려 해서는 절대 안 된다. 그러나 또한 너무 적게 가져서도 안 된다.

21〔26〕

가장 도덕적인 박애주의자. 아리스토텔레스.

21〔27〕

행위에 모든 것이 달려 있다 ― 유익.

21〔28〕

지금의 유럽 문화에 있어서 특징적인 것은 느린 도취와 어떤 확실한 경계에서의 정지다.

21〔29〕

우정과 사랑이 마지막 4분의 1 구역에 있을 때만큼 그렇게 여자 친구나 연인을 많이 생각하는 경우는 결코 없다.

21〔30〕

즐거움을 주는 일을 먼저 조심스레 이리저리 맛보는 자는 나중에 한입 가득한 안락〈함〉을 남겨놓지 않는다.

21〔31〕

   이기적인 것은 악한 것으로서, 대부분의 경우 부당하게 간주된다
; 그것이 손해를 끼치기 때문에 그것에 이러한 성격이 주어진 것은
아니다. 그것은 정당방위의 성격을 유지하고자 한다 (신경의 감정
을 갖는 것이 필요할 수 있다). 아무런 필요 없이 해를 끼친다거나
일부러 해를 끼친다는 것은 헛소리다.


21〔32〕

   사람들은 사회주의적 노동자가 자신의 목표를 달성하자마자 물
욕적인 시민적 감각과 똑같은 감각을 갖게 된다고 불평한다. 틀렸
다 : 그것은 정당한 것이다. 상태로부터의 직관 : 만약 ― ― ― 어
느 누구도 보호무역론자가 아니라면― ― ―


21〔33〕

   모든 사회적인 식사와 음주는 지겹다.


21〔34〕

   흡연, 식사, 술이 음악에 귀를 귀울인다 ― 루터적인 느릿느릿한
편안함에서는.


21〔35〕

   흡연에 반대하여.

21〔36〕

도덕의 본질에서의 유용성 ― 살인자로서의 경계인.


21〔37〕

원칙의 비일관성, 활동에 파고들고, 원칙에 하나의 다른 방향을
주면서, 과정을 고착화하고, 계속 성장함.


21〔38〕

종소리 ― 창을 통해 들어오는 금빛. 꿈. 원인은 마치 눈의 감각
처럼 후천적으로a posteriori 창작되었다.


21〔39〕

에두아르트 로이히텐베르크 론

쟁기 날.

1 경구.

2 인간의 인식에 관하여.

3 일반적인 방향.

4 종교.

5 예술.

6 도덕.


21〔40〕

사랑과 미움은 약시이고 외눈이다, 마찬가지로 "의지"도 그러하
다.

21[41]

우리의 최고의 기분에 상응하는 자연 설명은 형이상학적이다.


21[42]

트리스트럼Tristram에 실린 야만성에 대한 **문구들**.

C. 데물랭³⁾

사형 집행인

냉소주의는 처형을 생기 있게 한다.


21[43]

사회주의는 인간을 똑같게 설정하고 모든 사람에 대해 정당하다
고 결정하는 것에 근거를 두고 있다 : 그것은 최고의 도덕성이다.


21[44]

학문의 자극은 **현재** 대조를 통해 두드러진다.


21[45]

할 수 있는 자, 그자가 다양한 문화에 반대하여 정의 속에서 나를
따르리라.


21[46]

철학은 학문에 지친 제자에게 해답을 비춰 보여주는 신기루Fata
Morgana다.

21〔47〕

속이 실한 인간은 밀물과 썰물 같은 동일한 사물들과 연관하여 애호와 혐오를 가진다. 사람들은 이러한 다른 흐름의 각자일 수밖에 없다 ― ― ―

21〔48〕

진리는 여기서 완전히 거꾸로 섰다. 진리에 있어 특히 꼴사나운 행태다.

21〔49〕

카니발의 장례 행렬은 현재 다른 차량들처럼 한때 역사적으로 중요했다.

21〔50〕

트리스탄 : 열정의 상승과 동요.

21〔51〕

어떤 인식들은 스스로를 보호한다 : 사람들이 그것들을 이해하지 못한다는 말이다.

21〔52〕

진리에의 믿음
스스로를 낮추는 사람
동정은 침묵한다

21〔53〕

　　학문은 그것을 장려하는 자에게는 쾌가 된다 : 결과를 수용하는
사람에게 그 쾌는 너무 적다.

　　그러나 예술, 종교 등과 함께하면 다르다. 우리는 비진리의 왕국
을 우리 안에 유지할 수밖에 없다 : 이것이 비극이다.


21〔54〕

　　보라색 (푸른빛보다는 붉은빛이 더 많은) 양탄자, 커튼이 신경을
진정시키면서 한 미국 의사가 그것으로 광기를 치료했다.


21〔55〕

　　종교에서 벗어났다고 해도, 사람들은 만약 명제의 분위기가 우리
에게 종교적 인상을 준다면, 예를 들어 "전적으로 안전한 복음"과
같은 명제가 더 잘 증명되었다고 믿는다.


21〔56〕

　　A. 교육자의 조건.

　　　1. 평안

　　　2. 많은 문화를 두루두루 경험한다

　　　3. 학문.

　　〈B.〉 주제 :

　　C. 회복 ———

　　문화의 중심은 필요하다, 그렇지 않으면 천박하다 : 왜 궁정, 대
학, 큰 도시들은 그것이 되지 못하는가?

21〔57〕

밭 가는 사람.

재판관인 동〈시에〉목사.

서론 다음에.

21〔58〕

깊이 고뇌하는 고찰의 대조, 위로를 위한 그리고 학문적 문화를 위한 요구들.

21〔59〕

쇼펜하우어와 같은 형이상학자의 인간을 위한 증언(그러나 비과학적인 것)으로서의 위엄 있는 판단.

21〔60〕

만약 인간이 즉각적으로 진리를 꿰뚫어 볼 수 있는 재능을 갖고 있어서 오류의 학교를 졸업하지 않았다면?

21〔61〕

화재로 인한 죽음의 작용, 이웃에게 있어 힘의 근원으로서의 무시무시함.

21〔62〕

진리는 마치 지는 해처럼 영향이 없다.

21[63]

시작 : 우리의 교육자는 스스로 교육되지 않았다.

결론 : 가능한 한 오랫동안 죽음을 몰아내는 것. 영원성.

21[64]

300년마다 부활.

21[65]

물〈음〉. 어떤 것을 취하면 그것을 소유하는 것인가?

그렇다.

그렇지만 순결은?

21[66]

만약 사람이 공적으로 생각하기를 시작했다면, 반드시 공적으로 반박하는 것을 허용해야 한다.

21[67]

빌헬름 마이스터에 나타난, 괴테가 애호하는 문제.

21[68]

의도적으로 정신적인 단계, 문화의 기호의 분리.

21[69]

여자, 혼인, 결혼

21[70]

    낙관〈주의〉, 염세〈주의〉, 아무것도 〔―〕 아님.


21[71]

    회녹색의 상의 그리고 흰 레이스의 푸르고 밝은 하의 〔―〕


21[72]

    악한 행위들은 오류에 근거하는데, 예를 들어 복수는 책임감에 근거하고, 잔인함도 마찬가지이며, 그러한 한 권력의 승리도 마찬가지다.


21[73]

    모든 악한 특성은 아직 확실히 악하지 않은 개체의 보존 욕구에 환원된다. 배고플 때의 불쾌는 만약 다른 사람이 ― ― ―


21[74]

    형이상학적 시대에서 실재적인 〔+〕 시대로 들어오는 것은 치명적인 도〈약〉, 과도(過渡)다 〔+〕


21[75]

    아리스토텔레스, 유령 이야기에 반대하여 ― 예술을 통해 인간의 공감이 증가하고, 그 다음엔 도덕을 통해 증가한다. 마찬가지로 종교를 통해.

21〔76〕

　문화의 천재라면 어떨까?


21〔77〕

　부정한 방법으로 과학의 세계에 진입하는 것은 효과가 없다.


21〔78〕

　왜 우리는 아직도 머뭇거리고, 기쁨을 통해 우리 자신을 슬프게
하는가 — 그것은 중요하지 않다 — 그러나 우리에게 해로운 것을
〔— —〕 주려고 하는 사람 〔— — —〕 그렇지 않으면 사람들이 스스
로를 부끄러워할 필요는 없다.


21〔79〕

　소녀-원숭이.


21〔80〕

　우리가 사랑하는 것에서 우리는 반드시 모든 좋은 면을 — — —
이제 우리는 자신을 사랑한다 — — —


21〔81〕

　우리는 자신을 자신의 판단이나 권위에 근거하여 판단한다. 비교
는 우리에게 쾌락을 위한 주요 수단이다.

21[82]

I 문화의 역사에 관하여.

II 인간적인, 너무나 인간적인.

III 금언-책.

IV 그리스 문학의 탄생.

V 작가와 책.

VI 문헌학Philologica.


21[83]

도덕성은 종종 성공에 좌우된다.


21[84]

학문에 대한 최종 맹세. 당신들이 할 수 있다면 그렇게 해야 할 것이다.

〔22 = N II 2. 1877년 봄~여름〕

22[1]

연둣빛 천의 창

22[2]

친구들에게 인사와 헌정.

22[3]

〈끝없는 멜로〉디 ─ 사람들이 해안에서 사라져 큰 파도에 잠긴다.

22[4]

힘으로 나타나는 조야함 ─ 예술.

22[5]

인류 등등이 하는 것처럼 그렇게 행동하는 것. : 그때 사람들은 이득이 있는 것을 간과할 수 있어야 한다. 누가 도대체 전체를 위해 한 가지 방식의 행동이 유용하다고 말하는가? 역사가 그 반대를 말하고 있는데. 사람들은 이기주의로부터 더욱 많이 은혜를 입는다.

22[6]

하나의 철학을 잘 알게 된 무지한 인간은 마치 자기가 이제 모든

다른 학문에 대해 우위를 차지한 듯한, 그리고 그 어떤 것에 대해서
도 대화를 나눌 수 있을 듯한 인상을 갖는데 — 이보다 더한 오류는
없다.

22[7]

청년의 눈과 표현에는 얼마나 드문가, 불, 진지함 그리고 행복이.

22[8]

1. 문헌학.
2. 독일 유명 작가의 양식(樣式).
3. 음악의 미학에 관하여.
4. 도덕에 관하여.
5. 그리스 문학의 기원 (그중 한 책의 기원).
6. "반(反)형이상학"의 시대.
7. 미래에서의 음악의 위험.

22[9]

우리에게 은폐된 저 세계는 알려진 것보다 더 의미가 공허하다.
자기도 모르게 사람은 반대를 가정한다. 그러나 필요라는 어머니와
오류라는 아버지가 신앙을 창조했다.

22[10]

문헌학에 대한 서론. 연습으로서의 모든 것.
호메로스와 헤시오도스의 경쟁.

사랑의 여신 아테네.

솔론의 비가 수집.

〈코이포로이〉의 프롤로그.

지극히 예술적인 반응의 예.

5 데모크리토스〈의〉삶.

운율학에 대한 회의적인 시각.

부록으로서의 비망록conjectanea.


22〔11〕

10 현대 철학 입문.

1 보편적인 관점 (철학자).

2 종교에 관하여.

3 음악에 관하여.

4 예술에 관하여.

15 5 과학과 진보.


22〔12〕

종교의 보존은 철저히 유용함의 관점에서 바라는 것이다. 유용함 자체가 최고의 의미(도덕성)에서 취해진다 (즉 보호하는 국가에

20 서). 그러나 그것은 보존될 수 없다. 왜냐하면 정직한 선생이 더 이상 없기 때문이다.

그래서 교육의 본질이 붕괴될 것인가? 가톨릭교의 견해에 따른 본질이? 그러나 삶의 모든 다른 장점은 과학에 근거한다.

갈등을 첨예화하지 않는 것 ─ 영국적 실용. 인간은 시종일관하지

않다.

이러한 믿음을 중단하는 것은 이제 형이상학적인 위로를 억제할 때까지 힘을 해방한다. 그 때문에 과소평가되지는 않는다.

이러한 힘은 기존의 질서에 적대적이다.

혁명은 필요한가? — 다음에 유럽 인류의 작은 파편을 고려한다.

정부에 가장 **자유로운** 처리 방법을 권하는 것, 억압하지 않고, 더욱이 정신적인 해방을 우선시하는 것 : 사람이 대중을 정신적으로 만들수록 대중은 **질서** 잡힌 길을 찾는다.

개인의 측면에 관하여 — 그러한 구성〈원〉의 연맹의 설립은 모든 종교적인 형태를 그만둔다. 온 세계의 선동. 그와 함께 국가의 화해 (기독교적인 화해에 반대).


22〔13〕

오, 슬프다, 예술 (축제들) 또한 이러한 위로에 속하다니. 가라! 자유로운 정신에 매우 봉사하는 정신적인 음료에 반대한 연합.


22〔14〕

국가적인 이념과 전쟁은 혁명에 대한 뛰어난 해독제다.

종교적인 관심의 선동(문화 투쟁의 의미)도 마찬가지다.

일시적인 야만을 두려워하지 않는 것 (자연과〈학〉 기계론의 우세를 통하여).


22〔15〕

금언에 표현된 삶의 경험이 다른 사람에게 유용성을 갖는지 나는 알지 못한다. 어떤 사람을 위해 잠언이 하는 것은 하나의 선행이다 : 그것은 삶의 무게를 줄이는 수단에 속한다.

그리고 가장 불편한 고통스러운 사건 또는 삶의 획들에 대하여 사람은 항상 더욱 금언을 따 모은다 (그리고 그로부터 한입 가득 평안을 취한다). 그리고 그렇게 하는 중에 약간 좋은 느낌을 갖는다.

22[16]

국가는 종교가 아니라 과학을, 점성술이 아니라 천문학을 옹호해야 한다. 후자는 개인에게 남는다.

22[17]

문화의 발전에는 보다 짧고 보다 긴 곡선이 있다. 계몽의 높이는 쇼펜하우어와 바그너에게 있어서 반(反)-계몽주의의 높이에 해당된다.

작은 곡선의 정점들이 큰 곡선에 가장 가깝게 이른다 — 낭만주의.

22[18]

우리의 목표는 다음과 같아야 한다 : 민족 전체를 위한 한 종류의 인문 학교Bildungsschule — 그리고 그 외에는 전문 학교Fachschule.

22[19]

인간적인 행위에의 열쇠.

또 다른 하나의 열쇠.


22[20]

모든 것에서 스스로를 경멸하고 (스스로를 철두철미 "죄 많은" 존재라고 알고), 그러고도 아직 사랑하는 것이 어떻게 가능할까? 과학적인 설명은 종교적 인간이 행하는 것과는 전혀 다른 어떤 것이다. 그 사랑을 그는 신(神) 덕분으로 돌린다 : 만약 신이 모든 가능한 체험에 친절하고 자비로운 신념의 표시를 집어넣고 모든 위로받는 기분을 그 체험의 결과로 파악하고, 따라서 모든 보다 나은 감각을 작용하는 원저자(原著者)Urheber인 자기 밖의 본질 탓으로 돌린다면, 근본적으로 자신을 사랑하는 사랑은 신적인 사랑의 외관을 얻는다. 이 사랑은 받을 가치가 없는 것이고, 인간이 계속하는 것이고, 은총이다.

인간이 스스로 자유롭게 나쁘다고 느낀다는 것이 전제다 : 이는 단지 자신의 행동과 감각에 대한 잘못된 비과학적인 해석에서 비롯된다. 인간은 자신의 행위의 일부분에 원죄라는 개념을 집어넣는다, 다른 부분에는 신적인 은총의 작용이라는 개념을 집어넣는다. 동기에 대한 해석에서 잘못된 심리학, 환상이 기독교의 본질이다.


22[21]

－－－ 그들에게 국가는 악마의 지배다.

22〔22〕

출판자는 생각하고, 그러나 인쇄자는 조종한다.


22〔23〕

이른 아침 황량한 회색 눈, 습하고 매서운 바람.


22〔24〕

노래 속에서 영원히 살아 있어야 하는 것은 삶 속에서는 몰락할 수밖에 없다〔복구 — 예술의 전성(全盛)〕.


22〔25〕

변〈경된〉 템포. — 사람들은 과거의 위대한 예술가들을, 그들이 음표 하나하나를 어떻게 배치할까를 두고 각 음표마다 두었던 저 비생산적인 소심함 때문이 아니라, 활동적인 사랑과, 자신을 항상 다시 소생시키고 활기 있게 유지하고자 했던 저 시도들 때문에 더 존경한다.


22〔26〕

자유 정신. 심리학적인 것. 도덕. 예술. 종교. 형이상학.
종교에서 "불순한 사고"를 지닌 예술로의 이행, "세계에 대한 비논리적인 입장".
그래서 "시인".
진정제. 삶의 진통제. 예술 등.

22[27]

　도덕

　종교

　예술

　최종적으로 : 현자가 되는 것


22[28]

　형이상학 : 몇 계단 뒤로 내려오면, 오직 인식하는 인간만이 항상 사다리 너머로 내다봐야 할 것이다. 우리는 완전한 인간으로서 단지 인식만은 아니다.


22[29]

　안개가 산맥을 보다 낮게 보이게 하듯이 정신적인 불쾌감도 그러하다.


22[30]

　나는 사람들이 그저 맛이 좋아서가 아니라 배를 불리기 위해서 먹게 되었으면 하고 바란다. ― 그것이 과학을 지지하는 이유다.


22[31]

　흉노족의 왕 아틸라 "인간 뇌운(雷雲)".


22[32]

　겸손이 아니라면 조심성이라도 가르친다. 쇼펜하우어 괴테.

22[33]

현상. 그것은 우리 지성의 구성에까지 닿아, 사물과 현상이 일치하지 않게 하는 오류에 놓여 있다.

22[34]

보기 위한 눈이 있다면, 말하기 위한 입도 사용하라 : "나는 그것을 다르게 보았다" 따라서 ― ― ―

〔―〕의 동굴.

22[35]

― 사람이 무의식적인 치료 효과와 유사한 것을 생각할 때 ― ― ―

22[36]

모든 예술은 생성에 대한 믿음을 거절한다. 모든 것은 즉흥적으로 나타나고자 한다, 순간적인 기적 (신의 작품으로서의 사원, 돌에 영혼의 마법을 건 동상). 그렇게 모든 음악. 어떤 음악에서 이러한 의도된 효과는 예술 수단(무질서)에 친숙하다.

22[37]

모든 실증주의를 자신 안에 수용하는 것이 필요하다. 그리고 아직 관념론의 지지자인 것도 필요하다 (서론).

22〔38〕

　자립〈적인〉 삶. 책 9.


22〔39〕

　아름다운 영혼의 음악


22〔40〕

　무정부주의에서의 오산


22〔41〕

　누군가를 위해 죽는 것은 사랑에 대한 작은 증명이다.


22〔42〕

　시인-지혜.


22〔43〕

　사랑은 형편에 따라 죄인의 살까지 젖게 만드는 비와 같이 비당
파적이다.


22〔44〕

　걸려 있는 슬픔과 불쾌감의 구름


22〔45〕

　유치하고 소심하고 애수 어리게

내게 시간의 멜로디는 울린다
이제 내가 시간의 노래를 부르는 것을 보느냐?
종소리의 유희가
종소리의 진지함으로 변하지는 않는지,
5        아니면 그것이 제노바-탑에서 나온 것처럼
높이서 울려 내려오는지 들으라
유치하지만 그래도 아 두려워하며
두려워하면서도 슬픔에 가득 찬 소리로.


10      22〔46〕

학교는 반드시 종교적〈인 것〉에서 최대의 자유를 가르쳐야 한다,
즉 냉정하고 엄격한 사유를 가르쳐야 한다. 불명료함과 익숙한 경
향은 아주 멀리 경계 지어질 것이다.


15      22〔47〕

몇몇 무례한 행동들을 직접 할 수 있는 특권을 지닌 청소년기의
정신 — 이것이 나에게 지금 부족하다.


22〔48〕

20      반시대적 고찰이라는 선동적인 전체 제목 하에 네 개의 서로 연
속된 부분으로 공개되었고 1873년 부활제와 1876년 8월 사이에 모
든 본질적인 것에서 완성된 이 글은 ― ― ―
처음으로 반시대적 고찰에서 마음속을 털어놓았다. 그러나 삶을
우리의 별보다 더욱더 이끌고 나에게 호의적이지만은 않〈았던〉 바

람과 날씨는 그래도 나에게 아직도 ― ― ― 인 점에서 아마도 호의
적이었다.


22〔49〕
― 또한 그 같은 것이 쉽게 믿어버리는 독일적인 경신(輕信)을 조
롱하는 오도이든 간에 ― ― ―


22〔50〕
**책에서 사냥.**
힘센 돼지와 또한 사랑스러운 노루를 아마도.


22〔51〕
희곡적인 음악의 특징은 마치 비스마르크의 정치의 특징처럼 독
일의 본질에서 멀리 떨어져 있다.


22〔52〕
의욕은 모든 경우에 자기 실망이다. 우리는 그것을 의무에 대한
반대에서만 자유로운 의지로서 생각할 수 있다 : 그리고 이것은 하
나의 오류다.


22〔53〕
― 독일의 젊은이 ― 아이러니 ― 기분 좋음, 웃음, 미소, 벌레 먹
은 자리, 점잔 뺌.

22〔54〕

　종교와 예술 ― 괴테 ― ― ―

　만프레트 : 에커만, 리머 ― ― ―


22〔55〕

　시간의 플루트를 불어, 그대들의 춤이 더 신속하고, 더 소용돌이
치게 될 것임을 알릴 것 ― 나중에 깊은 밤, 모든 것이 귀신처럼 나
타나는 듯 몸서리쳐지는 큰 휴식. 나 스스로가 그러는 사이에, 나
자신 시간 속에 있고, 시간은 내 속에 있다 ― 자기 체험, 자체 오르
가즘이다.


22〔56〕

　의지. 원하는 것, 무엇을 향해 노력하는 것, 이러한 감정의 특징
에 관해 우리가 직접적으로 의식하는 것은 아무것도 없다.


22〔57〕

　혹자는 말한다 : 나는 느낀다, 그러나 모든 존재가 느낀다, 태초
부터. 다른 사람은 말한다 : 나는 어떻게 역사적 발전의 특정 지점
에서 느낌이 발생되어야 했는지를 절대로 설명할 수 없다 : 따라서
그것은 항상 그러했다.


22〔58〕

　내가 내 속에서, 최후의 해결할 수 없는 것으로서 느낌과 마주치
는 고로, 이것은 모든 존재에게 마찬가지로 해당될 것이 틀림없다.

그러나 뇌가 없는(생각이 없는) 생물에게서 느낌Empfindung은 실은 우리가 감각Empfindung[4]이라고 부르는 것이며, 우리가 단순히 느낌이라고 해석했던 단순한 기계적 과정이 아니라는 것 ―

느낌은 지성의 도움 하에 가능할 수 있다는 것.

기억, 미리 형성하는 것은 원래 뇌의 과정.


22[59]

인식〈하는〉 인간의 환호


22[60]

결투. 피가 성급한 말을 닦아버린다. 피는 나중에 모호한 행동에 대해서조차 진지한 사람의 존경을 표현한다. 아이아스에게 있어서 과도한 자존심을 만족시키기 위한 자살.


22[61]

소렌토의 향기에 무(無)가 드리워져 있는가?

모든 것이 거칠고, 서늘한 산의 풍광이고,

가을의 햇살 따사로운 풍광이 거의 없고 사랑도 없지 않은가?

그래서 나의 한 부분은 단지 책 안에 있다 :

보다 나은 부분을 나는 제단에 가져간다.

나에게 여자 친구이자 어머니, 의사였던 그녀를 위해.


22[62]

우리는 꿈 안에서 생각할 뿐만 아니라, 꿈 자체도 사유의 결과다.

22[63]

　나는 여성에게서의 정의감 결핍에 분노한다. 여성들이 어떻게 그들의 비수처럼 날카로운 오성을 가지고 의심하는지 등등.

22[64]

　이전의 글들은 내가, 마치 화학자가 취(取)하고 예술가가 소비한 것처럼 내가 묘사했던 소재로부터 색깔을 만들어 사용한 그림들이었다.

22[65]

　작가, 소녀, 군인, 어머니는 비이기적인가?

22[66]

　근본 문제.

　언어.

　작가.

　문체.

　고등〈학교〉.

　교육.

　자유 정신.

22[67]

　인간에게 있어 절대적으로 인간적인 제스처란 존재하지 않으며, 제스처는 항상 특정한 문화 단계, 민족성, 지위의 상징에 맞춰야 하는 것인 만큼, 어떤 예술에도 절대적인 형태는 없다. "형식을 깨는 것"은 단지 새로운 상징이 지배하도록 하는 것을 의미한다. 그러나 모든 형식은 관습이나 강제다.

22[68]

**친구들**.

그대들은 오로지 나만 믿고 — 이제 고독한 자의 벗들을 맞아들인다.

22[69]

아마도 나는 여기서 이러한 시작(詩作)을 기억할 권리를 가질 것이다. 내가 직접 말을 할 수는 없지만, 얼마나 많은 빛의 방울들이 내 영혼의 여기저기에 떨어졌는지 — 그것을 그 시작(詩作)은 말하고 있으며, 빛의 방울은 계속해서 던져졌다〔─〕

나의 보충 : 그렇긴 하지만, 부서진 팔다리 조각이 하나의 전체 형상을 이루고 있는 것과 같다.

22[70]

좋은 예술가는 반드시 경청하지 말아야 한다.

22[71]

벌어들이지 말 것 — 자부심.

22〔72〕

　― 오래전의 유명한 인물 후텐Hutten 볼테르.

　일곱 명의 유명한 슈바벤 사람 중 앞서는 사람은 슈트라우스.


22〔73〕

　나는 나에 대한 좋은 의견을 다른 사람에게서 처음으로 알게 되었고, 내가 아플 때, 심사숙고하여 계속하여 그것을 뺀다.

　좋은 사색과 웃음 속에서 조용하고 즐겁게 혼자 있는 것 ― 내가 또한 존재하는 것처럼.


22〔74〕

　언제 처음으로 언어가 학문으로 간주되었는가 ― 광범위한 언어 지원자(支援者)의 기술(記述). **바젤 원고**


22〔75〕

　이성이 이성적인 사람을 세우고자 한다면

　예술가는 단지 예술만을 소화해야 할 일이다

　그런데도 한 예술가가 이 책을 썼다!

　그의 이성이 그것을 한 것이 아니라 그의 사랑이 했다.


22〔76〕

　우리는 전보 치는 소리를 잘 듣는다. 그러나 그것을 이해하지 못한다.

22〔77〕

특성 :

화가가 그린 신발과 구두장이의 신발 간의 관계와 같이,

신발에 관한 화가의 인식과 신발에 관한 구두장이의 인식 간의
관계와 같이,

시인에 의해 구상된 특성과 실재적인 특성 간의 관계도 그러하
다.

22〔78〕

리페 사람 : 가장 아름다운 성공은, 그것이 책을 치우는 것을 강
요할 때 한숨 돌린다 ; 깊은 황홀의 눈물, 눈을 감게 만드는 아름다
운 〈곡조〉에 취한 수영은 마치 사람이 남쪽 바다의 깊은 심연으로
잠수하는 것과 같다 ; 우리가 우리 앞에서 우리 자신을 무시하게 될
때 슬픈 감동.

22〔79〕

만약 인식이 그리고 반복해서 인식이 많은 다른 결핍을 무해한
것으로 간주해야 한다면, 그리고 이제 그와 같은 기관인 머리도 아
직 고통과 모순을 ―

22〔80〕

그것은 바이에른 숲에서 시작되었다
바젤이 그것을 위해 무언가를 하였다
소렌토에서야 비로소 크고 넓게 아치를 그리며 뻗쳤고

로젠라우이가 그것에 공기와 바람을 주었다

산들은 산고를 겪었다, 처음, 중간 그리고 마지막에!

속담을 아는 자에겐 놀라울 따름이었다!

어머니가 아이를 낳을 때까지 열세 달이 걸리다니 ―

대체 코끼리이기라도 했나?

아니면 심지어 우스꽝스러운 쥐였나? ―

그렇게 아버지가 걱정 중이다. 그저 그를 비웃으라!


22[81]

야코프 부르크하르트.

이 책이 내 안에서 자란 후에 동경과 수치심이 나를 붙잡는다.

그와 같은 식물이 네 안에서

언젠가 백 배로 풍성하게 꽃필 때까지.

그가 자신의 재배의 황금빛 수확에 기뻐할 때,

이제 나는 이미 보다 위대한 사람에게 다가가는 행복을 맛본다.


22[82]

예술 작품의 형식은 항상 상당히 관대한 데가 있다. 조각가는 많은 작은 특징을 첨가하거나 제거할 수 있다 ― 마찬가지로 피아노 연주자도 그렇다. 사람들은 반드시 그것이 작용하도록 조정해야 한다 : 즉 삶이 삶에 작용하도록 한다. 마치 누군가 역사를 자신의 삶에서 나온 이야기인 양 이야기하는 것처럼. 잠들기 ―

22[83]

축복받은 섬

로빈슨

22[84]

슈트라우스 ― 바그너

22[85]

청년이 〔― ― ―〕 프로메테우스임을 증명함

22[86]

베토벤 ― 가슴에서 나와 정신으로 밀려 들어가 먼 곳을 향해 붉게 흐르는 노을 속에서 그것을 주시하는 저 고귀하고 달콤한 꿈은 : 고독한 영혼의 배고픔이다.

22[87]

도덕(이야기에서)과 예술 덕분에 갖는 특별한 즐거움.

22[88]

〈풀려난〉 프로메〈테우스〉가 무지개 다리로서 마지막 수천 년 위에 떠 있는 것, 최고의 문화-작품.

22[89]

여자 친구! 당신에게서 십자가에 대한 믿음을 뺏어가는 주제넘은

일을 한 자가

　당신에게 책을 보낸다 : 그러고도 그 자신은 책을 앞에 두고 십자
가를 긋는다.


22〔90〕

　불교가 자신의 부드러운 쌀을 먹는 사람의-도덕Reisesser-Moral
으로서 전쟁에 맞서 노동했을 때, 인도인은 문화 권력의 역사로부
터 삭제되었다.


22〔91〕

　누군가는 눈이 약해서 불명료한 글을 갖고 : 자신을 어렵게 읽는
다. 다른 사람은 훨씬 더 날카롭게 보고 또한 자기 손으로 쓴 글을
앞의 사람보다 더 잘 읽는다 ― ― ―


22〔92〕

　대가와 여성 대가에게
　기쁜 의미로 인사를 전한다,
　새로운 아이가 행복한지,
　바젤에서 프리드리히 프라이게진트.
　그는 그들이 설레는 마음으로 아이의 손을 살피며 들어 올려,
　아버지를 닮았는지 보기를 원한다.
　― 누가 아는가? 콧수염을 가진 것조차 ―
　그리고 두 아들과 네 아들이 온 세상을
　이리저리 돌아다니게 될지 보기를 원한다.

산으로 빛으로 미끄러져 떨어지고자 한다
갓 태어난 새끼 염소가 뛰어다니고
곧바로 제 갈 길을 찾는다
그리고 자신의 기쁨, 호의와 서열을
5 또는 아마도 은자들 클라우스
그리고 야생 동물은 스스로 선택되는가?
그의 작은 땅덩어리 위에서 그에게
겸손한 것 : 그것은 맘에 들고 싶어한다
많지 않은 자들에게 : 숫자에서 15
10 다른 사람에게는 그것은 십자가와 고통이 될 것이다
단지, 성난 간계를 거절하기 위해
대가의 충실한 눈이 성호를 그으며 시선을 던지리!
이제 첫 번째 여행을 위한 길을
여성 대가의 영리한 호의가 그에게 제시하리라!
15

22[93]

이것이 가을이다.
해는 서서히 산으로 기울어
위로 올라
20 그리고 모든 발걸음에 깃든다.
지칠 만큼 팽팽하게 늘어진 실들 위로
바람이 그의 노래를 연주한다 :
희망은 날아가고,
바람이 그것을 향해 탄식한다.

오, 나무의 열매,

너는 떨고 있도다, 떨어지도다!

그 어떤 비밀이 네게

밤을 보여주어,

5  얼음 같은 전율이 네 뺨을

그 보랏빛 뺨을 덮어버리느냐?

나는 아름답지 않다,

그렇게 별꽃이 말한다,

그래도 나는 인간을 사랑한다

10  그리고 나는 인간을 위로한다

그들은 지금도 꽃을 보아야 한다,

나에게 몸을 구부린다,

아, 그리고 나를 꺾는다 ─

그러고 나면 그들의 눈에선

15  보다 아름다운 것에 대한 기억이 반짝인다

그리고 행복이.

나는 그것을 보고 그 다음엔 죽는다,

그리고 기꺼이 죽는다.

이것이 가을이다 ─

20

22[94]

정오에,

젊은 여름은 산맥으로 오를 때,

그때 그는 또한 말한다,

그렇지만 우리는 그의 말을 볼 뿐이다 :
숨결은 방랑자의 숨결처럼 솟구친다
겨울 서리 속에서 :
얼음 산과 삼림과 샘이
5   그에게 또한 대답한다,
그래도 우리는 그저 대답을 볼 뿐이다.
왜냐하면 급류가 마치 인사하듯
보다 빨리 절벽에서 뛰어내리기 때문이다
그리고 흰 기둥처럼 그곳에 귀를 기울이며 서 있다.
10   그리고 전나무가 평상시 보내는 눈길보다
더 어둡고 충직하게 시선을 던진다.
그리고 얼음과 죽은 회색빛 돌 사이에
갑자기 발광체들이 시선을 던진다 :
누가 너에게 그것을 해석하는가?
15   사자(死者)의 눈에서
어쩌면 한번 더 빛이 된다 :
그의 아이는 그를 해가 없이 휘감고
그에게 입 맞춘다.
그때 눈의 빛이 말한다 :
20   "나는 너를 사랑한다"
그리고 설산과 시내 그리고 숲
그것들이 또한
여름의 소년에게
단 한마디 말만을 한다 :

우리는 너를 사랑한다!

우리는 너를 사랑한다!

그러면 그는 ― 그는 그들에게 악의적으로 입 맞춘다,

항상 더 열정적으로

5 그리고 가려고 하지 않는다 :

그는 자신의 말을 마치 베일처럼 속삭인다

그의 입에서는 ― 나쁜 한마디 말. ―

그때 주변에서는 그 말에 귀를 기울인다

그리고 전혀 숨을 쉬지 않는다 :

10 그러자 그것이 전율하며 넘쳐흐른다. 마치

산에서 반짝거리는 빛처럼

둘레에 자연은 :

그것은 생각하고 침묵한다. ―

그것은 정오다

15

나의 인사는 이별이다.

나는 젊어서 죽는다. ―


22[95]

20 사유가 너의 운명이라면 이 운명을 신적인 숭배로써 존경하고 그
것에 최선의 것, 가장 사랑하는 것을 희생시키라. 그래서 모든 균
열, 모든 투쟁하는 것이 일치와 조화가 된다.

22[96]

　인식에 스스로를 바치는 이의 맹세.

22[97]

　칭찬과 꾸중을 통해 손상되는 사람 ─ 햇빛과 비를 통하여 죽는 나무 ─ 양자는 이미 죽었고 모든 것이 그들에게 몰락의 원인이 된다.

22[98]

　시인은 그러면 비참과 무질서를 두고 형식적으로 기도하는 것을 배우게 될 것이다.

22[99]

　나는 확실히 감사하지 않을 수 없다, 그러나 나는 나를 감사의 밧줄로 질식시킬 아무런 의무도 알지 못한다.

22[100]

　"가장 아름다운 시는 어린아이가 창작한 것이다"

22[101]

　자연이 되라!

22[102]

　홀바인5)의 작품들이 외적으로 다 같다고 여길 뿐만 아니라, 머리

나 가슴에서 어쩌면 본질적으로 아무런 다른 점을 지니지 않는다고
여길 그런 여자들.

22〔103〕
아이러니는 일반적으로 ― 아이러니한 요리법 : 무지(無知)하게
배열하고 ― 그럴수록 더 날카롭게 우리의 앎을 나타내는 것.
겸손함에 대한 반대 : 다른 사람이 지식과 능력에 대해 감탄할 때
무지하게 느낀다.

22〔104〕
누구나 기꺼이 흠담을 한다, 누구도 그 자신이 흠담을 정당하게
받아들인다고 절대로 믿지 않았다.

22〔105〕
영리함은 스스로를 사람이 간주하는 것으로, 부여하는 것으로 또는
아마도 하찮은 것으로도 간주하라고 요구한다.

22〔106〕
나는 아직 탁월한 인물 중에서 칭찬으로 타락한 인물을 본 적이
결코 없다. ― 그러나 만약 누군가가 칭찬하는 말을 통해 게을러진
다면 그것은 그 사람이 탁월하지 않다는 하나의 확실한 기준이다.

22〔107〕
철학의 거의 모든 오류는 인간-인식의 결핍, 부정확한 심리학적

분석이다. 그러한 한 도덕가들은 그들이 인간의 행동에 대한 기존의 분석에서 안심하지 못한 것보다 더 인식을 촉진한다. 잘못된 심리학적인 사실을 위해 철학자는 자신의 자연에 대한 지식을 확장하고 모든 것을 형이상학적인 욕구로 은폐한다.

22〔108〕

사람들은 인간과 세계가 훨씬 위험하지 않다는 걸 발견하게 될 것이나.

22〔109〕

"모든 것을 초월하여 신을 사랑하라."

22〔110〕

오페라의 노래의 발전은 절대적인 음악에 항상 하나의 새로운 미래를 (상징의 증가를 통해) 부여한다.

22〔111〕

하나의 동일한 기독교가 어떤 사람의 얼굴엔 슬픈 눈빛의 사형수의 표정을, 다른 사람의 얼굴엔 즐거운 호의를 그리는 방법.

22〔112〕

인간적인 특징과 몸짓에 대해 여러 번 변경하여 쓴 필체에서 과거를 명백하게 읽을 수 있는 숙달된 눈.

22〔113〕

　의식된 감각Empfindung은 감각의 감각이다. 마찬가지로 의식된 판단은 판단된 것에 대한 판단을 포함한다. 이러한 중복Verdoppelung이 없는 지성은 당연히 우리에게 알려지지 않았다. 그러나 우리는 그러한 활동성을 훨씬 풍부하게 보여줄 수 있다. ("감각"은 첫 번째 단계에서 무감각하다는 것이 밝혀진다. 비로소 중복될 때 이름이 따라온다. 중복될 때 기억이 작용한다.) 뇌를 통하여 진행되는 것이 없는 느낌 : 그것은 무엇인가? ― 쾌감과 고통은 단지 뇌가 존재하는 정도까지 충분하다.

22〔114〕

　그것은 우리에게 중간 마디로 불리는 것이 좋다 : 그것은 스스로를 유지할 수 없는, **퇴화하는** 본보기였다.

22〔115〕

　만약 누군가 고뇌하고 죽어가는 사람을 볼 때 무정하다면, 어떻게 사람이 이것을 탓할 것인가?

22〔116〕

　모든 남아 있는 것을 잡는 것은 동경을 만든다 ― 우리는 남아 있는 것과 선한 것을 매우 혼동한다.

22〔117〕

　힘Kraft은 특정한 대상에 거주하고, 국한성Lokalität과 결합되어 있다. 만약 그 대상을 파괴한다면, 또한 힘과 생명을 파괴하는 것이다. 그 대상 자체는 "삶" 또는 "죽음"으로 불린다 ― "알에 나의 죽음이 있다." "여기에 나의 죽음이 있다" ― 특별히 러시아적으로 ― "힘" 또한 의지로부터 분리하는 형이상학자를 생각나게 한다.

22〔118〕

"교양 속물". 그러나 먼지를 우리의 얼굴에 씌우지 않는 바람을 향해 실교하는 것은 좋지 않다. ― 바람은 그래도 반드시 가야 할 곳으로 달린다.

22〔119〕

이제 나는 그대들보다 더 본다
그것을 그대들에게 말하고자 한다

22〔120〕

눈먼 자〔―〕, 그래도 신발과 상의를 입고
〔―〕 그것은, 〔― ― ―〕
〔― ―〕 암염소와 숫염소로서

22〔121〕

이제 그래도 태양이 맑다
인간은 육체와 영혼을 하나의 짝으로 가진다

22〔122〕

　나는 그림자와 빛이 무엇인지를 안다

　몸과 영혼이라는 것 — 그대들은 그것을 알지 못한다


22〔123〕

　두려움이 없는 염소와 염소가

　나의 무릎을 누르며 지나간다

　손을 핥는다, 그리고 왜 내가 눈이 멀었고 외로운지를

　묻는 것처럼 보인다.


22〔124〕

　그곳엔 아마 작은 영혼이 숨겨져 있을 것이다

　그는 그것을 여행 중에 소중히 한다. 그것은 의미다


22〔125〕

　그래도 사람은 누구나 그의 아주 가치 있는 형상 뒤에

　꽁꽁 묶은 꾸러미를 갖고 있다

　거기에 그는 영혼을 또한 넣는다

　그는 그것을 여행 중에 소중히 한다. 내가 상상하는 것처럼


22〔126〕

　몸이 그림자를 던지는 것처럼

　영혼은 빛을 던진다

　그림자는 그것들을 통틀어 갖는다

영혼은 그러나 그렇지 않다


22〔127〕
산길에 있던 눈먼 소년.


22〔128〕
나는 내가 종교, 예술, 형이상학에 대한 나의 비판을 통해 그것들의 가치를 상승시켰다고 생각한다 : 그 어느 때보다도 많이 힘의 원천을.


22〔129〕
그는 그래서 집으로 오고 작은 영혼을 풀어놓는다
그와 같은 ― ― ―


22〔130〕
나는 그렇게 길가에 앉을 때면
그림자가 더 차갑게 될 때까지,
염소 무리가 두려움 없이 나의 무릎을 지나갈 때까지 앉아 있다


22〔131〕
나는 반드시 나의 둘레에 월귤나무와 산림을, 그리고 나의 앞에 펼쳐진 하나의 얼음 산을 가져야만 한다.

22〔132〕

　　온 종일 길에 앉아

　　그림자가 더 차갑게 될 때까지.

　　그리고 깊은 숲의 울타리에서

5　앞에서 무리와 목자가 끌고

　　모든 염소는 슬프〈게〉 몰려가고

　　나의 무릎을 지나간다

　　내가 장님이고 고독하다고

　　나의 손을 핥는다

10

22〔133〕

　　〈스스로〉 모든 도덕적인 단계(희생 의무)를 포기하는 것, 거짓의

　　위대한 코미디를 전혀 합주하지 않는 것 (왜냐하면 이러한 관련

　　Fäden에서 가식을 꿰뚫어 보는 이들은 너희를 그들의 목표를 향해

15　이끌기 때문이다 : 왜냐하면 그들은 너희가 너무 겁이 많고 어리석

　　다고 생각하기 때문이다). 진리인 것 ― 그것은 너희에게 다시 "도덕

　　적"이다.

22〔134〕

20　두 소년이 편안히

　　월귤나무 아래 앉아 있었다

　　그리고 큰

　　푸른 딱정벌레를 유심히 보았다

　　그들의 등에

햇빛이 반짝이는 것을 :
그것은
시원한 전나무 그림자에서
떨어진 것이었다.

5

22〔135〕

자, 이 보잘것없는 사람을 보라Ecce ecce homunculus.

〔23 = Mp XIV 1b. 1876년 말~1877년 여름〕

23〔1〕

미끄러짐, 비틀거림, 기어오를 때의 다리의 익숙한 움직임은, 맹목적으로 작용하면서도 합목적적인 지성의 결과가 아니라, 우리가 언젠가 배웠던 것이다, 마치 피아노 연주 때의 손가락의 운동처럼. 이제 매우 많은 것이 마찬가지로 이러한 숙련으로부터 상속된다.

10

23〔2〕

인간은 유사한 것을 동일한 것으로 여긴다, 예를 들어 성직자를 때때로 신으로 여기듯이 ; 부분을 전체와 동일하게 본다. 예를 들어 마술에서 그렇듯이.

15

23〔3〕

사람은 감각이 무엇인지 설명할 수 없다 : 그러나 내 생각에는 사람이 그것을 안다고 해도 대단한 것은 아니다. 그리고 확실히 그 뒤에는 어떠한 세계의 수수께끼도 숨어 있지 않다.

20

23〔4〕

지금도 여전히 많은 대중을 규정하고 있는 이와 같은 방식을 생각하는 것, 물론 또한 학식 있는 개인은, 그가 매우 숙고하지 않는 경우에 기초를 위한 문화의 모든 현상에 기여했다. 이러한 수치스

러워해야 할 부분partie honteuse은 가장 무시무시하고 훌륭한 결
과를 초래했다. 또한 문화는 수치스러워해야 할 것pundentum의
탄생을, 마치 인간처럼 가져왔다.

5    23[5]

아리스토텔레스가 생각하기를, 현자σοφός는 스스로 단지 중요한
것, 놀라운 것, 신적인 것에 종사하는 사람이다. 그때 오류가 사유
의 모든 방향에 감추어져 있다. 바로 왜소한 것, 약한 것, 인간적인
것, 비논리적인 것, 오류 있는 것이 간과되었고 더구나 사람은 단지
10    섬세한 학문을 통하여 그와 같이 **지혜롭게** 될 수 있다. 현자는 너무
많은 자부심을 벗어야 한다. 그는 눈썹을 그렇게 높이 올려서는 안
된다. 결국 그는 인간의 즐거움을 파괴하는 데서 즐거움을 느끼는
사람이다.

15    23[6]

만약 어떤 것, 예를 들어 소유물, 왕권 같은 것에 감각이 흥분된
다면, 사람이 근원을 더욱 망각할수록 그것은 계속 성장한다. 결국
사람은 그러한 사물의 "미스터리"에 관하여 말하게 되는데, 왜냐하
면 사람은 스스로 감각의 과도한 강도를 알고 있지만, 정확하게 말
20    하자면, 그것을 위한 어떠한 정당한 근거를 말할 수 없기 때문이다.
냉정함이 여기서도 또한 요구되는데, 그러나 이때 권력의 가공할
만한 근원은 당연히 고갈된다.

23[7]

양식에 대한 에피쿠로스의 태도는 많은 관계들에 전형적이다. 그는 자연으로 되돌아가는 것을 믿는다. 왜냐하면 그는 그것을 마치 그 것이 그에게 떠오르는 대로 쓰듯이 썼기 때문이다. 진실에 있어서 표현을 위한 그렇게 많은 배려가 그에게 상속되고 그에게서 성장해 서, 그는 이제 스스로 간다. 그래도 완전히 자유롭고 속박에서 벗어 나지 않았다. 그가 다다른 "자연"은 습관을 통해 얻어진, 양식에 대 한 본능이다. 사람들은 이것을 자연화라고 일컫는다 ; 사람들은 활 을 느슨하게 당긴다, 예를 들어 바그너의 음악과 성악 간의 관계다. 스토아 학파와 루소는 이와 동일한 의미에서 자연주의자다 : 자연 의 신화론!


23[8]

그리스인에게 있어서 예술은 과학을 방해한다.


23[9]

도대체 왜 **보존 충동**을 가정하는가? 무수한 목적에 맞지 않는 형 성 중에, 생존 능력이 있고 존속 능력이 있는 것이 출현했다 ; 그것 은 100만 년 동안 인간 개개인의 조직 적응에 필요했고, 드디어 결 국 지금의 육체가 균형 잡히게 탄생할 수 있고 사람이 일반적으로 보존 〈충동〉으로 환원할 수 있는 사실이 질서 있다고 밝혀진다. 그 때 화학적 법칙에 따르면 충동은 근본적으로 낙수가 기계적인 것과 똑같이 이제 필연적으로 진행된다. 피아노 연주자의 손가락은 올바 르게 건반을 치기 위한 아무런 "충동"도 느끼지 않는다. 오히려 단지 습관일 뿐이다. 대개 충동이라는 말은 단지 편의에 의해 사용될 뿐이며, 기관에 대한 규칙적인 작용이 아직 화학적이고 기계적인 법칙으로 소급될 수 없는 곳 어디서나 사용된다.


23〔10〕

　인간이 가진 모든 목적과 목표는 언젠가 그의 선조들에게도 의식된 것이다 ; 그러나 그것들은 망각되었다. 인간은 자신의 방향에서 매우 과거에 의존한다 : 플라톤〈적인〉 상기 ἀνάμνησις. 벌레의 머리가 절단되었다. 그러나 그것은 같은 방향으로 움직인다.


23〔11〕

　예를 들어 광기나 경련 같은 어두운 병들도 사람들이 존경했고 종교적으로 이상화했다. 그때 그들의 표현은 더 아름답고 훌륭하게 되었다. 그와 같은 과정은 사람이 신으로서 파악하는 사랑의 격렬한 감정에서, 그리고 단지 표상을 위해서뿐만 아니라 현실에서도 이상화되었다.


23〔12〕

　쇼펜하우어가 "삶에의 의지"에 대해 말할 때 그것은 쇼펜하우어의 매우 행복한 발견이다 : 우리는 이 표현을 스스로 다시 수용하지 않으려고 하고 그것에 대해 작가에게 독일어의 이름으로 감사하고자 한다. 그러나 그것은 우리가 삶에의 의지라는 개념이 과학에 앞서 아직도 시민권을 약탈하지 않았고, 마찬가지로 "영혼", "신", 생명력 등의 개념보다 덜 약탈한다는 사실을 통찰하는 것을 방해하지 않아야 한다. 또한 밀라노 사람이 이러한 개념을 많은 개인적인 "삶에의 의지"로 환원하는 것은 우리에게 더 이상 아무것도 가져오지 않는다, ― 사람은 그것을 통해 보편적인 생명력(사물의 외부에서, 위에서, 그리고 안에서 동시에 생각되어야 할!) 대신에 개별적인 생명력을 보존한다. 개별적인 생명력에 반대하여 이의를 제기하는 것은 개별적인 것이 보편적인 것에 반대되는 것과 같다. 왜냐하면 인간이 존재하기 전에는 그의 개별 의지 역시 아직 존재하지 않았기 때문이다 ; 또는 이것이 무엇이어야 했는가? 그러나 삶 자체에, 스스로 표현하는 ― 도대체 삶에의 의지는 있는가? 그래도 적어도 삶에의 의지가 남는 것은 따라서, 가장 유명한 표현을 선택하면, 보존 충동이다. 인간이 자신의 내면을 볼 때, 그가 스스로 **보존 충동으로** 서 지각한다는 것은 사실인가? 더욱이 그는 단지 자신이 항상 느낀다는 것을, 더 정확하게는 자기가 어떤 기관에 대해 습관적으로 완전히 무의미한 어떤 쾌락― 또는 불쾌감을 갖는다는 것을 옳다고 받아들인다 : 내장의, 위장의, 피의 운동은 어떤 신경을 압박하고, 그는 항상 느끼면서 항상 이러한 감정을 바꾼다. 꿈은 감정의 이러한 내적인 지속적인 변동을 폭로하고 그것을 환상적으로 해석한다. 관절이 잠잘 때 취하는 자세는 근육의 변경을 필요로 하고 신경에 영향을 준다. 그리고 이것은 다시 뇌에 영향을 준다. 우리의 시신경, 눈, 촉각은 항상 어떤 식으로든지 흥분된다. 그러나 보존 충동과 계속되는 흥분됨과 감정의 시인(是認)의 사실은 공통되지 않는다. 보존 충동 또는 삶에의 사랑은 완전히 의식된 것이거나 또는 다른 것을 위한, 단지 불명료한 오도의 말이다 : 우리는 어떤 식으로든지 불쾌에서 벗어나고자 한다. 그리고 그와 반대로 쾌락을 얻고자 노력한다. 이러한 모든 생명의 보편적인 사실은 그러나, 어쨌든 쇼펜하우어가 삶에의 의지를 가정하는 것처럼 최초의 근원적인 사실인 것은 아니다 : ― 불쾌에서 도피하고 쾌락을 찾는 것은 경험의 존재를 전제로 하고, 이것은 다시 지성을 전제로 한다. ― 육욕의 강도는 삶에의 의지를 증명하지 않고, 쾌락에의 의지를 증명한다. 쇼펜하우어가 마찬가지로 의지라는 자신의 가정을 위해 토론한 죽음에 대한 큰 두려움은 오랜 시간에 걸쳐 죽음을 결정적인 시간으로 간주하는 개별 종교를 통해 양육되었다 ; 그것은 곳곳에서 크게 되었다. 그러나 만약 두려움이 죽음과 별개의 것으로 관찰된다면, 더 이상 죽음에 대한 두려움으로서, 즉 그때 미확인되고 아마도 너무 크게 가정된 고통에 대한 두려움으로서가 아니다. 그리고 나서 죽음을 통하여 진입하게 되는 상실에 대한 두려움이 아니다. 사람이 어떤 희생을 치르더라고 생존을 원한다는 것이 예를 들어 쇼펜하우어가 기꺼이 삶에의 일반적 의지의 무시무시한 힘을 확인하기 위하여 언급한 동물처럼 그렇지 않다는 것은 참이 아니다.

23[13]

폴 드 라가르드Paul de Lagarde 같은 학식 있는 사람은, 종교적인 의식(意識)의 사실은 반드시 과학에 의해 확정돼야만 한다고 생각한다. 그러나 사람은 그것을 대조하고, 기술하고, 과학적으로 잘 설명할 수 있다 : 그러나 개인에게는 소용없는 일이다. 사람이 과학이 본질에 있어서 얼마나 오류가 있고 인간적으로 보이는지를 파악하게 되면서 과학에 대한 좋은 믿음은 파괴되었다. 과학은 모든 종교의 죽음이며, 아마도 언젠가 또한 예술의 죽음이다.

23〔14〕

　　현자는 법칙을 그 자신으로부터 취하는 것 외에 아무런 인륜성을 알지 못한다 ; 물론 이미 "인륜성"이라는 말은 그에게 맞지 않다. 어떠한 인륜과 전승도 인정하지 않고, 큰 소리로 새로운 삶의 물음과 그에 대한 대답을 인정하는 한 그는 완전히 비인륜적으로 되었기 때문이다. 그는 아무도 가지 않은 길을 나아가며, 그가 방랑할수록 그의 힘은 더욱 자란다. 그는 자신의 바람을 스스로 가져오고, 자신에 의해 상승하고 계속 전달하는 큰 불의 열정과 같다.

23〔15〕

　　문화에 자신의 인식을 바치기 위해서 우리는 생각할 수 있는 가장 행복한 시점에 있다 : 인식의 모든 자유는 정복되고 획득되었으며, 그래도 우리 모두는 모든 고대 문화가 근거하는 근본 감각에 더욱 가까이 서 있다. 이것이 마지막 몇몇 세대 후에 없어지는 것이 가능할 것인가! ―

23〔16〕

　　항공(航空)이 발명되고 도입되는 순간은 사회주의에 유리하다. 왜냐하면 그것은 모든 땅-소유의 개념을 변화시키기 때문이다. 인간은 도처에 있게 되고, 뿌리가 뽑힌다. 사람은 사회를 통하여 엄격해야 하고 상호간의 의무와 모든 비의무자의 배제로부터 안전해야 한다. 그렇지 않으면, 만약 그가 지불할 수 없고 의무를 지키지 않을 경우, 모든 것은 공중으로 사라지고 어딘가에서 몰락하게 된다.

23〔17〕

　만약 진지하고 어려운 대상에 대하여 말하고 월권을 행사할 때, 어떤 과학적인 문화도 소유하지 않은 사람은 지껄인다. 소크라테스의 주장이 옳다. 인간의 중요성은 거의 완전한 광기만큼 나쁘다. 물론, 행동, 문화의 세움을 위해, 여론을 위해 이러한 열심, 이러한 종류의 광기는 매우 중요하다. 분노 없이는 아무것도 이루어지지 않는다. 그럼에도 불구하고 : 진리의 인식은 대개 그때 있고 즐거움을 허락하기 때문에, 우리는 의연하게 버틴다, 또한 열정의 아무런 찡그리는 얼굴이 없을지라도.


23〔18〕

　본성에 대해 말할 때 자유롭게 생각하는 사상가에게게조차 신화는 몰래 파고든다. 왜냐하면 본성은 여차여차한 곳에서 미리 고려해야 하고, 노력해야 하고, 기뻐해야 하기 때문이다 : "인간적인 본성은 하나의 미숙함임에 틀림이 없다, 만약 본성이 ㅡ". 의지, 본성은 오랜 신에 대한 믿음의 잔여물이다.


23〔19〕

　공리를 만드는 모든 것은 인간에게, 시대와 사회의 계급에게 타당하고, 소위 오류로 쉽게 퇴락하지 않는다 ; 그러나 그와 같은 것을 인간에 대하여 썼던 모든 철학자가 행했다. ― 비로소 역사는 얼마나 사려의 부족이 컸는지를 동물의 역사와 결합하여 알려준다. 그래서 쇼펜하우어는 인간의 삶이 하나의 도덕적 · 형이상학적인 목표를 갖는다는 것을 보이기 위해, 삶의 끝에서 사람은 스스로 자신의 도덕적인 질을 알게 된다는 것을 지적한다. — 마치 그러한 감정이 이제 현실적으로 보편적으로 존재하고, 어떤 다른 것이 일정한 여론과 믿음의 명제를 통해 인간이 죽음에 직면하여 자신의 죄를 생각하는 것에 익숙해졌다는 것을 증명할 수 있다는 듯이 : 즉 : 그와 같은 사실은, 쇼펜하우어가 주장하는 것처럼 특정한 형이상학적인 표상은 존재하고 존재했지만, 그것이 진리가 아니라는 것을 증명해준다. 이제 그것은 시간적으로 매우 제한된 하나의 사실이고, 예를 들어 고대에 사람은 매우 자주 원죄를 생각하지 않고 죽었다는 결론에 도달한다. 그리고 그것이 하나의 아주 일반적이고, 인류의 모든 시대와 모든 사람에게 타당한 관찰이라면, 그것은 쇼펜하우어에 의해 주장된 명제의 진실을 위한 아무런 증명을 제공하지 않는다.

23〔20〕

강한 정신적 욕구를 가진 남자가 여자와의 결합을 생각할 때, 그들은 마치 항상 더 수렴하는 하나의 그물에 다가가는 것 같은 느낌을 받는다. 그리고 물론 결국 아이의 교육, 새롭게 불끈 화내는 싸움이 관건이 될 때, 그들은 항상 지속적인 강제를 의심하게 된다.

23〔21〕

만약 사람이 우리의 가장 높고 가장 강한 목소리에 합치하는 자연과 인간에 대한 설명을 추구한다면, 단지 형이상학에 직면하게 될 것이다. 마치 모든 인간을 둘러싼 이러한 숭고한 오류가 없는 것처럼 보이게 될 것이라고 — 나는 **동물적으로** 믿는다. 만약 사람이 매우 엄격한 자연과학의 지식을 타고난 동물이라고 생각한다면, 게다가 어떤 인간도 본질적으로 동물보다 더 오래 생존할 수 없게 될 것이다. 단지 인간은 자신의 많은 여가 시간에, 진리와 동물이 잘 조화된다는 것을 예를 들어 여물통 앞의 말보다 더 잘 이해하게 해주는 좋은 책을 읽을 것이다.

23〔22〕

거의 모든 **철학사**에게 선행사의 이용과 그와 같은 투쟁은 엄격하지 않고 부당하다 : 그들은 정식으로 읽고 해석하는 것을 배우지 않았다. 철학자들은 누군가에게 말했던 난해한 것을 실제로 이해하는 것을 과소평가하고 그것에 세심함을 기울이지 않는다. 그래서 쇼펜하우어는 마찬가지로 칸트를 플라톤으로 완전히 오해했다. 또한 예술가도 나쁘게 읽곤 하는데, 예술가들은 비유적으로, 또 영적으로 설명하려는 경향이 있다.

23〔23〕

악마로서의 신은 마찬가지로 정당하게 인간에게 말한다 : "단지 이성과 과학을 경멸하라, ― 그래서 우리는 너를 무조건적으로." 이러한 점에서 그들은 동맹자다. 게다가 사람은 그때 그러한 사람과는 "무조건적으로" 대수롭지 않은 일이라고 본다.

23〔24〕

본래 사람은 자연의 모든 변화를 합법칙적인 것으로 간주하는 것이 아니라 자유로운 의지의 표현, 즉 맹목적인 애호, 혐오, 정서, 분노 등으로 간주한다 : 자연은 인간이다. 보통 인간이라기보다, 마치 자신의 천막 속에서 은폐되어 잠자는 군주처럼, 그렇게 훨씬 더 힘이 세고 계산 불가능한 인간이다 ; 모든 사물은 마치 군주가 단지 자신의 무기, 도구가 살아 있다고 생각하지 않는 것과 같은 행위다.
5    문헌학은 인간이 자연을 완전히 오인했고 잘못 명명했다는 것을 증명하는 데 도움이 된다 : 그러나 우리는 사물의 이러한 명명의 유산이다. 인간적인 정신은 이러한 오류에서 성장했고, 오류를 통해서 양육되고 힘 있게 되었다.


10    23〔25〕
사람들은 인간의 사실적인 불평등을 간과한다고 사회주의를 비난한다 ; 그러나 그것은 비난이 아니라 특징이다. 왜냐하면 사회주의는 불평등을 간과하고 인간을 평등하게 다루는 것을, 즉 모두가 똑같이 힘 있고 똑같이 가치 있다는 가정에 근거하는, 모두 간에 정
15    의의 관계를 등장시키는 것을 결단했기 때문이다 ; 원죄에 따른 타락과 구원의 필요성을 고려하여 인간을 동등하게 간주하는 기독교와 유사하다. (선한 삶과 나쁜 삶의 변화 간의) 사실적 차이는 매우 미미한 것으로 나타나서, 사람은 그것을 결산에 넣지 않는다 ; 그래서 또한 사회주의는 인간을 대체로 평등하다고 보고, 선과 악, 지적
20    인 것과 우둔한 것의 차이를 미미하거나 변경 가능한 것으로 간주한다 : 어쨌든 그것은 먼 중세 시대에 보존되었던 인간의 형상과 관련해서는 반드시 옳다 : 이 시대의 우리 인간은 본질〈적인〉 것에서 같다. 차이를 무시하는 그러한 결단에 그것의 감동시키는 힘이 놓여 있다.

23〔26〕

인간은 발전할수록 점점 더 행동, 불안, 사건을 감지한다. 덜 발
달된 사람에게는 대부분의 것들이 확고하게 드러나는데, 단지 여
론, 인류뿐만 아니라, 경계, 땅과 바다, 산맥 등도 그렇다. 비로소
눈은 움직이는 것을 좇기로 점차적으로 결심한다. 눈은 동일하게
머무는 것, 보기에는 지속적인 것을 파악하기 위해 엄청난 시간을
필요로 했다. 그것이 눈의 첫 번째 과제였다. 식물은 아마도 이미
눈에서 배웠다. 그 때문에 "사물"에 대한 믿음은 인간에게 동요할
수 없이 확고해졌고, 물질 또한 그렇다. 그러나 사물은 없고 모든
것은 흐른다 ─ 그렇게 통찰이 판단한다. 그러나 본능은 모든 순간
에 모순된다.


23〔27〕

쇼펜하우어는 세계를, 우리가 보는 행동과 전혀 불변하는 성격의
전적으로 무시무시한 한 인간으로서 구축한다 : 이것을 우리는 마
찬가지로 그러한 행동으로부터 해명할 수 있다. 이 점에 있어서 그
것은 범신론 또는 아마도 범악마주의인데, 왜냐하면 그는 그가 지
각하는 모든 것을 선한 것과 완전한 것으로 바꿔 해석하는 데 아무
런 관심을 갖기 않기 때문이다. 그러나 작용으로서의 행위와 원인
으로서 그 자체로 존재하는 성격 간의 이러한 완전한 구별은 이미
인간에게 오류이고, 세계를 고려할 때에야 비로소 옳다. 그래서 성
격처럼 어떤 것은 그 자체로서 존재를 갖지 않고, 하나의 경감시키
는 추상화다. 그리고 이것은 쇼펜하우어와 같은 형이상학자의 가치
다 : 그들은 세계의 상을 시도한다 : 이제 그것이 세계를 인간으로

바꾼다는 것이 유감스럽다 : 사람들은 세계가 거대한 쇼펜하우어라
고 말하고 싶어한다. 그것은 마찬가지로 참되지 않다.

23〔28〕

가장 심한 고통은 아무런 큰 흥분을 가져오지 않는 것이다 ― 왜
냐하면 높은 정열, 그가 원하는 그것은 행복을 자신에서 갖기 때문
이다 ― 오히려 깨물어 뜯고, 파고, 찌르는 사람 : 그러므로 특별히
무자비한 사람을 통해 자기들 식의 우세를 사용하는 이들은 우리에
게 고통을 준다 : 그것은 대략 그들이 그때 우리와의 친한 신용을
우정의 배신을 통해 이용하는 한층 곤란한 상황이다. 그러한 고통
에서 벗어날 수 있게 해주는 유일한 큰 감정은 복수와 타자의 죽음
을 조망하는 증오일 것이다. 그러나 일반적으로 보다 선한 사람은
악인이 절대로 그가 우리에게 보이는 것보다 교활하지 않고, 많은
공로가 그를 대변한다고 말한다 : 그래서 그는 보복에의 사유를 억
압하고, 그러나 그때 기쁘지는 않게 된다 ; 그는 시간에, 모든 기억
이 약화되는 것에 회부된다. ―

23〔29〕

두 가지가 해롭다 : 부정에 대한 깨물어 뜯는 불쾌감, 경험된 것에
대한 자신의 백 번의 반추와 침 뱉기로 흐릿한 상상의 복수심을 만
족시키는 것 ― 실제적인 복수와 빠른 복수는, 만약 그들의 결과가
우리를 또한 고통으로 괴롭힌다면, 훨씬 건강하다. 그래서 판타지
를 오염시키고 점점 건강에 시달리는 주권을 획득하는 성적인 표상
에서 삶은 ― 자기 교육은 이제 예방해야만 한다 : 두 가지 충동에

반드시 자연스러운 방법으로 상응해야 하고 표상은 순수하게 보존되어야 한다. 실패한 복수와 실패한 사랑은 사람을 병들게 하고, 약하고 나쁘게 만든다.

5    23〔30〕

고리들을 조심하라! (고리들은 짐짓 무해한 척하는 상처 입은 뱀들이다.) 이러한 금빛의 상처 입은 뱀들은 비록 무해한 듯 행동을 취하지만 ―

10    23〔31〕

어떤 시에서 마치 오디세이아에서처럼 그렇게 많이 울게 되는가? ― 그리고 최고의 진리같이 시는 또한 마찬가지로 고대의 귀 기울여 듣는 그리스인에게 작용한다 ; 누구나 그때 눈물을 흘리면서 모든 고통 받고 상실한 사람에 대한 기억을 즐겼다. 모든 늙은 남자는 15    어떤 경험을 오디세우스와 함께하고, 그는 모든 것을 순교자를 따라 느꼈다. ― 나를 종종 감동적인 것이 감동시키는 것이 아니라, 호메로스와 마찬가지로《헤르만과 도로테아*Hermann und Dorothea*》에서 단순하고 소박하고 강한 것이 눈물로, 예를 들어 첫 번째 노래에서 텔레마코스가 그런 것처럼 감동시킨다.

20

23〔32〕

아마도 비이기적인 충동은 사회적인 충동의 늦은 발전이다 ; 결코 그 역은 아니다. 사회적인 충동은 다른 존재에게 관심을 갖는 (노예는 자신의 주인에게, 군인은 자신의 지도자에게) 가해진 강제로부

터 나타난다. 또는 개인이 몰락하지 않기 위해 우리가 함께 작용해
야만 한다는 통찰이 두려움으로부터 나타난다. 이러한 감각은 근원
적인 동기가 의식 안으로 나타남 없이 상속되고, 늦게 발생한다 ;
그것이 형편을 살피는 것을 증명하는 욕구가 되었다. 다른 사람, 공
5   동성, (과학처럼) 사물을 위해 관심을 갖는 것은 비이기적인 것으로
나타난다. 그러나 그것은 근본에서 그렇지 않았다. ―


23〔33〕

남미인을 근본적으로 아는 사람은 "미국의 지배적인 여론은 남미
10  인에게 다다를 수 있는 최고의 것을 위해 노력하는 것을 포기하는
모든 사람에 반대하여 설명되었다. 자유로운 의지로부터 뒤처짐이 바
로 치욕으로, 일종의 위반, 반사회적인 것으로 간주된다"라고 말한
다.


15  23〔34〕

에로스 없는 세계 ― 사람들은 에로스 덕분에 두 가지의 세계가 상
호적인 즐거움을 갖는다고 생각한다 : 두려움과 시기의 세계, 그리
고 에로스 없는 불화의 세계는 얼마나 완전히 다르게 보일 것인가!


20  23〔35〕

비극적인 청년 ― 자기들 방식으로 슬픈 숙명을 예언하고 인간에
대해 나쁘게 생각하는 비극을 위한 젊은이의 경향에서 활동적인 쾌
락에 대한 상당한 것은 그에게 숨겨졌다, 만약 누군가가 소리칠 때
:"그는 나이에 비해 얼마나 현명한가 : 그는 세상의 흐름을 이미

얼마나 아는가!"

23〔36〕

    그것은 하나의 훌륭한 연극이다 : 지역적인 관심, 가장 작은 조국
과 연결된 인간으로부터, 어느 날 제전을 위해 만든 예술 작품으로
부터, 시끄러운 지점으로부터, 짧고, 공간과 시간에서 점점 지속적
이고 국가와 민족에 다리를 놓는 문화가 자란다 ; 지방적인 것은 보
편적인 의미를 받고, 순간적인 것은 기념비적인 의미를 받는다. 역
사의 이러한 과정을 사람은 반드시 추적해야 한다 ; 당연히 가끔 어
떤 사람은 호흡이 멎는다. 그래서 그물이 찢어지고, 찢어진 것에 가
까운 매듭이 가장 먼 것과 나중의 것을 연결한다! ― 먼저 모든 그
리스인을 위해, 다음에 모든 그리스의 문화 세계를 위해, 그리고 이
제 모든 사람을 위해 호메로스는 ― 사람이 탄식할 만한 사실이다.

23〔37〕

    쇼펜하우어는 정당하게 다음과 같이 말한다 : "인간 행위의 엄격
한 필연성에의 통찰은 철학적인 머리를 다른 것과 가르는 경계선이
다." 그와 반대로 다음과 같은 말은 틀렸다 : "사물 전체의 내적인
본질에 관한 최종적이고 참된 해명은 반드시 인간 행동의 윤리적인
의미에 관한 것과 매우 밀접하게 관계해야 한다." 마찬가지로 다음
의 말도 틀렸다 : "누구나 결론지을 수 있지만, 판단할 수 있는 사람
은 소수다."

23〔38〕

　비록 사람이 고문과 죽음을 자신의 신앙으로 견딜 수 있다 할지라도 사람은 진리를 증명하는 것이 아니라, 오히려 단지 사람들이 진리라고 간주하는 것에 대한 신앙의 강도만을 증명한다. (기독교는 당연히 금지된 착상에서 출발한다 : "강하게 믿게 되는 것이 참되다." "강하게 믿게 되는 것은 행복하고 용기 있게 만든다. 등등.") 새로워진 시험과 연구에 반대되는 한, "진리"의 파토스는 그 자체로 진리를 위해 쓸모 있는 것이 아니다. 파토스는 진리와 결합된 일종의 맹목성이다. 물론 사람은 이러한 파토스로 바보가 된다 : 빙클러가 그렇게 말하는 것처럼. 만약 스스로를 학문적인 인성으로 다르게 칭하는 권리를 갖고자 한다면, 사람은 반드시 가끔 회의적인 시기를 체험해야만 한다. 쇼펜하우어는 자신의 입장에 여러 번 야유와 저주로, 그리고 거의 도처에서 파토스로 참호를 쌓았다 ; 이러한 방법 없이는 그의 철학은 아마도 덜 알려졌을 것이다 (예를 들어 그가 신념의 본래적인 도착증을 "아무런 형이상학도 믿지 않는 것"으로 칭할 때).


23〔39〕

　인간의 내적인 동기에 대해 글을 쓰는 사람은 단지 그것을 냉정하게 가리키기만 해서는 안 된다 ; 왜냐하면 그래서는 그는 자신의 결론을 믿을 만하게 만들 수 없기 때문이다. 그는 반드시 이러한 것에 대한 기억과 저러한 열정, 기분을 깨울 수 있어야 하고, 따라서 표현의 예술가여야 한다. 게다가 다시 그가 이러한 모든 정서를 경험으로부터 아는 것이 필요하다 ; 왜냐하면 그렇지 않으면 그는 냉정함과, 다른 사람을 매우 깊이 감동시키고 흔드는 것에 대한 과소 평가의 외관을 통하여 분개하게 될 것이기 때문이다. 그러므로 그는 인류의 가장 중요한 단계를 통과해야만 하고 인류를 목표로 할 수 있다 : 그는 종교적이고, 예술가적이고, 육감적이고, 명예심을 갖고 있고, 악하면서도 선하고, 애국적이고, 세계주의적이고, 귀족적이고 천박했음에 틀림없고 표현의 힘을 보존해야 한다. 왜냐하면 그의 주제가 완전히 일정한 표현 수단, 아주 명료한 숫자, 직선이 있는 수학에서처럼 그렇지 않기 때문이다. 인간의 동기에 대한 모든 말은 애매하고 암시적이다. 그러나 사람은 강한 감정을 표현하기 위하여 강하게 암시하는 것을 할 수 있어야 한다.

23[40]

물방울이 떨어지는 사상가와 흐르는 사상가가 있다. 그와 함께 마치 원천도 구별되는 것 같다. 리히텐베르크는 열심히 대접하고 드디어 잔을 가득 받는다 ; 그러나 그는 우리에게 잔을 가득 건네줄 시간은 갖지 않았다 ; 그의 친척은 우리에게 물방울을 분배했다. 그때 사람이 쉽게 부당하게 된다. 자체로 흐르는 사상가는 온 힘의 외관을 깨운다, 그러나 그것은 또한 기만일 수 있다.

23[41]

단지 신에 대한 믿음뿐만 아니라, 덕 있는 사람, 행동, "비이기적인" 충동에 대한 평가에 대한 믿음이, 따라서 또한 심리학적인 영역에서의 오류가 인류를 앞으로 나아가도록 도왔다. 어떤 이가 플루타르코스의 영웅들을 감동받아 모방하거나 의심하며 분석하는 것은 큰 차이다. 선에 대한 믿음은 인간을 더 선하게 만들었다 : 반대의 확신이 인간을 더 약하고 신뢰하지 않게 등등 만든 것처럼. 이것은 라 로슈푸코와 심리학적 관찰의 작용이다 : 날카롭게 달성하는 scharfzielend 보호는 항상 어두운 것에 적중하는 것이다. 그러나 인간적인 복지의 관심에서 인간은 그들이 왜소화와 의심의 이러한 의미를 갖지 않기를 소망한다.

23[42]

예를 들어 《트리스트럼 샌디*Tristram Shandy*》의 많은 글의 자극은 다른 것 중에 물려받고 매혹된 소심함, 많은 사물을 보지 않은 것, 스스로 고백하지 않은 것이 그들 안에서 반대된다는 것, 또한 어떤 "영혼의 순결"과 함께 교활한 놀이가 추진된다는 것에 바탕을 두고 있다. 만약 사람이 스스로 이러한 소심함을 더 이상 물려받지 않았다면 그러한 자극은 사라졌을 것이다. 가장 탁월한 글의 가치는 내적인 인간의 변화하는 구성에 매우 의존한다 ; 어느 감정의 강화와 다른 감정의 약화는 첫 번째 서열의 이러하고 저러한 작가를 지루해하게 만든다 : 마치 예를 들어, 극작가의 스페인적인 존경과 헌신이, 단테의 중세 시대의-상징적인 것이 때때로 참을 수 없고 그들의 옹호자가 우리의 감정에 손실을 주듯이.

23[43]

모든 강의(講義) 존재의 특별한 불안정은 공통적으로 인정된 기초가 더 이상 아무것도 없다는 것, 이제 기독교도 고대도 자연과학도 철학도 다수결에 의한 그리고 지배적인 힘을 갖지 않는다는 것에 근거를 둔다. 사람은 매우 다양한 요구 사이에서 동요하며 움직인다 : 결국 민족 국가는 그로써 불명료함을 정상으로 가져가기 위하여 하나의 "민족적인" 문화를 아직도 원한다 — 왜냐하면 민족적인 것과 문화는 모순되기 때문이다. 대학에, 학문의 요새에조차 학문을 넘어 아직도 높은 권력, 종교 또는 형이상학을 밀고자의 비밀로 인정하는 사람들이 있다.

23[44]

모든 학급의 선생은 자기 학생들을 개별적으로 다르게 다루려는 잘못된 명예심을 주입한다. 그러나 이제 선생이 학생에 대한 그의 적고 일방적인 관계에서 그들을 정확하게 알지 못하고 이러저러한 특징(게다가 젊은 사람에게 있어서 유연한 것이며 완성된 사실로서 다루어서는 안 되는 것인)을 판단함에 있어서 몇몇의 거친 오류를 범하는 것은 지극히 가능한 일이다. 몇몇 학생이 근본적으로 항상 잘못 다루어진다는 학급의 인식이 초래하는 단점은 개별화하는 교육의 모든 가능한 장점을 상쇄한다, 물론 훨씬 압도한다. 일반적으로 개인에 대한 모든 선생-판단은 잘못 이루어지고 너무 성급하다 : 그리고 학문적인 세심함과 신중함의 아무런 증명도 아니다. 사람들은 그것을 단지 모든 학생의 동일화와 동일 평가로 시도하고 수준을 상당히 높게 잡는다. 물론 사람들은 모든 검열을 명백히 과소평가한다. 그리고 강의의 대상을 흥미롭게 하는 것에 제한한다. 그래서 선생은 한 학생이 뚜렷하게 무관심을 보일 때 스스로, 학급 앞에서 검열을 생각한다 — : 그것은 입증된 처방이다. 그리고 그 외에 또한 교사의 양심은 더 조용해진다. — 더구나 학급 교육이 마찬가지로 단지 응급 처방이고, 개인이 전적으로 개별적인 선생에 의해 교육될 수 없을 때는 따라서 개별적인 성격과 재능에 개인의 고유한 길이 맡겨져야 한다는 것은 자명하다 : 물론 위험천만한 일이다. 그러나 개별적인 교육자 역시 마찬가지로 하나의 위험이 아닌가? ─

23〔45〕

국가가 교육과 학교를 완전히 비당파적으로 지원하지 않는다는 것은 소박한 사람들의 의아심을 불러일으킨다 : 그렇지 않다면 무엇 때문에 국가는 그것을 위해 모든 노력을 취하는 것인가! 정신을 다스리는 수단. (모든 교사의 자리의 계승! 그렇게 사람은 교사를 갖는다.)

23〔46〕

마치 오랜 귀신 이야기가 우리의 마음을 끄는 것처럼, 장엄한 표정과 이른바 발견의 감동과 비밀스러운 전율, 형이상학적 표상이 우리에게 유머를 만들면, 우리는 새로운 기쁨을 추가로 얻는다. 우리는 자신에 대하여 불신하지 않는가! 우리는 그래도 형이상학의 오랜 지배의 결과를, 인간적인 본성의 가장 높은 성과에 속하는 어떤 복합적인 기분과 감각을 우리 안에서 갖는다 : 우리는 절대로 그러한 순수한 조롱으로 이것을 포기하지 않았다. ─ 그러나 쇼펜하우어가 두꺼비에 대한 혐오를 우리에게 형이상학적으로 설명하고자 할 때, 부모가 종의 천재를 위해 기회 등을 가질 때, 왜 우리는 웃지 않아야 하는가?

23〔47〕

날카롭게 목표를 달성하는 방어로서의 레Rée는 항상 어둠에 적중하는 사람으로 특징지을 수 있다.

23〔48〕

도덕적인 자기 관찰은 이제 절대로 충분하지 않다. 잔존하는 민족성의 역사와 인식은 우리의 행위의 관여 동기를 알기 위해 자기 관찰에 속한다. 그들에게 인류의 전(全) 역사가 일어난다. 모든 큰 오류와 잘못된 표상이 함께 엮였다 ; 왜냐하면 우리가 이것을 더 이상 나누지 않고, 또한 더 이상 우리 행〈위〉의 동기에서 찾지 않기 때문이다. 그러나 기분, 색깔, 고음으로서 그것은 안에서 울려 퍼진다. 사람은 만약 인간의 동기를 자신의 요구의 필연적인 만족에 따라 분류한다면 자기가 실제로 모든 동기를 헤아렸다고 생각한다. 그러나 수많은, 거의 믿을 수 없는, 물론 지금 쉽게 알아맞히기 어려울 미친 욕구들이 있었다 : 이것 모두는 지금도 아직 함께 작용한다.

23〔49〕

우리가 자연스럽게 역사적인 설명을 들을 때 대략 사망, 배반, 구혼을 통한 가장 깊은 동요로 인해 분노가 자주 우리를 엄습한다. 그러나 그와 같은 감각은 아무것도 증명하지 않는다, 그것은 단지 다시 설명된다. 감각은 깊어졌지만, 언제나 존재하지는 않았다 ; 그리고 그러한 최고의 상승에 아무런 실제적인 이유가 대응하지 않는다, 그것은 상상이다.

23〔50〕

    만약 천재가 불편하고, 물론 나쁜 특성을 가진다면, 사람들은 그의 좋은 특성을 더욱 고마워해서, 그 특성들이 그러한 바탕에서, 그러한 이웃과 그와 같은 기후, 그와 같은 벌레 먹은 구멍에서 이러한 열매를 익게 한다.

23〔51〕

    복원된 가톨릭교에서 많은 것이 우리에 의해 잘못 판단되었다, 왜냐하면 여기에 종교성의 남쪽 지방의 표현이 현존하기 때문이다. 그것은 우리에게 외적으로, 열광적이고 거짓되고 — 지나친 것으로 보인다 : 그러나 개신교 또한 단지 북쪽의 본성에서만 파악된다.

23〔52〕

    음악은 비로소 점점 매우 상징적으로 되었다, 인간은 어떤 방향 전환과 형식에서 영혼의 과정을 함께 이해하는 것을 점점 더 배웠다. 처음부터 영혼의 과정이 음악에 있지 않다. 음악은 의지의 직접적인 표현이 아니고, 예술의 충일에서 비로소 그렇게 나타날 수 있다.

23〔53〕

    음악은 전체의 예술로서의 특징을 전혀 갖지 않는다, 그것은 성스럽고 공통된 것일 수 있다. 그리고 만약 그것이 철저히 상징적으로 되었다면 둘 다 비로소 예술이다. 음악에 대한 그러한 승화된 찬미는 일반적으로, 마치 예를 들어 베티나Bettina에게서 발견될 수 있는 것처럼, 그러한 승화된 상태를 자신 안에 갖고 그것을 통해 또한 음악에만 접근하는 아주 특정한 개인들에 대한 일정한 음악의 작용에 대한 기술이다.

23[54]

사람은 비이기적인 것을 근원적으로 칭찬한다, 왜냐하면 그것은 유용하기 때문이다. 이기적인 것을 〈사람은 나무란다〉, 왜냐하면 그 것은 해롭기 때문이다. 그러나 이것이 하나의 오류라면 어떨까! 만약 이기적인 것이 비이기적인 것보다 훨씬 높은 정도로 유용하다면, 또한 다른 사람에게 유용하다면! 사람은 이기적인 것을 나무랄 때 항상 단지 어리석은 이기주의를 어떻게 생각했을까! 근본적으로 사람은 영리함을 칭찬하는가? ― 당연히 선과 어리석음은 또한 조화된다, 좋은 남자un bon homme 등.

23[55]

〈말란의 만(彎)에서Am Malanger Fjord〉라는 단편 소설에 따라 판단하면 토마스 뮈게Th. Mügge는 스코틀랜드 양식을 지닌 유일한 독일어 이야기꾼이다 ; 그가 철저히 거장다운 점을 지녔다는 것은 확실하다.

23[56]

에피쿠로스에 대한 칭찬 ― 지혜는 에피쿠로스를 한 걸음도 넘어서지 않았다. ― 그리고 자주 수천 걸음 그의 뒤로 후진한다.

23〔57〕

　내가 사물을 그것이 자극하는 쾌락의 정도에 따라서 정렬한다면, 다음과 같은 것들이 상위에 있다 : 좋은 시간에 음악적인 즉흥 연주, 그 다음에 바그너와 베토벤의 개별 사물을 듣는 것, 그 다음에 오전에 산책에 좋은 착상을 갖고, 그 다음에 쾌락 등.

23〔58〕

　예술의 향유는 인식(연습)에 달려 있다 ; 또한 대중적인 예술에서도. 청중에 대한 아무런 직접적인 작용 없이, 지성의 경계를 넘어서 파악함Hinausgreifen이다. 많은 사람은 바그너의 음악을 즐기지 않는다, 왜냐하면 그들은 최고의 음악적인 교육을 통해 즐길 수 없게 되었기 때문이다.

23〔59〕

　스스로 뛰어난 방식으로 상속받은-인륜적인 것으로부터 해방된, "양심" ― 없는 사람은 기형아 출산과 동일한 방식으로 생겨날 수 있을 뿐이다 ; 성장과 형성은 물론 탄생 후에 상속된 습관과 힘의 결과로 계속된다. 따라서 사람은 그러한 경우에 기형아 출산의 개념을 확대할 수 있을 것이고 대략 기형에 대해서 말할 수 있을 것이다. 그러한 것에 반대하여 나머지 인류는 이와 같은 권리를 마치 기형아 출산과 기형에 반대하는 권리처럼 갖는다 : 인류는 잔류하는 실패한 사람의 선동을 장려하지 않기 위해서 그들을 파괴해도 된다. 예를 들어 살인자는 기형이다. ―

23[60]

하나의 습관적인 경험 : 그것은 나쁘게 되었다. 그러나 내가 생각했던 것보다 훨씬 낫다.


23[61]

행복과 불행. ― 많은 사람에게 있어 행복은 그들의 불행보다 더 감동적이다. ― 누가 더 밝은 음악을 정신 병원에서 울림이 좋게 눈물 없이 들을 수 있는가?


23[62]

숲속의 시내에 갈 때 우리의 감각에 놓여 있는 멜로디는 매우 떨리는 소리로 들을 수 있게 되는 것 같다 ; 물론 그것은 가끔 우리가 추구하는 멜로디의 내적인 상을 향해, 소리를 향해 앞서서 달리는 것처럼 나타난다. 그리고 그것은 단지 기만일 뿐인 고유한 자립성에 이른다.


23[63]

명예심의 주요 요소는, 자신의 권력의 기분에 이르는 것이다. 권력에의 기쁨은 우리가 다른 사람의 의견에 감탄하며 서 있는 것에 기뻐하는 것으로 환원될 수 없다. 칭찬과 책망, 사랑과 증오는 권력을 원하는 야심만만한 사람에게는 동일한 것이다.

두려움(부정적)과 힘에의 의지(긍정적)는 사람의 견해에 대한 우리의 강한 고려를 설명해준다.

권력에의 쾌감. ― 권력에의 쾌감은 백 배로 경험된 종속의, 무력감의 불쾌에서 설명된다. 이러한 경험이 존재하지 않는다면 또한 쾌감도 없다.


23[64]

보다 높은 자연의 기호. ― 인간의 형이상학적 표상은 자신의 보다 높은 본성, 고상한 욕구에 대한 증거다 : 그런 한에 있어서 사람은 항상 가장 가치 있는 소리로 그것들에 대해 말해야 한다.


23[65]

모든 순교의 이익과 단점. ― 많은 순교자의 죽음은, 엄밀한 진리의 시험의 측면이 아니라 신념-완고함의 측면에서 사람들에게 힘의 원천이 되었다. 잔인함은 진리를 손상한다, 그러나 (믿음에서 스스로 드러나는) 의지에 유용하다.


23[66]

처벌할 가치가 없다는 것이 불행한 사람을 어느 정도로 위로하는가? 그는 인류를 놀라게 하기 위해, 인류의 최선을 위해 수단으로 이용된다 : 그런데도 그가 수단으로 고찰될 가치가 없는가? 그러나 사람이 아무도 가치가 없다는 것을 통찰하자마자, 그러한 관점은 또한 아무것도 더 이상 위로하지 않는다. 게다가 사람은 모든 경우에 수단으로서 인간의 개선을 위해 봉사한다는 것에 기뻐했어야 한다.

23〔67〕

　의심의 일반 형태. — 사람은 부당하게도 결과가 자기 마음에 들지 않는 책에 대하여 의심한다 — 그리고 그 역도 성립된다. 당 안에서 당쟁은 절대로 진지하게 검증되지 않는다 ; 단지 대립하는 당들과 그들의 관심이 하나의 강한 비판을 가져올 뿐이다.

23〔68〕

　많은 사람이 못을 치면서 못의 머리를 때리지 않는다. 그래서 문제를 고치기 어렵게 꼬아버린다. 그들이 사물을 완전히 그르친다면 그것이 더 나을 것이다.

23〔69〕

　필연적인 것을 통한 우연적인 것의 해소. — 높은 정신적인 해방의 단계에서 사람은 반드시 사람이 인생과 결합한 모든 우연적-자연적인 것을 선택된-필요한 것으로 대치해야만 한다. 전부터 불충분한 기쁨을 가진 사람은 스스로 해방되어야 한다 ; 하나의 새로운 아버지, 새로운 아이를 사람은 경우에 따라서 선택해야만 한다.

23〔70〕

　잘못 추론된 커다란 결과. — 큰 결과를 큰 원인으로 환원하는 것은 매우 습관적인 잘못된 결론이다. 첫째, 그것은 그러나 오랜 시간 동안 작용하는 작은 원인일 수 있다. 그 다음에, 작용된 대상은 마치 확대 거울처럼 될 수 있다 : 나쁜 시인이 큰 영향을 미칠 수 있는데, 왜냐하면 대중이 그와 동질이기 때문이다. 예를 들면 울란트Uhland가 그의 슈바벤 동향 사람들에게 그렇듯이.


23〔71〕

　다수 또는 (다수의Vielsamkeit) 모든 사람을 최선으로 이용할 수 있기 위해서 고독을 추구하라 : 만약 네가 그것을 달리 추구한다면, 그것은 너를 약하고 병들게 하고, 죽어가는 마디로 만들 것이다.


23〔72〕

　사랑의 부재가 아니라 우정의 부재가 불행한 결혼을 만든다.


23〔73〕

　"임금"이라는 표현은 천민, 노예가 만약 누군가 그에게 일반적으로 어떤 것을 주거나 대접할 때 항상 행복하고 축복받았다고 느꼈던 시대로부터 우리의 시대로 이끌어져 왔다. 그곳에서 그는 마치 동물처럼 때로는 채찍을 통해서, 때로는 유혹을 통해서 고무되었다. 그러나 절대로 어떤 것을 "벌지는 않았다". 그가 반드시 해야 하는 것을 한다면 거기에는 아무런 공로가 없다 : 그럼에도 불구하고 그가 보답을 받는다면, 이것은 하나의 과잉된 은총이고 호의다.


23〔74〕

　지금의 극작가는 종종 희곡에 대한 잘못된 개념에서 비롯된다. 그리고 과격한 사람Drastiker은 : 반드시 그들은 모든 희생을 치르더라도 쓰고, 소란을 떨고, 감동을 주고, 피격하고, 죽여야 한다. 그러나 "드라마"는 허구에 대립하여 "사건", 사실을 의미한다. 언젠가는 그리스 단어-개념의 역사적인 유입이 그들에게 권리를 주지 않을 것이다. 희곡의 역사는 그러나 맨 처음에 옳지 않다. 왜냐하면 그리스인들은 격렬한 것의 묘사를 피하기 때문이다.

23〔75〕

예전의 기적 증명. ― 누군가 자신의 손을 달구어진 쇳물에 넣었다가 다치지 않고 꺼낸다면, 그것은 아직도 여전히 사람을 놀라게 한다. 그러나 일찍이 사람들은 대개 기적을 보았다고 생각했다 : 기적을 행하는 자는 스스로 비밀스러운 힘과 초자연적인 조력을 믿었다. 또한 사실의 설명을 지금 알지 못하는 사람은 그래도 그것이 자연스럽게 발생했고 다른 사람처럼 자기도 그를 매우 좋게 행복하게 한다고 생각한다. 일찍이 사람들은 모든 주장을 그것으로 증명할 수 있었고 누구나 그러한 증명을 믿었을 것이다.

23〔76〕

과학적인 방법은 세계에 위대한 파토스의 부담을 덜어준다. 그것은 얼마나 근거 없이 사람이 스스로 이러한 감각의 높이에서 혼합되는지를 보여준다. 사람은 웃고, 지금 두 적과 점점 모든 세대를 미치게 만들고 결국 국민의 운명을 규정하는 말다툼에 대해 경탄한다. 그동안에 아마도 원인은 기껏해야 망각되었다 : 그러나 그와 같은 과정은 근원에서는 항상 우스꽝스럽고 왜소한 세계 안에서의 모든 정서와 열정의 상징이다. 이제 인간은 우선 자신의 감정의 높이와 근원의 저급함에 놀라서 멈춘다 ; 당분간 이러한 대립은 완화된다. 왜냐하면 우스꽝스러운 것에 대한 수치심이 이제 일찍이 인식을 시작한 사람에게 조용히 작동하기 때문이다. ― 그러한 높이를, 예를 들어 순결을 단지 형이상학적인 전제 하에서만 주장할 수 있는 까다로운 덕 있는 사람들이 있다 ; 반면에 순결 자체는, 동료 Mitmenschen에 대해 바로 종교 재판 식으로 비평하는 경향 또한 갖고 있는 창백하고 비생산적이고 어중간하게 덕 있는Halbtugend 사람에게는 중요하지 않다.

23〔77〕

만약 도덕성의 단계를 구별한다면, 나는 첫 번째를 다음과 같이 명명할 것이다 : 관습에의 복종, 두 번째 단계로서 관습과 그것의 담지자(고대인)에 대한 경외와 경건. 지성의 결합, 자신의 파악과 시도의 제한, 허용된 표상의 제한된 영역 내에서 감정의 상승. ― 그와는 반대로 사람이 일반적으로 도덕의 근원으로 보는, 비이기적인, 비인격적인 행위의 요구는 염세주의적인 종교에 속한다. 종교가 자아의, 인격의 비판으로부터 발생한다, 따라서 "극단적으로-악한 것"의 형이상학적 해석을 이전에 인간 안에 놓았어야 그러한 종교가 발생한다. 염세주의적인 종교로부터 칸트는 "극단적으로-악한 것"과 마찬가지로 비이기주의가 도덕적인 것의 표시라는 믿음을 가진다. 그러나 이제 이것은 단지, 쇼펜하우어가 옳게 보았듯이, 특정한 감각, 예를 들어 동정, 호의의 감각에 대한 양보 속에서 존재한다. 그러나 사람은 감각을 요구하거나 명령할 수 없다. 그러나 도덕은 항상 요구했고, 그것은 따라서 "동정적이고 호의적인"(비이기적인) "도덕적인 인간"의 결정적인 특징으로 간주되지 않게 된다 : 그러나 사람이 물론 실제로 가끔 매우 선량하고 동정적인 "비도덕적인 사람"에 대해 말하는 것과 같다.

23〔78〕

모든 도덕의 잘못된 전제는 인간이 자유롭게 행동하고 책임이 있
다는 오류다. 모든 법, (국가, 사회, 학교에서의) 모든 규정은 이러
한 믿음을 전제한다. 우리는 또한 무책임성에 대한 획득된 통찰에
따라서 칭찬하고 나무란다는 것에 익숙하다 : 반면에 우리는 본성을
나무라지 않고 칭찬한다. 비이기적인 행위를 요구하는 것, 마치 염
세주의적인 종교가 그렇듯이 사랑을 요구하는 것 : 그것은 같은 근
본 오류를 전제한다.

23〔79〕

일부일처제와 그것의 큰 무게를 설명함에 있어, 사람들은 신비에
대한 이미 언급된 수치심이 유혹하는, 장엄한 가정을 조심해야 한
다. 도덕적인 근원은 절대로 생각될 수 없다 ; 또한 동물들도 일부
일처제를 다수 갖는다. 여성이 남성보다 드문, 또는 남성의 발견이
남성에게 수고를 끼치는 도처에서, 다른 남성의 새로운 요구에 대
해 똑같은 것의 소유를 방어하려는 욕망이 생겨난다. 남성은 한번
획득된 여성을 다시 해방하지 않는다. 왜냐하면 남성이 여성을 잃
을 때, 새로운 여자를 찾는다는 것이 얼마나 어려운지를 알기 때문
이다. 많은 것 중에 선택하는 동안에도 일부일처제는 한 여성에 대
한 자발적인 제한이 아니라, 오히려 여성이 부족한 데서 비롯되는
소유의 주장이다. 그 때문에 질투는 현재의 강도까지 증가하고 동
물의 영역으로부터 지나치게 오랜 시간에 걸쳐 우리에게 상속되었

다. 인간의 국가에서 일부일처제의 전승은 유용성에 대한 다른 고려에서, 무엇보다도 가능한 한 확고하게 조직되는 가족의 안녕을 위해서 재가되었다. 또한 여성의 평가는 같이 성장한다, 그래서 여성은 스스로 나중에 일부일처제의 관계를 그 밖의 모든 것보다 선호한다. — 실제로 여성은 집의 노예의 종류와 같은 소유물이었기 때문에, 그래도 두 인간의 공존에, 공동의 기쁨과 고통에 적응할 수 있었다, 그리고 여성은 또한 많은 것을 거부할 수 있었고, 많은 것에서 남자에게 대리인으로 봉사할 수 있었기 때문에, 아내의 보다 높은 지위에 적응할 수 있었다. — 이제 여성이 문명화된 국가에서, 실제로 다수인 곳에서, 일부일처제는 단지 점차 압도적으로 되는 전통의 제재를 통해 보호될 수 있다 ; 자연스러운 기초는 더 이상 현존하지 않는다. 마찬가지로 장엄하게 다루어지고 성스럽게 된 일부일처제의 뒷면에는 실제로 일종의 일부다처제가 있다.

23〔80〕

쇼펜하우어가 의지에 우선권을 주고 지성을 덧붙인다면, 전체 심정은, 더 이상은 우리에게 알려진 것처럼 표시로 사용될 수 없다. 왜냐하면 그것은 (마치 우리의 소리 감각이 음악에서 지적으로 되는 것처럼) 철저히 지적으로 되었기 때문이다. 나는 : 쾌감과 고통과 욕구를 우리가 절대로 지성으로부터 분리하여 생각할 수 없다는 견해를 갖고 있다. 심정의 높이, 다양성, 부드러움은 무수한 사유의 과정을 통해 사육되었다 ; 마치 시가 지금의 음악에 관계하듯이, 모든 상징의 여선생으로서, 사유는 지금의 심정에 관계한다. 이러한 사유는 다수의 오류였다 ; 예를 들어 경건함의 기분은 완전히 오류에 근거한다. 쾌감과 고통은, 정확히 예술과 똑같은 수단을 통하여, 마치 예술처럼 형성되었다 ; 행동의 본래적 동기는 지금 마치 지금의 음악의 멜로디처럼 관계한다 ; 어디에 멜로디, 반주, 화음이 있는지 절대로 더 이상 말해질 수 없다. 그래서 행위의 동기에 있어서 모든 것은 인위적으로 엮인다. 다수의 동기는 서로 운동하고 서로의 화음, 색깔, 표현, 소리가 나온다. 일정한 기분에서 우리는 아마도 의지를 지성으로부터 분리하여 생각한다. 그것은 하나의 기만이다 ; 그것은 하나의 결과다. 모든 자극은 지적으로 된다 ; 누군가가 예를 들어 사랑에서 느끼는 것은 그것과 결합된 형이상학의 모든 것, 모든 유사한 공명하는 이웃 기분에 대한 숙고의 결과다.

23[81]

예술의 근원에서 사람은 미적인 상태와 같은 것에서 출발해서는 안 된다 ; 그것은 나중의 결과다, 예술가도 마찬가지다. 오히려 인간은 동물처럼 쾌락을 추구하고 쾌락을 발명할 수 있다. 도덕성은 그가 유용한 것을 추구할 때, 말하자면 곧바로 또는 아무런 쾌락을 지니지 않은 것이나 특별히 다수의 관심에서 고통이 없음을 보증하는 것을 추구할 때 발생한다. 미적인 것과 예술은 가능한 한 많고 다양한 쾌락의 직접적인 생산으로 환원된다. 인간은 교미기라는 동물적인 경계를 뛰어넘었다 ; 그것은 인간이 쾌락-발명의 길에 있다는 것을 보여준다. 많은 감각적 기쁨을 인간은 동물로부터 물려받았다 (공작새에 있어서 색깔 자극, 우는 새에 있어서 노래의 즐거움). 인간은 수고 없는 노동, 놀이, 이성적인 목표 없는 활동을 발명했다. 환상의 자유로운 방황, 불가능한 것은 물론 무의미한 것의 생각은 즐거움을 만든다, 왜냐하면 그것은 의미와 목적이 없는 활동성이기 때문이다. 팔과 다리로 움직이는 것은 예술 충동의 배아(胚芽)Embryo다. 춤은 목적이 없는 움직임이다 ; 권태로부터의 도피는 예술의 어머니다. 모든 갑작스러운 것이 손상시키지 않을 때, 만족스럽다. 유머, 빛나는 것, 강하게 소리 나는 것(빛, 북치는 소음)처럼. 왜냐하면 긴장은 흥분시키면서도 손상하지 않는 것을 통해 해소되기 때문이다. 감정 그 자체는 울음, (공포 이야기에서의) 놀라움, 긴장을 얻으려고 노력한다 : 흥분시키는 모든 것은 즐겁다, 그래서 불쾌는 권태의 반대에서 쾌감으로 느껴진다.

23〔82〕

만약 누군가 인류에게 손상을 주려고 학문을 장려한다면 (— 즉 학문의 촉진과 인류 사이에 아무런 예정된 조화가 존재하지 않는다), 사람들은 그에게 말할 수 있을 것이다 : 네가 너의 인식의 즐거움을 위해 인류를 희생시키려고 한다면, 우리는 너를 보편적인 안녕에 희생시키고자 한다. 여기서 너의 좋은 목적은 수단을 신성시한다. 인류를 실험 때문에 독살하려는 사람은, 우리에 의해 마치 아주 위험한 주체처럼 끈으로 속박될 것이다 ; 우리는 요구한다 : 인류의 복지는 진리를 향한 연구의 영역에서 한계의 관점이어야 한다 (주도하는 사유가 아니다. 그러나 어떤 한계를 긋는 사유다). 물론 그때 종교 심판이 가까이 있다 ; 왜냐하면 모든 사람의 복지는 이단자를 추적한다는 관점이었기 때문이다. 어떤 의미에서는 그래서 종교 재판와-검열은 필요하다. 수단은 당연히 점점 더 인간적으로 될 것이다.

23[83]

오래된 도시, 골목 위의 달빛, 외로운 남자 목소리 — 그것은 마치 과거가 생생하게leibhaft 나타나고 우리에게 말하고자 하는 것처럼 작용한다 — 그것은 삶의 불치, 모든 노력의 목표 없음, 빛의 반짝임 위로, 모든 욕망과 그리움에서 나오는 깊은 행복 : 그것이 주제다.

23[84]

사람은 예술가에게서 계속되는, 바로 가장 고유한 예술가에게는 존재하지 않으나 절반 재생산적인 모방에는 물론 존재하는 즉흥 연주를 과대평가한다. 베토벤은 자신의 멜로디를 많은 작품에서 많은 탐색을 통해 찾는다. 그러나 예술가 자신은 본능적인 것, "신적인 것", 무의식적인 것이 자신 안에서 최고로 평가되고, 자신이 그것에 대해 말할 때 사태를 충실하게 표현하지 않기를 원한다. (마치 예컨대 연극 배우에게서처럼) 환상은 많은 형식을 선택 없이 추진한다, 예술가-취미의 높은 문화는 이러한 탄생 중에 선택에 관계하고 타자를 웅변가적인 유모(乳母)의 엄격함으로 죽인다.

23[85]

우리의 문화의 장점은 비교다. 우리는 오래된 문화의 다양한 산물을 합치고 폄하한다 ; 이것을 좋게 만드는 것이 우리의 과제다. 우리의 힘은 반드시 어떻게 우리가 선택하는지를 증명해야만 한다 ; 우리는 재판관이어야 한다.

23[86]

결론 : "가장 높은 힘의 인간"의 이성과 학문.


23[87]

우리는 자기에게 인정된 법칙을 고려하여 스스로 종속되고 그것에 맞게 행동하는 사람을 도덕적이라고 부른다. 이것이 국가 법이든, 종교적인 계율의 형태에서 신의 목소리든, 단지 스스로의 양심이든, 또는 철학적인 "의무"이든 간에. 누군가 정당하게 또는 부당하게 그러한 법칙을 믿는지는 중요하지 않다 ; 도덕을 위해 그가 법칙에 좌우된다는 것만이 중요하다. — 이기주의의 다른 영역 안에서 높은 것과 낮은 것의 차이다 ; 여기에 보다 높이 순화된 이기주의의 편을 드는 것을 우리는 마찬가지로 도덕적이라고 부른다. — 우리는 도덕적인 행동 방식을 지금도 곧바로 선이라고 부르지는 않는다. 친절은 법칙을 고려하는 것이 아니라 내적인 충동에 따라 기꺼이 동정, 기쁨을 나눔, 희생 등을 보이는 인간에게 주어진다. 따라서 실현에 있어 쾌락과 결합된, 마치 오랜 상속과 습관 이후에 일어나는 것과 같이, 도덕성은 본능이 된다 : 이것은 우리에게 있어 선한 것이다.


23[88]

사람은 감형의 이유에 대해 말한다 : 그것은 반드시 죄를 줄여야 하며 그 후에 처벌을 보다 줄이는 결과를 가져온다. 그러나 사람은 죄의 태생을 다룬다. 그래서 점점 죄를 줄인다, 그리고 나면 전혀 아무런 처벌도 할 필요가 없게 된다. 왜냐하면 근본적으로, 정말 의지의 부자유에 있어 아무런 죄도 없기 때문이다. 만약 사람이 처벌을 놀라움으로 간주한다면, 죄의 발생과 관계있는 어떠한 감형의 이유도 있어서는 안 된다. 만약 행위가 확인된다면, 가차 없이 처벌이 따른다 ; 사람은 모든 이의 안녕을 위한 수단이다. 또한 기독교는 말한다 : 심판하지 말라! 당연히 인간적인 단점을 고려한다. 예수 : "신이 심판하도록 하라". 이것은 그러나 하나의 오류다.

23[89]

철학자들은, 특히 자신들이 삶의 끔찍한 것이나 무용한 것을 통찰했음에도 불구하고 자살을 택하지 않는 것을 통해 삶에의 의지를 증명했다고 본다 ─ 그러나 그들의 삶의 기술(記述)도 틀릴 수 있을 것이다! ─

23[90]

지금 인식 능력에 대한 비판의 물음에 대답될 수 있는 것처럼, 조사는 매우 어렵고, 사유의 검증이 매우 미묘하여, 그것의 결과는 지금까지의 종교, 예술, 도덕의 결과와 전혀 무관하다. 이것은 그러한 과학적인 절차 덕분이 아니라 기껏해야 비과학적인 절차 덕분이다. 절차에 대한 욕구는 "진리를 위한" 모든 결과 없는 가정의 실재다.

23[91]

이야기라는 좋은 예술 작품은 마치 식물이 자라듯이 전개되어, 점점 명료하게 스스로를 예시하며, 드디어 결국 새롭고 더구나 개화를 예감하며 피는 주요 동기가 된다. 소설가의 예술은 특히 주제를 전주곡으로 연주하게 하고, 그것을 상징적으로 여러 번 선취하며, 사람들로 하여금 천둥의 출현을 예감하고 주 멜로디의 인접 음을 울리게 하는, 그리고 모든 방식으로 마치 독자가 수수께끼를 맞혀야 하는 것처럼 독자의 발명 능력을 자극하는 기분을 준비하는 것이다 ; 수수께끼는 독자를 그대로 더욱 놀라게 하는 것으로써 풀린다. — 마치 소년이 놀이를 하듯이 남자는 노동을 하게 되고, 학교의 일은 정치적으로 중요한 사건에 대하여 모든 장사하는 사람이 확실히 분명하게 인식하게 한다. — 아마도 철학 또한 사람이 본래의 주장을 처음으로, 최종적으로, 그리고 더욱이 엄청나게 강조하여 내세우는 정도로 표현될 수 있다.

23[92]

작은 재능을 갖고 높게 행복하게 할 수 있는 것은 위대함의 표시다.

23[93]

위대한 인간의 철학은 일반적으로 착상이 이루어진 나이에 상응한다. 그래서 쇼펜하우어의 20년을 친밀하게 아는 사람에게 쇼펜하우어의 모든 철학은 형식적으로 산출되고, 예언될 수 있다.

23[94]

상황, 동아리, 부모, 형제자매, 시간과 장소의 사건들을 통해 모든 사람은 교육된다 : 그러나 이것은 모든 우연의 교육이며 다양하게 그를 정말로 불행하게 발전시키는 데 적합하다. 이러한 우연을 통한 교육을 그러나 인류는 아직 완전히 벗어나지 못했다 : 신이 인류의 교육을 떠맡았고 우리는 그의 길을 완전히 파악할 수 없다는, 레싱의 날카로운 정신마저 무뎌지게 한 형이상학적인 표상을 통해 방해된다. 이제부터 교육은 전 세계를 목표로 두고 우연 자체를 국민의 운명에서 배제해야 한다 : — 과제는 완전히 새로운 종류의 교육자다, 새로운 형태가 의사, 교사, 사제, 자연과학자, 고대 문화의 예술가에게 ― ― ― 중요하다.


23[95]

고대 시인의 사려 깊음은 그들이 감정을 한 단계에서 다른 단계로 올리고 그것을 매우 높이 상승시켰다는 점에서 드러난다. 개혁자들은 그것을 기꺼이 기습적으로 시도한다 ; 또는 : 그들은 동시에 모든 힘을 다해 열정의 종에 매달린 줄을 당긴다. 그러나 그것이 처음에 실패한다면, 그들은 또한 잃게 된다. 좋은 책은 반드시 전체로서, 지각의 사다리와 같아야 한다, 그것은 단지 한 측면에서 하나의 접근을 가져야 한다. 만약 독자가 자신의 힘으로 자신의 길을 만드는 것을 시도했다면 그는 스스로 혼란스럽게 느껴야만 할 것이다. 모든 좋은 책은 스스로 그와 같이 보호되어야 할 것이다 ; 누가 기꺼이, 자기가 처음에 이해하지 못한 낱말을 실로 꿴 밧줄을 뒤에 질질 끌겠는가? 비유로 말하면 : 사람들이 칼데론[6]의 단호한 왕자를 슐레겔의 번역으로 읽을 때, 나에게는 그러하다 : 나는 나의 밧줄을 오랫동안 당겼다. 그리고 밧줄을 결국 불쾌하게 풀어내고, 하나의 새로운 시도를 하고, 다시 모든 단어의 색깔을 내 뒤에서 당긴다. 그러나 드물게, 설명하는 구원하는 낱말이 다가온다 : 마치 모든 기호가 창백하게 되고 하나가 여럿을 의미할 수 있는 그림에서처럼 고통, 불쾌.

23〔96〕

도덕가들의 오류는 그들이 도덕적인 것을 설명하기 위해 이기적이고 비이기적인 것을 마치 비도덕적이고 도덕적인 것처럼 서로 대립시키는 것에 있다. 즉 그들이 도덕적인 발전의 최종 목적의 출발점을 우리의 현재의 감각으로 잡는 것에 있다. 그러나 이러한 발전의 마지막 단계는 수많은 단계를 통해, 철학과 형이상학의 유입을 통해, 기독교에 의해 조건 지어지며, 도덕적인 것의 근원을 설명하는 데 철저히 이용되지 않는다. 게다가 비이기적인 행위가 우리에게 익숙한 개념이라는 것, 그러나 실제적인 사실이 결코 아니고 단지 그럴듯한 사실이라는 것이 가능하다 ; 동정의 도입은 예를 들어 아마도 이기주의로 환원된다. 마찬가지로 그것은 마치 그 어떤 악의 행위도 그 자체로서는, 개인적인 원인 등이 없이는 해로운 것의 행위가 없는 것과 같다. 도덕적인 것의 영역은 무엇보다도 인륜적인 것의 영역이었다. 그러나 사람들은, 철저히 모든 시대에 비이기적인 행위의 인륜, 동정 같은 것을 가졌던 사람이 아니라, 오히려 대개 인륜을 따랐던 사람을 "선한 인간"이라고 일컫는다. 그에게 인륜이 없는 (비인륜적인) 사람이 대립된다.

23〔97〕

이웃과의 공감은 문화의 나중의 결과다 : 다른 사람을 마치 우리 자신처럼 공감하기 위해 얼마나 넓게 판타지가 발전되어야 했는가

(처음에는 우리는 우리의 본래의 현재에 있지 않은 고통과 기쁨을 기억을 통해 공감하고 마치 현재처럼 느끼게 된다). 만약 예술이 우리에게 동정 자체가 비현실적인 인간의 상상된 감각과 관계한다는 것을 가르칠 때, 예술은 틀림없이 많은 관심을 갖는다.

5

23[98]

학문적인 책에 대한 좋은 논평의 본질은 제기된 그런 문제가 더 잘 해결되는 것에 있다 ; 이에 상응한다면, 예술 작품의 비판의 본질은 누군가가 예술 작품에 표현된 동기를 더 표현하는 것, 예를 들어 10 다른 사람이 자신의 주제로 충분하게 만들지 못했다는 것을 음악가가 행위를 통해 보여주는 것에 있을 것이다 ; 조각가, 소설가도 마찬가지다. 모든 좋은 비판은 개선이다 ; 그 때문에 개선-가능은 비평가를 위한 불가결한 조건이다. ― 그러나 이제 사람들은 예술과 철학에 대한 일반적인 비평가를 본다! 그들은 말한다 : "우리의 마음 15 에 들지 않는다" ; 그러나 그들은 자신들의 취미가 보다 더 발전되고 높이 있다는 것을, 행위를 통해서가 아니라면 무엇을 통해 증명하고자 하는가?

23[99]

20 사람은 예감에 대해 말한다, 마치 예를 들어 종교가 어떤 인식을, 비록 어둡지만 미리 느낀 것처럼. 종교와 학문 간에 그와 같은 관계는 존재하지 않는다. 사람이 예감이라고 일컫는 것은 과학적인 동기보다 다른 동기에 의해 제기되었다. 아주 다른 방법에 의해 근거 지어졌지만 일찍이 얼치기 학식에 의해서는 아니다. 어떤 사람이

그것을 사람과 닮았다고 볼 때 그것은 우연적이다. 모든 종교는 함께 어떤 공통된 "진리"를 어둡게 포함해야 한다. 사람은 자기가 종교적인 환상을 자기 편에 가져온다면 그로써 철학에 어떤 유리한 것을 말하는 거라고 믿는다 : 그러나 그것은 전도되었다. 학문과 종교는 결과에 있어서 서로 전혀 유사하지 않다고 볼 수 있을 것이다.

23[100]

같은 시간에, 가장 다양한 문화 단계의 인간들이, 스스로 고도로 발전된 나라에서 서로 계속 생존한다. 독일과 스위스에는 종교 개혁에 의해 영혼을 지배하던 모든 것이 아직도 어딘가에 남아 있다. 수천 년 뒤쪽으로 방랑하는 것과 이 시대의 사람에게 말하는 것은 가능하다. 물론, (괴테처럼) 매우 부유하게 발전된 인간은 위대한 시대를, 온 세기를 앞서 자신의 본성의 다른 단계를 산다.

23[101]

예술가는 열정의 변호인이다. 왜냐하면 열정은 모든 효과로써 예술가에게 자신의 예술을 보여줄 기회를 열 배 더 주기 때문이다. 그래서 가상은 마치 열정이 훌륭한 것, 욕구할 가치가 있는 것이 되는 것처럼 탄생한다. 왜냐하면 시인은 가장 아름다운 단어를 입으로 말하기 때문이다 ; 그러나 원래 시인은 열정을 찬양한다, 왜냐하면 그들 대부분 스스로 찬양받고자 하기 때문이다. 부분적으로 시인은 또한 마찬가지로 열정적인 경향을 갖고 그리고 그러는 한 열정의 변호인이다. 그러나 이제 시인은 세계에서 존경할 만한 가치를 일반적으로 확인하고, 사물의 타고난 찬사를 말하는 사람이다 — 시인은 열정에 대한 사람의 위치를 실제로 변화시켰다, 즉 열정들 자체를 섬세하게 하고 세련되게 했다 : 즉 사랑이다. 그것은 시인의 공로다.

23[102]
스탈 부인 : 통찰의 시대는 황금 시대와 마찬가지로 무죄다.

23[103]
정신적 해방을 위한 양심의 가책의 가치. ― 세계에서 정신적인 자유의 증가를 위해 양심의 가책이 본질적으로 기여했음은 의심의 여지가 없다. 그것은 자주, 기존의 행위의 원인에 매우 고통스럽게 작용하는 표상에 대한 비판을 선동한다 ; 그리고 사람들은 그것이 자신들이 사는 사회 내부의 관습과 일반적인 생각과 별다른 것이 아니라는 것을 발견했다. 만약 사람들이 이 두 가지에서 벗어날 수 있었다면, 또한 양심의 가책도 사라졌을 것이다.

23[104]
예술가는 가장 행복한 사람일 수 있다. 왜냐하면 그에게 완벽한 것을 전체로서 생각하는 것이 허락되었기 때문이다. 그리고 타자가 항상 단지 전체의 작은 부분에서 일하는 한, 더욱 자주 그렇다. 그러나 예술가는 완벽한 것, 전체를 조망함으로써 사치스럽게 되고 아니면 사치스럽기를 요구한다, 그들은 보다 높은 요구를 하고, 시기심을 갖고 있고, 스스로를 지배하는 데 익숙하지 않고, 판단에서는 거만하다 ; 그리고 때때로 그들의 창조에는 즐기고 칭찬하는 수

용자가 부족하다.

23〔105〕

**파토스는 예술 안에 속한다.** ― 누군가 자신의 삶을 아주 너무 비장하게 다루고 "골고다"와 "겟세마네"에 대하여 말하는 것을 듣게 될 때, 그 어떤 사람이 독살스럽게 되지 않고 내적으로 격분하지 않겠는가! ― 우리는 비장한 것을 단지 예술에서만 소화한다 ; 살아 있는 사람은 반드시 소박해야 하며 너무 시끄러워서는 안 된다.

23〔106〕

다른 사람이 원하는 것을, 우리 때문이 아니라 그 자신 때문에 소망하는 것은 친구를 만든다고 아리스토텔레스는 말한다. 여기서 비이기적인 행동이 기술되었다 ; 만약 우리가 어떤 개인에 대해 지속적으로 그러한 상태에 있다면, 이것은 우정이다. 도덕성에 대한 현재의 일상적인 파악에 따르면, 친구 관계가 존재하는 가장 도덕적인 것이다.

23〔107〕

사람은 오랫동안 반드시 형이상학적인 분위기에서 살아야만 했다, 그것이 얼마나 편하게 냉정한 아침의 신선함에서 모든 사물을 보고 맑은 공기에서 깊은 숨을 만드는지를 단지 경험하기 위해서.

23〔108〕

**올바르게 읽기.** ― 예술을 올바르게 읽는 것은 매우 드물어서, 거의 누구나 문서, 법, 계약을 비로소 해석되게 해야만 한다 ; 특히 계속하여 연단에서 아래로 성경을 가장 절망적인 설명의 기술로 괴롭히고 그와 같이 인위적으로 억지를 늘어놓는 방식에 대한 광범위하고 넓은 존경심을 일깨우고, 뿐만 아니라 더구나 그와 같은 것의 모방을 일깨우는 기독교의 설교자를 통해 많이 파멸되었다.

23〔109〕

도딕이 일반적인 유용함과 해로움의 관점으로 환원된다면, 행위의 도덕적인 것이 개인의 의도에 따라서가 아니라 행위와 그것의 성공에 따라서 측정되는 것이 당연한 귀결이다. 영혼의 분할과 신장(腎臟) 검사는 절대로 유용함과 해로움에 달려 있지 않고 윤리의 견해에 속한다. 사람은 행위를 요구하고, 동기에 대해 그렇게 초조하게 염려하지 않는다. (게다가 동기의 관련이 사람이 행위에 대한 모든 심리학적인 분석에서 항상 어떤 것을 실수하지 않는 것보다 훨씬 크다).

23〔110〕

정신적인 과도(過渡) 분위기. — 우리는 많은 표상으로부터 해방되었다 — 신, 영생, 보복하는 이승과 저승의 정의, 원죄, 구세주, 구원의 필요성 — ; 일종의 과도기적 질병은 빈 자리에 대한 대체를 요구한다, 피부는 혹한 때문에 몸서리친다. 왜냐하면 그것은 과거에는 혹한 중에 옷을 입고 있었기 때문이다. 그때 동시에 과도 분위기를 표현하는 철학자가 신선한 고지의 공기를 아직 직접적으로 견디지 못하는 사람을 위해 존재한다. — 얼마나 그리스의 사이비 철학자 종교가 과도 분위기로서 봉사하는지를 비교하라 : 고대 폴리스와 그것의 형성은 아직도 그들 안에서 계속 작용하고 있다 : 그러나 무엇 때문에 넘어가야만 되었나? — 그것은 물론 파악되지 않았다. 또는 그것은 완전한 자유 정신, 소피스트였는가?

23〔111〕

누가 (의복, 인류, 법률 개념, 방언, 문학 형태 등에서) 상실한 민족성을 탄식할 때, 더 이상 거기에 귀 기울이지 말아야 한다. 어떠한 희생을 치르더라도 사람은 물론 초-국가적인 것, 인류의 보편적인 목적, 근본적인 인식, 토속적인 것이 아닌 지나간 것에 대한 이해와 향유를 위해 고양된다. — 요약하면 이로써 사람은 바로 야만인이 되는 것을 멈춘다.

23〔112〕

숭고한 것은 지친 사람에게 자극제와 후추로서 작용한다, 아름다운 것은 흥분된 사람을 진정시켜준다 — 그것은 주요 차이다. 흥분된 사람은 숭고한 것 앞에서 부끄러워한다, 지친 사람은 아름다운 것에 지루해한다. 게다가 숭고한 것은, 그것이 아름다운 것으로부터 분리될 때, 혐오스러운 것(즉 모든 아름답지-않은 것)과 동일하다 ; 그리고 마치 아름다운 영혼의 예술이 존재하는 것처럼, 또한 추한 영혼의 예술이 있다.

23〔113〕

자기 경멸. — 사람이 죄인, 참회자 그리고 성자에게서 느끼는 그러한 자기 검사와 자기 경멸에의 강렬한 경향은 자주 그들의 삶의 의지(또는 신경)의 일반적인 피로로 환원된다. 그것에 반대하여 그들은 또한 가장 고통스러운 자극제를 사용한다.

5    23〔114〕

만약 사람이 어떻게 위대한 철학의 오류들이 일반적으로 일정한 인간의 행위와 지각에 대한 잘못된 설명에서 출발하는지, 얼마나 잘못된 분석에 근거하여, 예를 들어 이른바 비이기적인 행위에 잘못된 윤리가 세워지는지를 고려한다면, 그리고 그것이 마음에 들어
10   종교와 신화적인 비존재를 이용하여 드디어 다시 이러한 우울한 유령의 그림자가 또한 물리학과 모든 세계 고찰에 떨어지게 된다는 것을 고려한다면 : 이 모든 것을 고려한다면, 사람은 심리학적인 관찰의 일반적인 과소평가가 얼마나 부당한지를 통찰한다 : 반면에 마찬가지로 심리학적인 관찰의 피상성, 따라서 그러한 과소평가의
15   결과는 인간적인 사유와 판단에 위험한 함정을 놓았고 계속하여 새로 놓고 있다. 어디서 이러한 부주의가 오는가? 그것은 혹시 사회의, 남성과 여성의 공허하고 허영심을 지닌 천민에게 그러한 언급이 성공하기 때문인가? 혹은 사람들이 그때 일정한 시간에 재치가 풍부한 인기 전술의 사육제에서 도덕적인 명제들을 일종의 사탕
20   Konfetti처럼 던지곤 했기 때문인가? ― 그러나 엄격하게 숙고하는 사상가가 언젠가 그러한 범위에서도 발견된, 동일한 심리학적 명제를 발언하고 그것에 그의 권위의 인상과 머릿속의 형상Kopfbild을 줄 때, 구별은 정말로 특별하다. 아마도 이제 미래의 모든 철학함을 위한 예비 작업으로서, 심리학적 작업이라는 돌 위에 돌을, 작은 돌

위에 작은 돌을 쌓고 이러한 종류의 작업에 대한 경멸에 용감하게 맞서 싸우는 것만큼 필요한 것은 없다. 그러한 소재 덕분에 후대가 어떤 발견에 이르게 되는가! — 왜냐하면, 여기서는 처음부터 종교의 보존과 (그가 새로운 노동을 할당하고자 했던) 신학의 존속이 목적이어서, 슐라이어마허가 자신의 제자들에게 종교적 의식에 대한 심리학적 사실을 조사하라고 요구한 영역으로부터 물론 그러한 부정직한 정신은 멀리 떨어져 있어야 하기 때문이다. — 자연에 아무런 목적이 없고 그럼에도 불구하고 자연이 최고의 합목적성의 사물을 만드는 것처럼, 또한 진정한 학문 역시 목적(인간의 유용과 복지) 없이 작업하게 될 것이며, 오히려 자연의 한 부분이 될 것이다. 즉 합목적적인 것(유용한 것)을 도처에서, 그것을 원하지 않아도, 성취하게 될 것이다.

23〔115〕

근원 모국어Urmuttersprache에서 두드러지는 인도게르만 언어의 특징에서 사람은 잃어버린 언어의 남아 있는, 인도게르만 유목민에 의해 습격받고 패배하게 되었던 원래 민족이 가졌던 흔적을 인식해야만 한다 : 그리고 그렇게 정복자의 언어는 반드시 승리하게 되고 피지배자로 이행한다. 아마도 오랜 습관은 억양과 같은 것에 아직도 머무르고 있으며, 새롭게 습득한 언어로 이행했다.

23〔116〕

결과에 대한 감사(感謝). — 많은 형이상학적이고 역사적인 가정은 단지 그 때문에 매우 강하게 변호되었다, 왜냐하면 사람은 그것의 결과에 대해 감사할 수 있기 때문이다.


23〔117〕

　자연의 향유 ─ 자연의 향유에 대한 비판에서 절대로 미적인 흥분
으로 환원될 수 없는 많은 것이 추출된다. 예를 들어 높은 산에 올
랐을 때 옅고 가벼운 공기의 작용, 정복된 어려움의 의식, 휴식, 지
리학적인 관심, 다른 사람이 아름답다고 발견했던 것과 같은 것을
아름답다고 발견하는 의도는 언젠가 이야기할 선취된 향유다.


23〔118〕

　가장조 심포니의 알레그레토의 부주제에, 여름 저녁 들장미 울타
리에서의 몇 분처럼 삶이 매우 편하게 흘러가는 자리가 있다.


23〔119〕

　희망은 삶의 추락하는 급격한 개울 위의 무지개다. 백 번 거품에
삼켜지고 항상 새롭게 합쳐지면서, 그리고 부드럽고 아름다운 대범
함으로 무지개를 넘어서는 그곳에 개울이 가장 거칠고 위험하게 돌
진한다.


23〔120〕

　만약 우리가 얕고 즐겁고 웃음을 찾는 여성 또한 과소평가하지
않는다면, 그녀는 그때 명랑해진다. 세계에 너무 많은 진지함이 있
다. 또한 이러한 영역에서 기만은 그들의 꿀을 갖는다. ─ 여성이
보다 대담해지고 내용이 풍부해진다면, 세계에는 무해한 어리석음

을 위한 확실한 장소가 더 이상 전혀 없다. 정사(情事)는 현존재의 무해함 아래에 속한다.


23〔121〕

소크라테스적인 방법. — 소크라테스는 옳다 : 사람은 에로스에 완전히 종속되지 않기 위해서, 스스로 덜 예쁜 여자를 받아들여야 한다.


23〔122〕

누군가 출판에 익숙하다면, 그는 자신의 아마 완전히 밝은 사유를 분석하여, 사유는 묵직하고 어둡게 된다. 그래서 칸트 자신은 출판에 대해 학자의 방식으로 (물론 더욱이 학자적인 의무로 간주되는 전통적인 판단에서) 그러한 장황한 종류의 전달을 선택하게 되었다. 그것은 그에게 두 배로 안타깝다. 왜냐하면 그에게는 (그의 학자적인 의무 때문에) 항상 시간이 부족했기 때문이다 : 그는 쓰는 동안에 가끔 다시 처음의 그의 사유의 범위에서 생각해야 했던 것이다. 만약 그가 가장 짧은 형태로, 흄의 방식으로, 그가 글쓰기 전에 (아마도 산책할 때) 스스로 확증했던 것을 전달하는 것에 만족했다면, 지금도 계속되는, 칸트에 대한 올바른 이해를 둘러싼 모든 싸움은 불필요했을 것이다.


23〔123〕

조기의 능변은 모든 사유를 곧바로 작용하는 사용을 위해 연마하기 때문에, 쉽게 심도 깊은 파악의 장애가 되고, 결국 자기 자신에

대한 근본적인 자성의 장애가 된다. — 그 때문에 민주적인 국가에
서는 능변을 학교가 관리한다. —

23[124]

노련한 인간은 마지못해 자기가 언젠가 매우 사랑했던 지방과 사
람으로 되돌아간다. 행복과 이별은 그들의 종말에 결합되어야 한다
: 그때 사람은 보물을 계속 나르게 된다.

23[125]

쇼펜하우어가 현상의 세계에 대해, 그것이 그러한 글의 특징에서
사물 자체의 본질을 인식하는 것을 준다고 말하는 동안에, 더 엄격
한 논리학자는 무조건적인 것, 형이상학적 세계와 알려진 세계 간
의 모든 관계를 부인했다 : 그래서 현상에는 마찬가지로 철저히 물
자체가 나타나지 않는다. 내가 보기에 양쪽 편이 간과한 것은, 지성
에 대한 다양한 오류의 근본 이해가 있다는 것이다. 근본 이해는 물
자체와 현상이 완전히 충족될 수 없는 대립에 서 있는 것처럼 나타
나는 근거를 간과했다 : 우리는 현상을 마찬가지로 오류로 휘감았
고, 현상은 당연히 오류와 짜여 있어서, 아무도 현상 세계를 오류로
부터 분리하여 생각할 수 없다. 그러므로 : 지성의 악한, 처음부터
상속된 비논리적인 습관은 비로소 물자체와 현상 간의 모든 균열을
열어젖혔다 ; 이러한 균열은 오직 우리의 지성과 지성의 오류가 존
재할 때에만 존재한다. 쇼펜하우어는 다시 — 즉 지적인 오류에서
나온, 그리고 세계에 대한 우리에게 상속된 표상인 — 현상계와 우
리 세계의 특징 있는 성격을 함께 묶었다. 그리고 지성을 유죄자로

고발하는 대신에, 사물의 본질을 이러한 사실적인 세계 특징으로 고발했다. ― 두 이해와 함께 사유의 발생 역사는 결정적인 방식으로 끝나게 된다 : 그것의 결과는 아마도 이러한 문장을 가져올 필요가 있다 : 우리가 지금 세계라고 명명하는 것은, 유기적인 존재의 모든 발전에서 점차적으로 발생하고, 서로 자라고, 우리에게 모든 과거가 이제 집적된 보물로서 상속된, 많은 오류의 결과다. 표상으로서의 이러한 세계에서 엄격한 학문은, 매우 오래된 습관의 폭력을 깰 수 없는 한, 실제로 우리를 단지 미미한 정도로만 벗어나게 할 수 있다 : 그러나 그것은 표상으로서의 이 세계의 발생의 역사를 해명할 수 있다.

23[126]

독일에서 지금처럼 그렇게 많이 철학화되었던 적은 결코 없었다는 것은 옳다 : 독일의 정신Köpfe에 대해 헤겔이 최고의 폭력을 행사한 시대조차 그렇게 많은 철학적인 저서가 출판된 지난 15년에 근접하지 못한다. 그러나 내가 혼동하는가? 또는 이러한 표시에 큰 위험이 있다는 것을 추측할 권리가 내게 있는가? 지금 잔존하는 철학의 종류는, 정확하고 엄격한 방법적인 연구에 대해 손을 내젓는 혐오의 징후로서 나타나는 정도다. 그것은 철학적인, 지금은 거의 모든 이해를 위해 알기 쉽게 된 이념-공Ideen-Fangballe의, 만족스러운, 상황에 따른 재치 있는 던짐이다 ; 그러한 놀이는 학문의 어렵고 개별적인 문제의 권태로운 궁리보다 더 낫고, 사실 사회적이고 공적인 효과를 위한 어떤 완성을 준다. ― 나는 내가 혼동한 것이길 원했다.

23〔127〕

위험의 자극에 대해 말하는 사람은 공포의 감정 자체의 쾌감을
안다.


23〔128〕

식민지의 여자들. ─ 미국인이 여자에게 표명하는 존경과 얌전함
은 이것이 소수에게 중요했던 그러한 시대로부터 상속되었다 : 그
것은 식민국의 특징이다. 그리스인에게 많은 것은 여기에서 스스로
해명된다. 예외 경우 : 식민주의자가 많은 여자와 관계하는 곳에서,
일반적으로 여성에 대한 평가의 하락이 발생한다.


23〔129〕

이전의 문화 단계가 좋아한, 많은 말과 잘못된 미사여구 없이 먹
고 마시는 것 등과 같은 현존재의 자연성은 간단히 폐기되어버린
다. 문화 단계에 사회성과 결혼도 속한다 ; 그러한 모든 사물에, 다
른 시대가 그것에 두었던 강한 강조가 더 이상 해당되지 않는다.
"무형식"이길 좋아하는 선은 외관상 덜 아름답다. 종교적인 외관은
이러한 사물에게 양보되었고 그것과 함께 많은 "시학"이 양보되었
다. 그럼에도 불구하고 이러한 손해는 충분히 보상되었다, 무엇보
다도 많은 힘이 절약되었고, 시간이 절약되었다 (마치 우리의 옷처
럼). 그리고 모든 감각은 이러한 외적인 것에 달려 있지 않다. 그것
을 어떠한 것에서 대가적인 것으로 이루려는 누군가는 그의 목적을
통해 고귀한 방식으로 되고자 일어선다. ─ 우리가 예술 안에서 정
신화를 통해 많은 추한 것을 예술의 영역으로 넘긴 것과 같이, 또한

삶에서도 그러하다 ; 사람은 무엇이 이 안에서 첫눈에 아름답지 않은 삶의 형태를 맥박 뛰게 하는지를, 어떤 보다 새롭고 높은 폭력을 느껴야 한다. 그때 눈앞에 보다 높은 아름다움이 열린다.

23〔130〕

문제를 날카롭게 하고 해결할 수 없는 것으로 주장하는 것은, 사람이 기적을 새로운 해결로 보는 것이 아니라면, 예를 들어 연극 배우의 본질을 자기 실망과 형식적인 변화에서 볼 수 있는 것처럼, 형이상학적 철학함의 단일성에 속한다 : 반면 본래의 문제는 그래도 어떤 기만의 수단을 통해 연극 배우가 그가 변화된 것처럼 그렇게 보이도록 하는 것이다.

23〔131〕

음악가에게 있어 사유하는 정신은 일반적으로 신선하다, 그들은 학식 있는 사람보다 더 자주 재치가 있다 ; 왜냐하면 그들은 그들의 예술의 실행에서 반성적인 사유에 거의 완전한 휴식을, 일종의 수면을 제공하는 수단을 갖기 때문이다 ; 그 때문에 음악가가 음악을 만드는 것을 그만둘 때, 수단은 매우 즐겁고 아침처럼 신선하게 일어난다. ─ 사람은 가끔 그것에 실망하게 된다, 왜냐하면 여러 가지로 음악의 교육은 너무 적기 때문이고, 예술가는 자신이 정신을 보일 수 있는 충분한 재료를 갖지 않기 때문이다. 마찬가지로 그것은 여성의 사유하는 정신과 관계돼 있다.

23〔132〕

　독일어로 문장을 형성하는 사람은 그것이 끝에 날카롭고 엄밀하
게 연마되지 않고 조동사가 나중에 마치 파편과 덜거덩거리는 소리
처럼 구르는 돌을 받친다는 어려움을 갖는다. ― 심지어 가장 섬세
한 머리도 그가 이러한 영역에서 스스로 경쟁할 때 문장-연마의 기
술을 적당하게 존중하는 능력이 없다. 사람은 그것을 이러한 실천
적인 가르침 없이 사람이 성공된 것을 충분히 날카롭지 않게 감지
하는 것보다 더 쉬운 것으로 간주한다 ; 그 때문에 독자는 문장에서
보석의 일반적인 관찰자와 마찬가지로 비교적 적은 즐거움을 누린
다. 이제 경쟁심에서 사람은 좋은 것을 알게 된다 : 그래서 사람은
반드시 인식의 쾌락을 위해 적어도 학문, 예술을 실제로 실행해야
만 했다, 그리고 아마도 단편 소설을, 철학적인 고찰을, 때때로 담
화를 완성해야만 했다 ; ― 자신의 고유한 경험에 대한 숙고를 통해
사람은 그래서 또한 유사한 것을, 이러한 경험에 인접한 영역을 파
악한다 ― 그리고 최선의 쾌감의 많은 것에 접근하게 된다.

23〔133〕

　사람들이 위대한 남자를 너무 위대하게, 그리고 세계의 사물을 너
무 깊이 있게 여길 때, 사람들은 역시 부당하다. 삶에 가장 심오한
의미를 부여하는 사람은 세계를 우화로 짠다 ; 우리 모두는 아직 깊
이 관여하고, 그렇게 우리가 자유롭게 여겨지기를 원한다. 고대로
부터 타고난, 거리(距離)를 과장하고, 생각을 강하게 지니고, 반짝
이는 것을 그럴듯한 것으로 간주하는 강한 경향이 있다. 힘은 우선
이러한 너무 날카로운 강조에서 나타난다 ; 그러나 절제에서 힘은

더 상위의 것이다, 정의는 헌신과 사랑보다 더 어렵다. — 만약 어떤 살인자가 자신의 행위의 악을 인정하지 않으려 하고 모든 세계가 악이라 부르는 것을 선한 것으로 명명하는 것을 자신의 권리로 여긴다면, 그는 인간의 발전에서 벗어나게 된다 : 우리는 이런 그를 옳다고 인정해주어야 하는가? 누군가 이른바 나쁜 행동을 재래의 판단과 책임감 설정으로부터의 해방을 통해 정당화했다면, 우리는 다음과 같이 말해도 좋은가? : "단지 순수 이론적으로 그는 어떤 것을 설정할 수 있다, 그러나 실천적으로는 그것에 따라 행동해서는 안 된다"라고. 또는 : "사상가로서 그는 옳다, 그러나 그는 악을 행해서는 안 된다"라고. 개인은 자신의 과거로부터 어느 정도나 해방될 수 있는가? 그 정도만큼은 가능한가? 그리고 이러한 과거에서 잘못된 판단, 고려가 조야한 유용성에 영향을 주었다는 것이 언제 통찰되는가? 선한 것을 둘러싼 후광, 악한 것을 둘러싼 유황빛은 그때 사라지는가? 그가 진리를 이러한 판단에 대립시킬 수 있으니, 결혼과 동료의 불명예로부터 떼어낸 가장 강한 동기는 언제 더 이상 작용하지 않게 되는가?

23[134]

왜 사람은 민족의, 혁명의, 정치적인 당의 모든 역사를 창작하지 않는가? 왜 소설 작가는 역사가와 경쟁하지 않는가? 여기에서 나는 창작 예술의 미래를 본다.

23[135]

일찍이 사람들은 정의하기를 좋아했는데, 왜냐하면 모든 단어와 개념에는, 필요할 때 꺼내어내기만 하면 되는, 빈사(賓辭)의 총합이 내재해 있다고 믿었기 때문이다. 그러나 단어에는 단지 사물에 대한 매우 불안한 암시가 숨어 있을 뿐이다 : 사람은 자신이 단어에서 이해했다고 알고자 하는 것을 말하기 위해 오직 이성적인 방식으로만 정의한다. 그리고 모든 사람에게 단어의 의미를 새로 제한하도록 맡겨버린다 : 그것은 구속력은 없다.

23〔136〕

　교육자의 학교는 다음과 같은 통찰의 토대 위에 생성된다 : 우리의 교육자 자신들이 교육되지 않았다는 것, 그들에 대한 욕구는 점점 더 커졌고, 그들의 질은 점점 더 나빠졌다는 것, 학문은 개별자에게서 노동 영역의 자연적인 분업을 통해 야만을 전혀 막을 수 없다는 것, 국가적 관심이 간과한, 온 인간의 정신적인 복지를 숙고하는 문화의 법정이 존재하지 않는다는 것 : 교육의 국제부.

23〔137〕

　하나의 진술은 그 자체로서 존립할 때 손해가 된다 ; 이에 반해 책에서는 진술이 주위에서, 사람이 스스로 일어서는 도약판을 갖는다. 사람은 반드시 덜 중요한 사상으로 중요한 사상을 둘러싼다는 것, 사유를 덜 중요한 사상으로 감싼다는 것, 즉 보석을 보다 덜한 가치의 천으로 싼다는 것을 이해해야 한다. 진술의 뒤를 서로 따른다면, 사람은 자기도 모르게 하나를 다른 것의 테두리로 잡고, 이것을 다른 것을 강조하기 위해 되민다. 즉 사람은 스스로 책의 대용물을 만든다.

23〔138〕

  예술은 점점 더 정신이 충만해지기 때문에, 후대의 대가는 앞 시대의 예술 작품이 자기에게 걸맞지 않다고 말하며, 이것은 다음과 같은 것을 야기한다. 즉, 그들로 하여금 어떤 것을 보충하게 하고, 그리고 단지 그 당시의 대가들에게는 기술적인 조건이 부족했을 뿐이라고 믿게 하는 것을 야기한다. 그래서 바그너는 만약 악기가 더 좋았더라면 베토벤이 더 낫게, 즉 정신이 충만하게 연주했을 것이라고 생각한다 ; 특히 그러나 속도의 변화에서, 그는 기존의 모든 사람처럼, 단지 표현에 있어서 불충분했을 뿐이라고 생각한다. 실제로 영혼은 그러나 아직 그렇게 부드럽게 감동을 주지 않는다, 그렇게 모든 순간에 생동감이 있을 수 없었다. 모든 오래된 예술은 경직되고 뻣뻣했다 ; 우리처럼 그리스에서. 수학, 대칭, 엄격한 박자가 지배했다. ― 사람은 현대의 음악가들에게 오래된 작품을 더 생기 있게 만드는 권리를 주어야 하는가? ― 그렇다 ; 왜냐하면 단지 우리가 그들에게 우리의 영혼을 줌으로써 그들은 계속 살기 때문이다. 극적인 영혼이 가득한 음악을 아는 사람은, 부지불식간에 바흐를 완전히 다르게 연주하게 된다. 만약 그가 바흐를 다르게 연주하는 것을 듣는다면 그는 바흐를 더 이상 이해하지 못한다. 역사적인 연주는 도대체 가능한가?

23〔139〕

  인도게르만 언어의 발명자는 아마도 가장 높은 계급에 속했고 현존하는 미미한 언어를 사용했을 것이다. 높은 철학적 · 시적 교육은 그 언어로 이루어졌고 하나의 상응하는 언어를 만들었다 ; 이것은

의식적인 예술 작품이다 ; 음악적이고 시적인 천재는 그 언어에 속
했다. 그러고 나서 그것은 하나의 시인과 현자의 언어가 되었고, 나
중에 다음 계급으로 확대되었고, 전쟁 민족과 함께 방랑했다. 그것
은 사람이 끈질기게 지켜온, 고향의 가장 값진 유산이다.

5

23〔140〕

　시인은 바로 예술가, 즉 희귀한 예외 인간인 자신들의 본성에 맞
게 항상 모든 사람에게 존경받을 가치가 있는 것을 찬양하는 것이
아니라 바로 예술가인 자신들에게 좋게 나타나는 것을 선호한다.
10　마찬가지로 그들은 풍자가일 때, 드물게 행복하게 공격한다. 세르
반테스는 종교 재판과 싸울 수 있었을 것이다. 그러나 그는 그의 희
생, 즉 이단자와 모든 종류의 이상주의자를 또한 더욱 웃기게 만드
는 것을 선호했다. 모든 사고와 불행Mißwenden의 삶 후에도 그는
여전히 스페인 독자의 잘못된 취미 방향에 대해 문학적인 주요 공
15　격을 하는 데 쾌감을 느꼈다 ; 그는 기사 소설에 대항하여 싸웠다.
이러한 공격은 그의 손 아래서 모든 높은 노력을 눈치 채이지 않게
아이러니화하기 위한 것이었다 : 그는 온 스페인을 만들었고, 모든
땀방울을 포함했고, 웃고 스스로를 현명하게 여겼다 : 그 어떤 책도
《돈 키호테》처럼 웃음을 선사한 예가 없다는 것은 하나의 사실이다.
20　그러한 성공과 함께 그는 스페인 문화의 데카당스에 속한다. 그는
국가적인 불행이다. 나는 그가 인간을 경멸했고 스스로 예외가 되
지는 않았다고 생각한다 ; 또는 그가 어떤 사람이 공작의 궁중에서
병든 사람과 장난치는 것을 이야기할 때, 그는 단지 그 자신을 우습
게 만든 게 아닐까? 그는 정말로 장작 더미 위의 이단자를 더욱 비

웃지 말았어야 했을까? 그렇다, 그는 자신의 영웅을, 언젠가 자신의 상태에 대한 그러한 두려운 해명을 삶의 종말에서 모면시키지 않는다 : 만약 그것이 잔인함이 아니라면, 그것은 냉정함, 그에게 그러한 최종 장면을 만들게 하는 무정함, 그가 알았던 것처럼 또한 이러한 결론을 통해 자신의 웃음이 방해받지 않았던 독자에 대한 경멸이다.

23〔141〕

모든 근원적〈으로〉 경직된 불쾌한 감각은 점점 편해진다. 강제로부터 습관이 되고, 그로부터 인륜, 드디어 덕은 쾌감과 결합된다. 그러나 이러한 마지막 단계에 이른 인간은 그들의 먼 조상이 길을 가기 시작했다는 것에 대해 알고자 하지 않는다.

23〔142〕

인간은 가끔 감정 자체를 얻으려고 한다, 그리고 인간을 단지 수단으로 이용한다. 잔인함에서 가장 강하다. 그러나 또한 비극에 대한 쾌감도 어느 정도 그것에 기인한다 (괴테는 이러한 잔인함에 대한 감각을 실러에게서 발견했다). 극적인 예술에서 일반적으로 사람은 도와줄 의무가 없는 동정과 같은 감정을 원한다. 사람은 줄 위에서 춤추는 사람, 요술쟁이를 생각한다. — 정열은 인간을 정열 자체에 익숙하게 한다 : 그 때문에 매우 정열적인 민족, 예를 들어 그리스인과 이탈리아인은 그러한 즐거움을 정열과 감정 그 자체의 예술에서 갖는다 : 이러한 것이 없으면 그들은 권태를 느낀다.

23〔143〕

감각은 동일하게, 그리고 높이 머무를 수 없다. 그것은 반드시 성장하거나 감소해야 한다. 그리스의 폴리스에 대한 존경은 무한한 합계에 축적된다. 결국 개인은 이러한 짐을 더 이상 나를 수 없었다.

23〔144〕

그것은 비과학적인 인간의 종류에 따라서, 사물에 대한 어떤 설명을 다른 것보다 선호하지 않는 것이다. 그들은 절제에 대하여 아무것도 알고자 하지 않는다.

23〔145〕

선하고 유능한 사람은 그가 다른 문화를 두루 겪고 모든 개인의 이해와 파악에서 언젠가 정점에 이르는 한에서 여러 번 성숙의 상태를 체험한다 : 그리고 인간은 그 자체가 모든 세기의 내용을 예감할 수 있다 : 왜냐하면 그가 다른 문화를 통해 이룬 진행은 많은 세대가 나중에 서로 이루는 것과 같은 것이기 때문이다. ― 그래서 그는 또한 여러 번 미성숙의, 완전한 개화의, 과다 성숙의 상태를 갖는다 : 이러한 모든 등급을 그는 아마도 처음 언젠가는 종교적인 인간으로, 그리고 다시 예술가적인 인간으로, 마지막으로 과학적인 인간으로 관철한다.

23〔146〕

사람은 어떻게 셰익스피어가 자신의 영웅을 매번 그렇게 적당하게, 생각이 풍부하게 말하게 할 수 있는지, 그들이 어떠한 것이 그 자체로서 의미 있는지 알면서 그들의 성격에 걸맞게 진술을 표현하게 할 수 있는지, 항상 새롭게 탄복한다. 그때 사람은 물론 그러한 대화가 우연히 발견된 개별 문장의 한 모자이크라는 것을 추측을 통

5 해 설명한다. 이러한 추측에 대해 나는 극작가에게는 계속되는 습관이 있고, 모든 언명은 단지 특정한 인물의 성격에 맞게 상황과 관련하여 발명된 것이라고 대답하고 싶다 : 마찬가지로 우리의 것과 완전히 다른 습관 : 그것의 진리 때문에 인물과 상황에서 완전히 간과된 언명을 만드는 것이다. 그러나 또한 우리는 가끔 자문한다 :

10 "만약 네가 이것을 체험했다면, 너는 무엇을 말할 것인가?" 이러한 가정적인 말하기에 극작가는 익숙하다. 항상 그러한 전제에서 자신의 생각을 고안하는 것이 그의 본성이 되었다.


23〔147〕

15 　오랜 의미심장한 의식(意識)이 결국 미신적인 이해되지 않는 과정으로 남았듯이, 역사는 일반적으로, 그것이 단지 아직도 습관에 맞게 지속된다면, 마력적인 무의미 또는 카니발의 가면과 유사하다. 무오류성을 교황에게 천명할 때 비쳐야 했던 태양은, 그때 날아야 했던 비둘기는 지금 단지 기만을 겨냥한, 중대한 예술 작품으로

20 나타날 뿐이다 ; 그러나 오래된 문화는 그것으로 가득하다. 그리고 어디서 기만이 시작되는지에 대한 구별을 전혀 하지 않았다. 이제 나폴리에서 가톨릭의 화려한 영구차가 옆 골목 한 곳을 지나간다. 반면에 가까운 거리에서 사육제가 미쳐 날뛴다 : 모든 것은 복장과 예전의 문화의 화려함을 모방한 다채로운 색의 차이다. 그러나 또

한 그러한 장례 행렬은 언젠가 한번 그러한 역사적인 사육제 행렬이 된다 ; 화려한 껍질은 물러서고 즐겁게 한다, 알맹이는 도망갔거나, 또는 마치 성직자의 예술 개념 안에서 신앙을 깨우기 위한 기만적인 의도처럼 그 안에 숨는다.

23〔148〕

고대는 완전히 축제의 즐거움을 위한 재능의 시대다. 천 개의 동기에 기뻐하는 것은 총명과 위대한 숙고 없이는 발견될 수 없나 ; 이제 기계의 발명과, 학문적인 문제의 해결을 향해 있는 뇌 활동의 좋은 부분은 그 당시에 기쁨의 원천의 증가를 목표로 했다 : 감각, 작용은 안락한 것으로 왜곡되어야 한다, 우리는 고통의 원인을 변형시킨다, 우리는 예방적이고, 그들은 미봉적이다. ― 우리의 축제는 당연히 문화-축제이고 완전히 드물다.

23〔149〕

우리는 즐김을 작은 악에서 갖는다, 왜냐하면 악은 우리에게 너무 작게 손해를 주기 때문이다, 예를 들어 조롱에서 ; 물론 우리가 완전히 보호받는다고 느낄 때, 우리 자신에게 큰 악은 (대략 소책자의 독성 있는 비방에서) 평안에 기여한다 ; 왜냐하면 그것은 우리에게 해를 주지 않고 그것을 통해 익살스러운 것의 작용에 다가가기 때문이다, ― 그것은 놀라게 하고, 약간 경악시키고, 그래도 손상을 부추기지는 않는다.

23〔150〕

예술은 자연이 아니라 단지 인간에게만 속한다. ─ 자연에는 아무런
소리가 없다. 자연은 말이 없다 ; 아무런 색깔도 없다. 또한 아무런
형태도 없다, 왜냐하면 자연은 눈 표면의 반사의 결과이기 때문이
다, 그러나 그 자체로서는 위와 아래, 안과 밖은 존재하지 않는다.
만약 사람이 반사에 의해서 보다 다르게 볼 수 있다면, 사람은 형태
에 대해서 말하지 않고, 아마도 내적인 것을 볼 것이다. 그래서 봄
이 사물을 점점 절단한다는 것을 알게 될 것이다. 사람이 우리의 주
체를 끄집어내는 곳인 자연은 매우 중요하지 않은 것, 무관심한 것
이지, 어떤 비밀 가득한 심연, 폭로된 세계 비밀이 아니다 ; 우리는
물론 또한 학문을 통해 여러 가지 의미의 파악을 극복할 수 있다,
예를 들어 소리를 하나의 진동하는 운동으로 파악할 수 있다 ; 우리
가 자연을 점점 더 탈자연화할수록, 세계는 우리에게 점점 더 공허
하고 의미 없게 된다. ─ 예술은 전적으로 인간화된 자연에, 오류와
기만으로 짜이고 엮인, 어떤 예술도 도외시할 수 없는 자연에 근거
한다 ; 〈예술은〉 사물의 본질을 파악하지 않는다, 왜냐하면 그것은
완전히 눈과 귀에 연결되어 있기 때문이다. 본질로 이끄는 것은 단
지 추론하는 오성이다. 그것은 우리에게 예를 들어 물질 자체는 매
우 오랜 습관이 된 선입견이라는 것, 따라서 눈은 거울의 표면을 보
고 인간의 촉각은 매우 둔하다는 사실이 도출된다는 것을 가르쳐준
다 : 사람은 스스로 이른바 저항하는 점을 느끼는 곳에 자신이 모르
는 사이에 저항하며 지속하는 (그러나 단지 우리의 표상에만 존재
하는) 영역을 실제로는 거친 촉각뿐인, 반사하는 눈에 익숙한 환영
아래에서 구성한다. 특정한 점에서 전도하는 전기적 흐름의 공Ball

〔23 = Mp XIV 1b. 1876년 말~1877년 여름〕 245

은 스스로 물질적인 것으로서, 확고한 사물로서 감지할 것이다 : 그리고 화학적 원자는 물론 다른 운동의 종점에 의해 다시 쓰일 수 있는 그런 형태다. 우리는 움직여진 것과 운동을 구분하는 것에 이제 익숙하다 ; 그러나 우리는 그와 함께 오래된 잘못된 결론의 영향 하에 있다 : 움직여진 사물은 창작되었고, 판타지가 들어갔다, 왜냐하면 우리의 기관은 도처에서 운동을 감지하기에 충분히 섬세하지 않고 지속하는 것을 우리에게 앞에서 연주하기 때문이다 : 반면에 근본적으로 어떤 "사물", 어떤 지속하는 것은 없다.

23〔151〕

인간의 새로운 교육이 훨씬 더 큰 뇌의 활동을 요구하기 때문에, 인류는 민감하고 지나치게 자극된, 물론 미친 후대를 갖지 않기 위해 훨씬 활동적으로 건강을 얻기 위해 싸워야 한다 (왜냐하면 그렇지 않으면 미친 사람과 기인의 후세가 물론 가능할 것이기 때문이다. ― 가끔 후기 아테네의 과도하게 성숙한 사람이 미친 사람에 포함되듯이) : 따라서 이것은 건강한 부모의 짝짓기를 통해, 여성의 올바른 강화, 체조 연습, 매일 먹는 빵, 질병의 예방, 합리적인 영양, 주거, 해부학의 인식 등을 통해 매우 일반적으로 열망되어야 한다.

23〔152〕

기독교는 "덕 있는 사람은 없고 죄인만이 있다"고 말한다. 그와 함께 모든 인간적인 행위는 비방되고 독살되었다, 또한 인간에의 신뢰가 흔들렸다. 지금도 여전히 철학은 라 로슈푸코의 방식으로

인간을 지원한다, 철학은 유명한 인간적인 덕 있는 사람을 가치가
적고 비천한 동인으로 환원한다. 그때 참된 구원은 그 자체로서 악
한, 선한 행위가 존재하지 않는다는 것, 기독교의 명제와 같은 의미
에서 또한 고대의 대립하는 명제가 제시될 수 있다는 것, 즉 행위는
선의 관점에서(판단은 오직 선에 대해서만 구별한다) "죄인이 아니
라 단지 덕 있는 사람만이 있다"는 것을 배우게 되는 것이다. 누구
나 자신의 선입견에 따라 행동한다. 아무도 자유롭게 악한 것, 즉
스스로 해치는 것은 아니다. 큰 진보는, 모든 도덕적인 것은 사물
자체와 관계된 것이 아니라 매우 변한 지성의 영역에 속하는 의견
이라는 것을 배우는 것이다. 당연히 : 마치 우리의 귀가 음악을 위
한 (물론 또한 그 자체로 존재하지 않는) 의미를 만든 것처럼, 우리
는 기존의 인류의 높은 결과로서 도덕적 의미를 갖는다. 그러나 그
것은 도덕적 사유 법칙과 엄격한 자연 관찰에 근거하는 것이 아니
라, 예술을 위한 의미처럼 많은 잘못된 판단과 결론에 근거한다. 학
문은 도덕적 의미가 예술에서처럼, 도덕의 비논리적인 토대를 발견
하는 것을 회피할 수 없다. 이로써 아마도 학문은 계속하여 이러한
의미를 상당히 약하게 한다 : 그러나 진리를 위한 의미는 마찬가지로
이러한 도덕적 의미에서 최고의, 최강의 개화기의 하나다. 여기에 보
상이 놓여 있다.

23[153]
    학문에서 아리스토텔레스〈주의〉의 경우에 추상화와 승화의 야만
화 작용.

23〔154〕

만약 사람이 도덕이라는 말에서 최고의 유용성, 보편적인 목표를 생각한다면, "너에게 행하게 되는 것을 행하라"라는 칸트적인 요구를 따르는 삶에서보다, 또는 "신을 위해 이웃을 사랑하라"라는 말의 원칙을 따르는 기독교적인 변경에서보다 행위에 더 도덕성이 포함될 것이다. 칸트의 명제는 인륜에 대한 소시민적인 사적(私的)-존경 Privat-Achtbarkeit을 증명하고 보편적인 목적에 반대하여 서 있다 : 그러한 존재에 대하여 그는 한 번노 개념을 가져본 적이 없나. 요구된 사랑이 전혀 아무런 의미를 갖지 않는 것처럼, 그러나 특히 이러한 간접적인 종류의 사랑은, 기독교적인 이웃 사랑처럼, 기독교의 역사를 증명했다 : 기독교의 역사는 불교적인, 쌀을 먹는 도덕의 결과와 대립하여 언제나 폭력적이고 유혈적이다. 그리고 "나는 신을 위해 이웃을 사랑한다!"라는 것이 도대체 무슨 말인가? 그것이 누군가가 "나는 정의를 위하여 모든 경찰관을 사랑한다"라고 말하는 것보다, 또는 작은 소녀가 "나는 쇼펜하우어를 사랑한다, 왜냐하면 할아버지가 그를 좋아했기 때문에 : 할아버지는 쇼펜하우어를 알았다"라고 말하는 것보다 더 나은가?

23〔155〕

사물 자체를 통해서가 아니라 사물에 대한 어떤 견해를 통해서 감각의 열정이 세계에 나타난다 : 예를 들어 **파우스트**가 첫 장에서 자신의 고통의 원인으로서 말한 모든 것은 오류다. 즉 형이상학적 창작 때문에 비로소 매우 의미심장하게 되었다 : 만약 그가 이것을 통찰한다면, 그의 기분에 열정이 부족할 것이다.

23〔156〕

(서론에서 따옴)

　　내가 해마다 진리의 발견이 얼마나 어려운지를 더 배운 후에, 나는 신앙, 진리를 발견했다는 것에 대해 의심하게 되었다 : 믿음은
⁵ 진리의 주요 방해물이다. 그래도 자신의 신념에 의해 그렇게 위대하게 생각되었던 모든 사람이 모든 종류의 희생을 자신에게 가져왔을 때, 물론 존경, 몸과 삶을 자신의 역할에서 돌보지 않았을 때, 단지 자신들의 힘의 절반만을 조사에 바쳤을 때, 그러한 권리를 갖고 이러저러한 신념에 반대하는 길로 들어서게 될 때 : 인류의 역사가
¹⁰ 얼마나 평화롭게 보일 것인가! 얼마나 많은 인식된 것이 더 존재할 것인가! 모든 잔인한 장면들, 이단자의 추적은 두 가지 근거 때문에 우리에게서 모면될 것이다 : 한번은 종교 재판이 무엇보다 그 자신을 재판해야 할 것이고 절대적인 진리를 주장하는 월권을 극복하게 될 것이다 ; 그래서 그들이 근본적으로 이와 같은 것을 조사한 후
¹⁵ 에. 이단자 스스로가, 마치 모든 종교적인 정통 신앙과 이단자의 문장처럼 매우 좋지 않게 증명된 문장이기 때문에, 더 이상 아무런 동정심Teilnahme을 선사하지 않을 것이다.

　　나는 이번에는 아마도 인류에게 가장 중요한 것인 주제를 내 앞에 갖는다 ─ 도대체 무엇이 교육을 통해 탄생하고, 강하게 되고,
²⁰ 선하고 나쁘게 되지 않는가? ─ 또한 불신이 지배적인 신념이 된 후에, 그 주제 자체는 큰 기준에서 비로소 다루어지게 된다. 그때 나는 이제 특히 성급한 신념을 갈망하는 젊은이에게, 나의 가르침을 삶을 위한 원칙으로 곧바로 간주하지 말고, 테제가 의심과 원인에 대항하여 충분히 보호되지 않을 때, 좋게 숙고되는, 인간이 그렇

게 오랫동안 기다리고자 하는, 실천적으로 도입하는 테제로 간주하라고 경고하고자 한다. 게다가 나에게 지혜는 하늘에서 떨어진 것이 아니다. 왜냐하면 나는 "천재"가 아니기 때문이고, 현상의 외투의 구멍을 통한 아무런 직관적인 통찰을 가지고 있지 않기 때문이다. 쇼펜하우어는 경고하는 본보기이고자 한다 : 그가 모든 점에서 스스로를 "천재"로 간주하는 것은 부당하다.

23〔157〕

삶은, 시험 삼아 언젠가 모든 것에서 삶에 매우 부담을 주고, 삶을 참을 수 없게 하는, 표상을 흔드는, 정신의 부자비한 해방을 통해 가볍고 편해진다 : 그래서 사람은 이러한 경감의 기쁨을 갖기 위해, 이러한 기쁨을 가능케 해주는 가장 단순한 삶을 선호한다.

23〔158〕

파울 빙클러, 1685년, "인간은 그가 진리를 추구하는 동안만큼 현명하다 ; 그러나 그가 진리를 발견했다고 하면, 그는 바보가 된다".

23〔159〕

나의 예전 작품의 독자들에게 나는 내가 본질적인 것에서 지배적인 형이상학적-예술가적인 견해를 포기했다는 것을 명백하게 설명하고자 한다 : 그러한 견해는 편하다. 그러나 지탱할 수 없다. 일찍이 공적으로 말하는 것을 허락받은 사람은 일반적으로 곧 말하는 것에 대해 공적으로 반박할 것을 강요당한다.

23〔160〕

결론.

　나는 예순 살까지 지혜롭게 되고자 한다. 그리고 이것을 많은 것을 위한 하나의 목표로 인식한다. 많은 학문은 순서에 따라 습득되고 스스로 용해된다. 사람이 아직 오랫동안 종교 안에서 성장할 수 있고 음악 안에서 예술에의 참된 접근을 갖는 것은 우리 시대의 행복이다 ; 그것은 다음 시대에는 더 이상 그렇게 좋은 부분이 되지 않을 것이다. 이러한 개인적인 경험의 도움으로 사람은 인류의 엄청난 거리를 비로소 이해할 수 있다 : 우리의 모든 문화는 이러한 거리에 근거하고 있기 때문에, 무엇이 중요한지를 이해할 수 있다. 사람은 반드시 종교와 예술을 이해해야만 한다 ― 그렇지 않으면 사람은 현명해질 수 없다. 그러나 사람은 반드시 그것을 넘어서 볼 수 있어야만 한다 ; 만약 그 안에 머무른다면, 사람은 그것을 이해하지 못한다. 마찬가지로 형이상학은 사람이 고백해야 하는 단계다. 마찬가지로 역사와 상대주의적인 것도 그렇다. 사람은 반드시 큰 걸음으로 개체로서의 인류의 진행을 따라가야만 하고 지금까지의 목표를 넘어가야만 한다.

　지혜롭게 되고자 하는 사람은 모든 체험된 것, 행복, 불행, 부정 등이 수단과 도움으로서 나타나는 개별적인 목표를 가진다. 게다가 인간적인 삶이 그때 올바른 형태로 온다. 왜냐하면 나이 든 사람은 목표를 자신의 모든 본성에 따라서 가장 쉽게 달성하기 때문이다. 삶은 또한 흥미롭게 진행된다, 주제는 매우 위대하고 고갈되기에는 너무 늦지 않다. ― 인식은 스스로는 아무런 목적을 더 갖지 않는다.

23〔161〕

인간의 인륜적인 순수성은 그것이 진리를 위해 할 수 있는 것보다 몇몇의 잘못된 표상을 통하여 더 촉진된다. 신이 선한 것이라는 것, 신체는 영혼을 자유롭게 하기 위해 정복되어야 한다는 것, 모든 행위에 대한 책임과 사유는 존재한다는 것, 그것을 인류는 높이 세웠고 세련되게 했다는 것. 단지 이미 "선한 것"의 제시가 그렇다.


23〔162〕

문학에 앞선 시대에 보다 높은 지성은 문학 시대와는 완전히 다르게 표현되었다 : 그 어떤 문자적인 전통을 기존의 방식과 결합시키지 않고 인식의 조건을 일깨우는 개별자는 스스로를 거의 위버멘쉬적이라고 간주해도 되었다. 현자는 항상 점점 더 품위를 잃는다.


23〔163〕

만약 단어가 언젠가 그때 있다면, 인간은 그것이 반드시 인간의 상당한 것에 대응한다고 믿는다, 즉 영혼, 신, 의지, 운명 등.


23〔164〕

이른바 형이상학적인 욕구는 어떤 형이상학의 진리에 대한 반대 심급이다. 의지가 명령한다.


23〔165〕

순수한 사람이 자신의 이웃에게 가져다주는 장점은 인간이 주는 전형에 놓여 있다 : 그것을 통하여 그는 자신의 이웃에게서 야만적인 악마를 빼앗는다. 단지 순간적일 뿐일지라도. ─ 매우 많은 것이 그 순간에 달려 있다.

23〔166〕

보다 고상한 동기는 복잡한 것이다 ; 모든 단순한 동기는 상당히 저열하다. 그것은 단순하면서 복잡한 유기체와 같다. 모든 길의 길이와 어려움은 위대함과 높음의 빛을 가고자 하는 곳으로 던진다.

23〔167〕

만약 인간이 신을 위해 집을 짓지 않았다면, 건축가는 아직 요람에 놓여 있을 것이다. 인간이 잘못된 가정(예를 들어, 영혼은 신체로부터 해방된다) 때문에 설정한 과제는 최고의 문화 형태를 위해 동기를 부여했다. "진리"는 그러한 동기를 줄 수 없다.

23〔168〕

사람은 예술에 대하여 경험을 만들려면, 몇몇 예술 작품을 만든다, 미적 판단을 향한 다른 길은 없다. 대부분의 예술가는 스스로 위대한 대가의 의식을 획득하고 고집하고 과장한다는 점에서 유용할 뿐이다 : 따라서 열(熱)을 전달하는 매체와 같다. 몇몇 단편 소설, 소설, 비극 ─ 그것을 사람은 자기 본업으로 실패하는 괴로움 없이 만들 수 있다 ; 또한 사람은 그와 같은 것을 절대로 억압해서는 안 된다. 일반적으로 사람은 반드시 다양하게 **생산적으로** 되는 것을 배워야 한다 : 그것은 많은 사물에서 지혜로워지기 위한 주요 예술 작품이다.

23[169]

위대한 것과 극단적인 것을 평가하는 것은 문화의 단계다. 위대한 사람, 가장 강한 창조성, 가장 따뜻한 가슴. 그러나 세계를 파악하기 위하여 사람은 반드시 작은 것과 빈약한 것이 그의 작용에서 더 중요하게 되는 더 높은 단계에 온다. 예를 들면 속박된 정신 등이다.


23[170]

민족이 지도자를 학문적인 사물에서 넘겨받는 가장 유리한 시점은, 여론으로부터의 승리에 찬 기쁜 격려를 가능하게 하기 위해서, 개인에게 충분한 힘, 고집, 경직됨이 상속된 때다. 이러한 시점이 이제 다시 영국에 등장했다. 그것은 철학, 자연과학, 역사에서 확실하고, 발견과 문화 확대의 영역에서 현재 모든 민족을 선도한다. 학문의 대가들은 그때 서로 더욱이 모든 것을 친척으로 간주했지만, 그들의 독립성의 승인을 전제로 하는 왕(王)과 같이 협상한다. 독일에서 사람은 그와 반대로 모든 것이 교육, 방법, 학교를 통해 이른다고 믿는다 : 모든 시대에 스스로 자신의 목적으로 이끄는 특성과 획기적인 본성이 부족하다는 표시다. 독일이 고유한 정신에 의해 유럽의 정신적인 지도자를 소유할 때, 사람은 서로 박자에 맞춰 노동하고 시대에 의해 이미 과제를 규정받은, 유용한 노동자를 사육한다 : 따라서 앞 세기의 전향을 위하여.


23[171]

양식(樣式)의 결핍은 그에게 때때로 자극을 준다. ― 알렉산더 폰 훔

볼트의 양식. 사유는 불안한 것을 갖는다. 그러는 한 사실의 전달이 중요한 것이 아니다. 게다가 모든 것은 높여지고 올려지고 선택된 아름다운 말로, 광채로 치장된다 : 오랜 기간이 그것을 풀어헤친다. 그래서 전체로서 이러한 양식은 기분, 갈증을 생산한다. 사람은 눈을 작게 만든다. 왜냐하면 사람은 아주 너무 기꺼이 명료한 것을 보고 싶어하기 때문이다. 모든 것은 자극하는 변용에서 멀리 떠다닌다 : 그러한 지친, 갈증을 갖는 사람에게 바다와 오아시스 숲처럼 나타나는 (감각 앞으로 이끄는), 물결치는 신기루처럼.

23〔172〕

예술론의 새로운 표현은 인간이 스스로 모든 기분의 흥분 자체에, 바로 감정으로서, 기뻐하고, 또한 가장 고통스러운 것에도 기뻐한다는 것에 근거를 둔다 : 그는 도취를 원한다. 예술은 유희하면서 그를 고통, 눈물, 분노, 욕망으로 자극한다, 그러나 실천적인 나쁜 결과는 없다. 그래도 또한 스스로 그러한 결과를 단지 (잔인함의) 감정을 갖기 위해 받아들이는 사람이 있다.

23〔173〕

쇼펜하우어는 안타깝게도 "직관적 인식"의 개념에서 최악의 신비주의를 밀수했다, 마치 사람이 이것에 의해 현상계의 옷에 난 구멍을 통해서와 마찬가지로 세계의 본질에 대한 직접적인 통찰을 가진 것처럼, 그리고 마치 고난과 학문의 엄격함 없이, 놀라운 눈으로 세계에 대한 궁극적인 것과 결정적인 것을 전달할 수 있는 선호된 사람이 있는 것처럼. 그러한 인간은 존재하지 않는다 : 그리고 기적은

또한 인식의 영역에 있어 나중에 어떤 신봉자도 더 이상 발견하지
않을 것이다.

23〔174〕

기어 나오는 누에는 오랫동안 비어 있는 인형을 아직 자신 쪽으로 끈다 ; 비유.

23〔175〕

경향과 혐오는 비이성적이다. — 만약 경향 또는 혐오가 처음에 이를 악물었다면, 그것은 빠져나오기가 어렵다, 마치 거북이 스스로 자기 몸통 속에 틀어박힌 것과 같다. 사람, 증오 그리고 거북은 어리석다.

23〔176〕

비이기적인 충동에 있어서 인격에의 경향은 (그것이 동정에 대한 쾌감이 아니고 마찬가지로 우리가 고통을 볼 때 느끼는 불쾌의 방어가 아닐 때) 결정적인 것이다. 하지만 이 경향은 그러한 과정을 그래도 도덕적으로 만들지 않는가? 도대체 우리 밖에 놓인 것에 대한 모든 관심 있음이 도덕적인가? — 또한 (칸트와 학문에 있어서) 모든 사실적인 관심은 비이기적인 영역에 속한다 — 그러나 또한 도덕적인 영역에도?

23〔177〕

철학을 종교적으로 파악하지 않는 것. — 철학을 종교적인 요구로

파악하는 것은 그것을 완전히 오해하는 것이다. 사람은 새로운 믿음을 찾는다. 새로운 권위를 ─ 그러나 믿음과 권위를 원하는 사람은 그것을 재래의 종교에서 더 편하고 확실하게 갖는 사람이다.

23〔178〕

저녁이다. 전나무 냄새가 밖으로 흐른다. 사람은 그것을 통하여 회색빛 산맥을 본다, 위에서 눈이 반짝인다. 푸른, 조용한 하늘이 그 위로 보인다. ─ 그래서 우리는 어떤 것을, 그것이 그 자체로 어떠한지 전혀 못 보고, 오히려 항상 부드러운 영혼의 막 위에 놓는다 ─ 이것을 우리는 그러고 나서 본다. 상속된 감각, 본래의 기분은 이러한 자연물에서 깨어난다. 우리는 어떤 것을 우리 자신으로부터 본다 ─ 그런 한에 있어서 이 세계도 역시 우리의 표상이다. 숲, 산맥, 물론 그것은 개념일 뿐만 아니라 우리의 경험이고 역사, 우리의 한 조각이다.

23〔179〕

미신 ─ 인간은 크게 흥분했을 때 가장 미신적이다. 종교의 재생은 큰 동요와 불안의 기간에 놓여 있다. 모든 것이 양보하는 곳에서 사람은 저편의 환상의 밧줄을 잡는다.

23〔180〕

죽어가는 아이 ─ 사람은 죽어야 하는 아이에게 그가 원하는 모든 것을, 설탕 과자를 준다. ─ 위가 썩는다 한들 무슨 상관이 있는가? ─ 그리고 우리는 모두 그러한 아이의 상황에 있지 않은가? ─

23〔181〕

성체 축일의 행렬, 아이들과 늙은 남자는 나를 울게 만들었다. 왜? ― 저녁에 정신 병원으로부터 울려 퍼지는 피아노 연주.

23〔182〕

명예심이 있는 많은 사람이 근본적으로 단지 명예의 추구와 결합된 감정을 찾지 않아야 하는가? 사람은 그러한 감각을 방해하고 질식시키고 또는 크게 성장시킬 수 있다 ; 후자는 감정의 필요를 만든다. 많은 사람은 물론 성내는 것을 찾는다 ― 그렇게 멀리 감정의 필요가 지나간다.

23〔183〕

두려움에서 대부분 낯선 의견에 대한 고려가 설명된다 ; (마음에 안 들지 않는 소망의) 사랑할 가치가 있는 것의 좋은 부분은 여기에 속한다. 그래서 인간의 호의는 유전의 도움으로 두려움을 통해 육성된다.

23〔184〕

뒤〈떨어진〉 입〈장의〉 유용성 ― 뒤떨어진 입장(예술가, 형이상학자에게 있어서의 정치적 사회적, 또는 모든 유형들)은 진보하는 운동처럼 필요하다. 그것은 필요한 연마를 생산하고 새로운 노력을 끌어내는 힘의 근원이다.

23〔185〕

믿음이 산을 옮긴다. ― 흥미로운 미신은, 믿음이 산을 옮길 수 있다는 것, 어떤 고도의 "참이라고 여김"이 사물을 이러한 믿음에 맞게 변형시키고, 만약 그때 단 한 치의 의심도 없을 경우 오류는 진리가 된다는 것이다 : 즉 신앙의 강함은 인식의 부족을 보완한다 ; 세계는 우리가 상상하는 것처럼 된다.

23〔186〕

사랑과 증오는 근원적으로 힘이 아니다. ― 증오의 뒤에는 공포가 있다. 사랑의 뒤에는 필요가 있다. 공포와 필요의 뒤에는 경험(판단과 기억)이 있다. 그러나 지성은 감각보다 더 오래된 것으로 보인다.

23〔187〕

체험의 확대. ― 꿈이 우리 경험의 영역을 실제로 풍부하게 하는 경우가 있다. 꿈이 없으면 어떻게 어떤 이에게 떠 있는 기분이 들게 할지 알 수 있겠는가?

23〔188〕

죽음에의 동경. ― 배에서 멀미하는 사람이 첫새벽에 해안을 살피듯이, 사람은 종종 죽음을 동경한다 ― 사람은 인간이 자신의 배의 진행과 방향을 변경할 수 없다는 것을 안다.

23〔189〕

슬픔과 향락 ― 왜 인간은 슬픔의 상태에서 스스로를 감각적인 즐거움에 맹목적으로 맡기는 경향이 있는가? 그것은 감각적인 즐거움에서 그가 원하는 마취인가? 또는 감정의 요구가 어떤 희생을 치르는가? — 산초 판자는 "인간이 스스로를 너무 슬픔에 내맡기면 그는 동물이 된다"고 말한다.

5

23〔190〕

리하르트 바그너가 베토벤을 연주한다면, 바그너의 영혼이 베토벤을 통하여 소리 나게 될 것이고, 속도, 강약, 각 부분의 해석, 전체적인 것의 극화는 바그너풍이고, 베토벤풍은 아닐 것이 자명하다. 그것에 분노하려는 사람에게 분노가 허락된다 ; 베토벤 자신은 그러나 "그것은 나이고 너다. 그러나 그것은 좋게 울린다 ; 그래서 그것은 항상 그래야만 했다"고 말했을 것이다. 그와 반대로 만약 세공사가 베토벤을 연주한다면, 베토벤은 세공사의 영혼에서 어떤 것을 받아들이게 될 것이다 — 왜냐하면 영혼의 향기는 곧장 음악에 매달려, 음악으로부터 떨어져 나가지 않기 때문이다. — 나는 베토벤이 자기가 거기서 아무런 즐거움을 가지지 않았고 그리고 "그것은 나이며 비(非)-아(我)다. 악마가 그것을 가져온다"고 말했을까봐 두려워했다.

20  23〔191〕

문헌학자는 읽고 쓸 수 있는 사람이다. 시인은 명료한 어원학에 따라서 그리고 역사에 맞게 "받아쓰기"를 해야만 하는 사람이다. 왜냐하면 그는 읽고 쓸 수 없기 때문이다. 사람은 이러한 읽기-쓰기의 학자와 시인 간의 대립에서 훨씬 중요한 사물을 유도할 수 있다.

23〔192〕

    단지 놀라게 하기 위해 처벌하는 국가의 태도에서뿐만 아니라 칭찬하거나 나무라는 모든 개인의 태도에서 "목적이 수단을 성스럽게 한다"는 근본 명제가 준수된다 : 왜냐하면 책망은 마찬가지로 단지 놀라게 하기 위한 수단으로서 그리고 작용하는 동기로서 의미를 갖기 때문이다 ; 칭찬은 선동하고자 하고 모방을 촉구하고자 하기 때문이다 : 그러나 양자가 마치, 그것이 일어난 행위에 타당한 것처럼 행해진다면, 모든 칭찬과 책망에서의 가상, 즉 거짓말은 피할 수 없다 : 거짓말은 바로 높은 목적에 의해 성스럽게 되는 수단이다. 물론 모두가, 책망하는 사람뿐만 아니라 책망받는 사람도 완전한 무책임과 무죄의 가르침에 관해 확신하고, 습관, 특히 허영심과 명예심이 가르침에 의해 전해진 모든 신념보다 더 강하게 남는 것이 아니라면, 책망이 더 이상 작용하지 않는다는 것이 전제된다.


23〔193〕

    아, 평범한 사람이 하나의 예감을 가진다면, 그의 활동이 ― 항상 생존하는 ― 정신의 과두 정치에 의해 얼마나 확실하게 평범한 것으로 느껴지겠는가! 대중에게서 이룬 가장 위대한 성공이라도 그를 위로하지 않을 것이다.


23〔194〕

모토 :

사유의 춤, 그것은
하나의 고상함을 너에게 가져간다 :

오 너는 네가 내게 준 의미를 즐거워하는지! —
슬프다! 무엇을 내가 보는가! 그것은 떨어진다
선두자의 가면과 베일
그리고 윤무에 앞서
5    끔찍한 필연성이 걸어간다.

로젠라우이바트
1877년 6월
1877년 8월

10

23〔195〕

그리고 만약 어떤 장점을 위해 자신의 기록을 만들기를 원하는지 이 책의 원저자가 자문한다면, 그는 바로 그러한 글의 작가로서 도덕적인 감각의 근원과 관련해 자신의 학문적 구역에 인접한 영역에 15   대한 소유권을 가지려고 하고 자신의 조사를 결정하고 또한 이 책을 지배〈하는〉 사유에 우선권을 준, 그와 같은 사상가를 명명할 만큼 아주 뻔뻔스럽다. 역사적인 인식의 망치질 아래에서 단호하고 날카롭게 만들어진 명제는 아마도 언젠가 "인간의 형이상학적 요구"에 뿌리가 놓여야 하는 도끼로 기능할 수 있다 : 그리고 그러는 20   한 그것은 인간적 인식의 가장 성과 있는 명제에 속하게 될 것이다.

23〔196〕

외출 중에 읽는
여행 안내서.

서론. ———

　일정한 직업 내에서 매우 많이 일하는 인간은 세계의 사물에 대한 그의 일반적인 견해를 거의 변화 없이 간직한다 : 이것은 그들의 머리 안에서 점점 딱딱해지고, 더 난폭해진다. 그 때문에 인간이 그들의 일을 떠나는 것이 필요했던 그러한 시간은 매우 중요하다. 왜냐하면 그때 비로소 새로운 개념과 감각이 다시 한번 밀려올 수 있기 때문이며, 그의 힘이 이미 의무와 습관의 일상적인 요구에 의해 소모되었기 때문이다. 우리 근대인은 반드시 모두 우리의 정신적인 건강 때문에 여행을 많이 해야만 한다 : 그리고 사람은 더 일을 하게 될수록 점점 더 여행을 하게 된다. 따라서 나는 여행자에게 무엇이 일반적인 견해의 변화에 작용했는지를 물어야만 한다.

　이러한 특정한 고려에서 그러나 일정한 형태의 전달이 생겨난다 : 왜냐하면 고무된 사람과 여행의 불안정한 본질에, 그러한 오래 직조된, 단지 가장 참을성 있는 주의력에, 접근 가능하게 보이며, 몇 주간의 침묵, 가장 정제된 고독을 요구하는 사유의 체계가 대립하기 때문이다. 그것은 반드시 사람이 정독하지는 않으나 가끔 펴서 읽는 책이어야 한다 : 사람은 오늘 어느 문장에 머무른다, 다른 내일에는 앞으로 나가지 않고 한번은 다시 가슴 깊이 숙고한다 : 찬성과 반대, 안을 넘어서 밖으로, 마치 정신이 재촉하는 것처럼, 그래서 그때 매번 어떤 이의 기분이 상쾌해지고 머리는 편안해진다. 점차로 이와 같이 흥분된 ― 강요되지 않았기 때문에 참된 ― 숙고는 견해의 어떤 일반적인 전환이다 : 그리고 이로써 그러한 정신적인 회복의 일반적인 감정은 활이 다시 새로운 현으로 함께 팽팽해지고 당겨진 것보다 더 강해지는 것 같다 : 사람은 유용성과 함께 여행을

했다. 만약 이제, 그러한 서문에 따라서 그리고 이 책을 고려하여, 아직 본질적인 물음이 남는다면, 나는 그것에 대답할 수 있는 사람이 아니다. 서문은 작가의 권리다 ; 독자의 것은 그러나 — 맺는 말이다.

프리드리히 니체

로젠라우이바트, 7월 26일

1877년 하지

(중간 여름?)


23〔197〕

1 섣달 그믐 밤Sylbesternacht : 내 귀의 환청은 스스로 달아난다
　　　　　　　　　춥다 — 별은 반짝인다
　　　　　　　　　오, 너
　　　　　　　　　우주의 경멸스러운 가면
　　　　　　　　　— 오랜 그리고 새로운 시간 — 새해
　　　　　　　　　를 앞두고.

2 달빛에서 샘은
　　　　아름답고, 악의 있고, 지루하며
　　　　　　차갑게 붓고자 한다

3 아침마다 배를 타고. 어디로? 우리는 감히 죽음을 시도하지 않는다.

4 길가의 장님. 영혼은 아무런 빛을 주지 않는다

5 자, 이 보잘것없는 사람을 보라 — 종악(鐘樂)

6 알파 알파Alpa Alpa

7 캄포 산토Campo Santo

8 수정(水晶)

〔24 = Mp XIV 1c. 1877년 가을〕

24〔1〕

예술론에 관하여.

　　1 천재의 실제적이고 표면적인 고통

　　2 예술의 품질은 증명되었다, 언제 그것을 파악하는가?

　　3 옛날엔 형식과 예술의 짜임 속에 진지함이 있었음 ; 이제는 다

른 것에 있음

　　4 영감의 거부 ; 선택하는 판단력

　　5 극작가가 아니라 과격한 사람

　　6 생산적인 힘의 차단 : 즉흥 연주의 설명

　　7 불완전한 것을 사용한다

　8 음악가의 사유하는 정신은 신선하다, 그러나 교양이 없다.

　　9 진리의 인식을 고려한 예술가의 약한 도덕성

　　10 예술은 기존의 관조와 현재의 관조를 보존하고 연결한다

　　11 예술가는 진보를 부정할 필요가 있다.

　　12 되살아난 가톨릭의 혼이 풍부한 음악

　13 어떻게 셰익스피어는 기적 없이 모든 인물의 매우 특징 있는

　　말을 할 수 있었는가?

　　14 우리의 허영심은 천재와 영감의 숭배를 촉진한다

　　15 명예심은 그리스의 예술가에게 활기를 준다

　　16 나쁜 작가가 항상 필요로 하는 것 ― 미성년자의 욕구

17 예술은 인간에 대한 자연스러운 무지에 근거한다, 그것은 물리학자와 철학자에게 해당되는 것은 아니다. "특성"은 창출되지 않았다

18 예술은 종교를 통해 고양된 감정을 넘겨받는다.

19 보다 오래된 예술에 대해 항상 영적으로 풍부한, 잘못된 결론을 내린다

20 시인은 예술가에게 흥미로운 것, 예를 들어 세르반테스를 존경한다.

21 완성되지 않은 사유의 가치.

22 눈과 귀에 결합된 예술은 사물의 본질과 관계하지 않는다

23 좋은 방식의 소멸과 외모

24 예술은 예술가에게 더 오래된 관조로 환원된다.

25 음악은 시의 유산으로서 매우 의미가 풍부하고 상징적이다

26 즉흥 연주의 과대평가

27 교회는 예술의 모든 분위기를 준비한다.

28 열정의 변호자로서의 예술가

29 열정적인 민족은 열정의 예술에서 쾌감을 느낀다.

30 뛰어난 위대함을 높게 평가한다

31 신을 위한 집 ― 그렇지 않으면 건축가는 요람에 있다 : 따라서 오류

32 예술 안에서 경험되기 위해서, 사람은 생산해야만 한다

33 플라톤은 비극의 비윤리적인 작용과 함께 옳다

34 열정에 대한 사상가로서의 쇼펜하우어

35 자신에 대한 천재 전율. 천재 안의 광기의 조각

36 아름다움의 가장 고상한 종류

37 문화의 울림이 멋은 음악. 바그너

38 노인은 천천히 감정을 올린다. 개혁가는 습격을 시도한다

39 별난 예술가는 아주 공허한 일을 만들 수 있다

40 아마도 사람은 기억과의 관계에서 쉽게 예술의 편에 선다

41 예술의 근원

42 형이상학적 전제 하에서 예술은 보다 높은 가치를 갖는다

43 무의미에서의 기쁨


24〔2〕

도입 : 결과에서 원인으로의 귀납적 추론.

I 또는 IV 예술의 근원7 15 19 21 25 41 43 미적인 상태 ― 의지의 침묵은 틀린 것이다. 그때 우리는 춤다.

III 천재로서의 예술가 1 4 6 13 14 26 30 35 39

IV 또는 I 예술의 평가 2 17 16 22 29 36 37 42

V 예술의 불리한 결과 5 9 10 20 24 28 33

VI 예술의 미래 3 8 11 23 32 38 40 34

II 종교에의 의존 12 18 27 31 게다가 "음악에 관하여"

III에 덧붙여 : 천재에 대한 믿음은 예술 작품의 탄생의 관념을 왜곡한다 4 6 13 26, 예술가의 삶에 관하여, 또한 예술가 자신에게 있어서 1 35

신념의 설명. 모든 위대한 것을 과대평가하다. 30

우리의 허영심 14

신격화된begotterte 인간 생존.

"독특한 것"의 구별은 그래도 단지 상대적이다 39

사실적인 것과 비사실적인 것 간의 구별, 예술가적인 것은 비사실적이다. 그것은 세계의 효과적인 형태를 원한다 — "직관적인 인식" 세계는 그의 머리에서 더 객관적이고, 순수하고, 명료해진다.

24[3]

우정. 여자와 아이. 교육. 삶의 경감. 진보. 작가. 죽음. 사회. 불쾌의 사유.

예절. 건강.

기교. 체험. 사상사. 필연. 그의 시간에 관하여. 전쟁. 처벌. 흥미로운. 순수함. 복수. 경쟁. 축제. 자유 정신. 불편한 성격. 개별적인 정서와 상태. 도덕. 종교. 학문. 철학. 작가. 예술. 국가와 사회성. 문화의 탄생. 삶의 경감. 고독한 불쾌의 사유. 직업. 사유. 우정. 여자와 아이. 교육의 물음.

칭찬. 더 많은 요구. 충실. 정의. 겸손함. 증오. 두려움. 명예심. 사랑. 열정. 조야. 행복. 불행. 불손한. 허영. 의심. 수치. 합법성. 범죄자. 경멸. 정신. 얼치기 학자. 용기. 담화. 지루함. 악의. 위험. 위대함. 죽음. 위로. 태만. 위장(僞裝). 인간성. 일반적인 진보.

부정직. 변종. 희망. 시기. 부패. 논쟁. 노동. 감사(感謝). 심오한 인간. 대가. 월권. 근면. 덕. 악의. 학생들. 외교관. 책망. 단념. 아첨. 재능. 직업. 수입. 웃음. 고귀함. 실패. 당(黨). 기억. 습관. 신뢰. 젊음. 순간. 귀족. 권력.

24[4]

    1 확신과 진리 (믿음이 산을 움직인다) (충실)

    2 책임.

    3 정의. (칭찬과 책망은 개인적이다.)

    4 신비 (결혼 — 왕권, 미래) 수치

    5 문화–유연성. 멜랑콜리

    6 도덕성의 근원, 전통. 습관. 호의. 인간과의 교제.

    7 금욕과 성스러움.

    8 원죄 의식.

24[5]

    형이상〈학〉

    정치. 언론. 당. 역사

    교육. 학교. 강의

    문화

    도덕

    음악

    어린아이

    환경. 교제

    작가

    예술. 천재.

24[6]

국가의 정치적인 병은 일반적으로 그것의 정신적인 갱신과 권력의 원인이다.

24[7]

부모는 마치 형이상학적인 철학자가 원하는 것처럼 어린이의 우
연〈성-〉 원〈인〉인 것은 아니다 ― 오히려 어린이가 부모의 우연성
작용이다 ; 부모는 근본적으로 쾌락을 의욕하고 때때로 그것은 그
때 우연히 아이로 온다.

24[8]

따라서 영웅 ― 용.

24[9]

모든 보잘것없는 시인은 건강한 인간의 오성은 값싼 것이고, 시
인은 오성을 단지 가지고자 의욕하자마자 가질 것이라고 믿는다.
― 그리고 그들이 오성을 절대로 가지지 않게 되기 때문에 그들은
마찬가지로 보잘것없는 시인으로 머물러야 한다는 것은 알지 못한
다.

24[10]

에필로그. ― 나는 그대들 모두에게, 즉 고의는 아니지만 잘못되
고 삐딱한 눈으로 이 책을 보는 나의 독자들에게 인사한다. 정신적
인 자유에 대한 우화가 숭배로 상승하는 바보의 오두막에서보다 이
책에서 더 많이 인식할 수 있는 그대들. 그대들은 내가 무엇을 주었
고 어떻게 주었는지를 안다 : 내가 무엇을 할 수 있었고 내가 얼마

나 더 많은 것을 원했는지를 — 세기를 넘어서 전깃줄을 임종의 방
으로부터 정신의 새로운 자유가 태어나는 방에 이르기까지 팽팽하
게 한다. 그대들은 단지 모든 선한 것과 나쁜 것을 위해, 내가 말한
것과 행한 것, 아름다운 보복을 실행하고 싶어하는구나! 그것은 작
5    은 것을 큰 것으로, 의욕된 것을 할 수 있었던 것으로 보복해야만
했던 그대들 중에 그와 같은 사람들이다 : — 감각과 함께 나는 이
러한 모든 사람을 생각하고, 여기 책의 끝에서 활력 있는 인사말을
해야만 한다.


10    이 책이 나에게서 자라나기 시작하면서, 동경은 나를 괴롭힌다.
        그리고 수치,
    그런 식물이 내게 언젠가 더 풍부하고 아름답게 꽃 피울 때까지.
    이제 이미 나는 더 위대한 사람을 따라가는
        행복을 맛본다,
15    그가 자신의 수확의 황금빛 소득에 행복할 때.

〔25 = Mp XIV 1d. (가스트). 1877년 가을〕

5    25[1]

### 사회주의.

첫째 : 사람은 민족의 낮은 계층의 고통과 절제에 대하여 관객으로서 잘못 생각한다, 왜냐하면 그는 사람이란 자기도 모르게 자신의 감각의 척도에 따라, 자신의 최고 수준까지 자극될 수 있고 고통10    받을 수 있는 뇌로 그러한 상태로 전환된다는 듯이 판단하기 때문이다. 실제로 고통과 절제는 개인의 문화의 성장과 함께 증가한다 ; 낮은 계층은 가장 우둔한 사람이다 ; 그의 상태를 개선하는 것은 그가 더 고통 받을 수 있게 만드는 것을 말한다.

둘째 : 만약 사람이 개인의 평안이 아니라 인류의 목적을 주시한15    다면, 그러한 사회주의가 요구하는 정돈된 상태에서, 과거의 혼란한 상태를 발생하게 한 것과 같은, 인류의 유사한 큰 결과가 발생할 수 있는지를 많이 묻게 된다. 아마도 위대한 사람과 위대한 작품은 오직 야생의 자유 안에서만 성장할 수 있을 것이다. 인류는 위대한 인간과 위대한 작품을 다른 목적으로서 갖지 않는다.

20    셋째 : 매우 많은 어렵고 거친 노동이 행해져야 하기 때문에, 또한 그와 같은 것에 복종하는 인간은 보존되어야 한다. 그 정도로 결국 기계는 노동을 덜 수 없다. 노동 계급으로 보다 높은 교육의 요구와 순화가 침투하면, 노동 계급은 지나치게 많이 고통 받지 않고는 더 이상 노동을 할 수 없게 된다. 그렇게 발전된 노동자는 여가

를 위해 노력하며, 노동의 경감을 요구하지 않고 노동의 해방을 요구한다. 즉 : 노동자는 노동을 어떤 다른 사람에게 부과하고자 한다. 사람은 아마도 그의 소원인 해방과 아시아와 아프리카로부터 야만적인 민족을 대규모 도입하는 것을 생각할 수 있을 것이다. 그래서 문명화된 세계는 계속하여 비문명화된 세계를 정복하고, 이러한 방식으로 비-문화는 바로 강제 노동에의 의무로 간주된다. 사실 유럽의 국가에서는 노동자와 고용주의 문화가 종종 매우 밀착되어서, 소보석이고 기계적인 노동에 대한 매우 오랜 부당한 요구가 분노의 감정을 야기할 정도다.

넷째 : 만약 사람들이 어떻게 공정과 정의의 의미가 발생했는지를 이해한다면, 사람들은 사회주의자가 정의를 그들의 원리로 만들 때 사회주의자에게 대항해야 한다. 자연 상태에서 "어떤 사람에게 정의로운 것은 다른 사람에게 공정하다"라는 명제는 타당하지 않고, 거기서는 권력이 결정적이다. 사회주의자들이 사회의 완전한 전복을 원하는 한, 그들은 권력에 호소한다. 미래 질서의 대변자가 그들에게 오래된 질서를 투쟁에 대립시키고 두 힘을 똑같이 또는 유사하게 강하다고 여길 때 비로소 계약이 가능하다. 그리고 계약을 근거로 나중에 정의가 발생한다. ― 인권은 존재하지 않는다.

다섯째 : 만약 저급한 노동자가 부유한 공장 주인에게 "당신은 행복을 얻을 가치가 없다"라고 말한다면, 그는 옳다. 그러나 다음으로부터 끌어낸 그의 추론은 틀리다 : 아무도 그의 행복을 얻을 가치가 없다. 아무도 그의 불행을 얻을 가치가 없다.

여섯째 : 제도의 변화를 통해서 땅에 행복이 증가되는 것이 아니라, 사람이 사악하고 약하고 몽상적이고 화 잘 내는 기질을 다 죽게

함으로써 증가된다. 외적인 상태는 그 외에 거의 할 일이 없다. 사회주의자가 대부분 그러한 악한 종류의 기질을 가지는 한, 그들은 비록 새로운 질서를 세우는 것에 성공한다 할지라도 다른 상황에서 행복을 땅에서 줄인다.

일곱째 : 오직 전통과 확고한 인륜, 제한 내에서 세계의 안녕이 존재한다 ; 사회주의자는 전통, 인륜, 제한을 파괴하는 모든 권력과 연합된다 ; 새로운 구성적인 능력은 그들에게 아직도 가시화되지 않았다.

여덟째 : 사회주의가 가져오는 최선은 그것이 가장 넓은 범위에 전달하는 흥분이다 : 그것이 인간과 이야기하고, 가장 낮은 계층으로 일종의 실천-철학적 담론을 가져온다. 그러는 한에서 그것은 정신의 힘의 근원이다.


25[2]

### 서문.

만약 작가가 자신의 책을 앞에 두고, 그것을 낯선 표정으로 보면서 이것은 나인가? 이것은 내가 아닌가? 하는 물음을 되뇌어보는 일과 마주했다면, — 얼마나 많이 더 그의 예전 글의 독자가, 특히 독자가 같은 책의 작가를 개인적으로 알지 못하고 단지 글의 정신과 성격을 영혼 앞에 세울 때, 그런 느낌을 가져야 하는가. 이러한 독자에게, 나에게 항상 현재적이고 충실하고 대담한 자극을 주는 자이며 나의 높은 자아를 옹호하는 자에게 — 나는 따라서 책이 어떠한지에 대해서가 아니라, 그것이 독자에게, 나에게 무엇을 의미하는지에 대해서 설명할 책임이 있다 : 이 설명은, 말했듯이, 가끔 자신의 아이의 눈을 경탄하며 들여다보고, 때로는 조금 무시무시하고 때로는 너무 무해하다고 생각할 때, 내가 나에게 주는 설명이다.

이 시대의 두드러진 인간들인 우리는 저마다 어떤, 모든 이전 시대에 접근할 수 없을 정도로 우리로 하여금 어떤 권위가 지닌 실행하는 압력에 맞서 민감하고 반항적이게 만드는, 그러한 내적인 자유로운 정신의 흥분을 지닌다. 우리가 현대 자유 정신에 대한 단초와, 마찬가지로 그것의 본질에 대한 밑그림이 그려진 개요를 마치 눈으로 우리 모두를 보듯이 감지하는 반면, 우리 중 아무도 지금까지 그 현대 자유 정신의 유형이 되지 않았다는 것은 우연이다. 이제 이 책의 저자가 언젠가 미래의 문화의 발판이기 위해, 오랜 시간 후에 위대하고 전형적일, 이 시대로부터 그리고 그것을 넘어 성장하는 인간을 탐색하는 동안에, 그는 본질적인 전형의 결핍을 피하지는 않았다 ; 그는 그가 현재의 자유 정신의 상을 그러한 내적인 암시로 보고 단계적으로 그려나가는 것을 시도하는 것을 통해 스스로를 돕고자 한다. 그가 그러한 정신이 자신으로부터 말을 하는 시간에 꼼꼼하게 주의를 기울임으로써, 그가 시간의 법칙을, 그러한 유령의 말의 내적인 관계를 발견함으로써, 자유 정신에게서 정신은 사람이 되고, 그로부터 하나의 형태가 된다. 최종적으로 그는 자신에 관하여, 현재의 자유 정신의 원형으로서 이와 같은 것을 공개적으로만 그리는 것을 더 이상 극복하지 않았다 ; 정신으로 하여금 말하게 하고, 물론 정신에 책을 밀어 넣는 뻔뻔스러운 것이 그의 마음에 들었다. 청중이 이러한 이야기에 신뢰를 갖고 친밀감을 느끼기를, 청중이 이러한 이야기를 거의 신경질적인 자유로운 정신의 그러한 자극처럼, 간계와 갑작스러운 폭발을 아무도 경계할 필요가 없는, 고정되고, 부드럽고, 거의 쾌활한 영혼에 결합된 강제와 명령하는 절제의 마지막 잔여물에 대한 그러한 혐오감처럼 지각하기를! 특히 이러한 자유로운 모임엔 오래 사슬에 묶였던 사람과 늙은 개의 특징인 투덜거리는 소리와 언짢음이 부족하다 : 근대의 자유 정신은 그의 선조처럼 투쟁에서 태어나지 않는다. 더욱이 그것은 오랜 결합된 세계의 모든 정신적인 힘들이 입장하는 것으로 보이는 해결의 평화로부터 태어난다. 역사에서 이러한 큰 급변이 등장한 후에, 자유 정신의 영혼은 시기심이 없고 거의 요구가 없게 되고, 자유 정신은 자신을 위해 많은 것을 얻으려 하지 않는다, 더 이상 얻지 않는다 ; 그 인간과, 인류, 법과 사물에 대한 기존의 평가에 대한 저 자유롭고 두려움이 없는 불안정이 자유 정신에게 가장 소망할 가치가 있는 상태로서, 자유 정신에게는 그것이면 족하다. 자유 정신은 이러한 상태에 기쁨을 기꺼이 전달한다 ; 자유 정신에게서 더 많은 것을 원하는 사람에게, 그의 형제에게, 행위가 자유로운 사람에게 자유 정신은 입술에 약간의 경멸을, 호의적인 부인(否認)으로서 보여준다 : 이러한 "자유"로써 자유 정신은 당연히 많은 것이 애기될 수도 있는 고유한 상황을 가진다. ―

이와 같이 작가는 ― 거의 나는 시인이라 말했을 것이다 ― 머리말을 자신의 작품과 주인공을 위해 말한 후에는 후자가 스스로 등장하고 그의 독백적인 놀이를 시작하는 것을 좋아한다. 비극일까? 희극일까? 희비극일까? 아마도 이 부분에서는 그것을 완전히 나타내어줄 말이 부족할 것이다 : 그래서 시구가 우리에게 도움이 되고 청중을 준비한다 :

사색의 놀이, 그것은

우아함의 하나를 너에게 이끈다 :

오, 얼마나 너는 너의 감각을 즐겁게 하는가!

슬프다! 무엇을 내가 보는가?

5    선구자의 가면과 베일은 떨어진다,

그리고 윤무 앞으로

경악스러운 필연성이 걸어간다.


25〔3〕

10    I 문화의 철학.

II 도덕적 감각의 역사에 관하여.

III 종교적인 삶.

IV 예술가와 작가의 영혼으로부터.

V 처음과 끝의 사물에 관하여.

15    VI 인간의 교제.

VII 여성과 아이.

VIII 국가에 대한 주시.

IX 혼자인 인간.

〔26 = D 11. 1877/78년 겨울〕

26[1]

　　유용한 것으로서의 왜소화의 모색. 적지 않은 인간이 자신의 자기
존경과 어떤 유용성을 행동에서 올바르게 보존하기 위해 자신에게
알려진 모든 사람을 자신의 관념에서 철저히 경멸하고 왜소화하는
것을 필요로 한다. 우리 모두가 그러한 유용성의 장점을 가짐으로
써, 우리는 그것에 대한 필연적인 도구를, 시기(猜忌)와 왜소화의
모색을 좋든 나쁘든 시인해야만 한다.

# 유고(1878년 봄~1879년 11월)

: 우화에 의한 헤시오도스의 예술 외

〔27 = N II 5. 1878년 봄~여름〕

27〔1〕

우화에 의한 헤시오도스의 예술.

뮤즈의 영감, 과정.


27〔2〕

암살 기도와 같은 아주 공허한 사건에 관하여 소음이 만들어진다. 출판물은 영속적인 잘못된 소음이다.


27〔3〕

나는 학생으로서 말했다, "바그너는 낭만파다, 중심과 충족의 예술이 아니라 마지막 구역의 예술이다." 이러한 통찰과 함께 나는 바〈그녀주의자〉였다, 나는 달리 할 수 없었다, 그러나 나는 그것을 더 잘 알았다.


27〔4〕

강한 자유로운 인간은 비-예술가다. (바그너에 반대하여.)


27〔5〕

바그너가 스스로를 넘어서 자신을 증명할 수 있는지??

27[6]

동일음Unisono-노래에서 그리스 음악의 에너지. 소리와 리듬에서 그들의 보다 섬세한 발전 ─ 그것을 통해 하모니가 우리를 손상한다.

27[7]

내가 결정했던 여덟 가지 주안점.

27[8]

증가〈하는〉 경건함에 관하여 : 트라이치케와 프랑스인들 또한 : "모든 사물들은 최선으로 신을 받들어 섬겨야 한다."

27[9]

열정 ─ 결론 : 확증.

마지막 작품 : 단지 스스로. 시작 : 그리고 앞으로, 진리를 향해. 그것의 결론 : 제노바.

27[10]

열정에 관하여.

종교.

교제에서.

여성과 아이.

예술가와 작가.

교육의 미래. (단계를 분리하다)

인간 스스로 혼자.


27[11]

우리는 음악에 매우 친밀하다, 우리는 단지 암시한다. 후세에 음
악에 대한 우리의 글은 전혀 이해되지 않는다.


27[12]

나는 사상가의 독립성은 대지에서 증가하고, 누가 나에게 반대하
여 언명한다는 것을 안다. ― 에머슨, 괴테 9쪽.


27[13]

무엇이 경박함인가? 나는 그것을 이해하지 못한다. 그래도 바그
너는 경박함에 반대하여 자란다.


27[14]

작품에 대한 **책망**은 큰 즐거움과 결합된다. 또한 (원저자를 위해
서 매우 드물게) 유용성과 결합된다. 왜냐하면 그가 스스로 근거를
부여하기 위해 찬미자를 강요하기 때문이다.


27[15]

생생한 돌의 형식, 나무의 형식을 모방하여 ― 말과 글의 양식(읽
기)을 위한 비유로서.

이오니아 주두(柱頭)의 소용돌이 무늬로 돼 있는 아시리아의 기둥
― 모방에 따라서.

이집트의 기둥은 초기 도리아식이다.

올림피아에서 아미클레Amyklä와 제우스의 왕관은 동물에서 분해된다 ― 아시리아적이다.

고대 그리스 예술에 나타난 머리 관리는 아시리아적이다.

탁월하게 의식(儀式)이 멈추는 곳에, 사람은 스스로 가게 해도 되는 것처럼.

아시리아인에게서 동물의 형성.

큰 자연석의 건축물에서 재료의 조야함과 거대한 양의 취급의 대립.

"미적으로 우리에게 말할 수" 있는 것.

원환과 아치 모양에 대한 혐오.

숲으로 가득한 고대-그〈리스〉 ― 타원형을 둘러싼 오래된 홀은 프리우스prius다.


27[16]

――― 마치 가장 큰 도시에서 가장 파괴되지 않는 것 같은, 그래서 모든 공공성 앞에서의 우리의 친구 간의 토론 : 그것은 우리를 단지 엿듣기 시작했을 뿐인 누구에게도 귀 기울이게 하지 않는다. ― 그러나 우리는 정말로 소수다.


27[17]

스스로 하나의 원칙을 (바그너처럼) 만들고자 헛되이 시도하는 사람들.

27〔18〕

극작가는 차용한다 — 그들의 주요 능력 — 서사시로부터 예술가적인 사유를 (바그너 또한 아직도 고대 음악으로부터).

27〔19〕

극작가는 구성적인 천재다, 서사시인처럼 발견하고 창조하는 천재는 아니다.

희곡은 서사시보다 더 심오하게 존립한다 — 더 조야한 관객 — 민주적으로.

27〔20〕

나는 자연이 낭만적이지 않다는 것에 기쁘다 : 비진리만이 인간적이다 : 가능하면 멀리 자연으로 벗어나는 것이 인간을 자연으로 그리고 그들의 진리로 다시 번역하는 인식이라고 불린다. 그때 우리의 예술에 무엇이 놓여 있는가? — 그러나 강한 공기, 태양과 습기로부터의 보호, 인간의 부재 — 그것은 나의 자연이다.

27〔21〕

나는 엥가딘의 고지(高地)의 공기로 가는 고뇌하는 자를 본다. 또한 나는 환자를 나의 고지의 공기로 보낸다 — 그의 병은 어떤 종류인가?

27〔22〕

친구들에게 방랑자가

# 프리드리히 니체

27[23]

바그너의 예술을 위한 사랑은 통틀어 정확히 혐오처럼 부당하다.

27[24]

그의 음악에 부족한 것은 그의 글에 부족한 것이다 — 변증법. 그와는 반대로 확대의 예술은 매우 크다.

그의 작품은 마치 큰 착상이 축적된 덩어리처럼 나타난다 ; 사람은 더 위대한 예술가가 착상을 다뤄주기를 바란다.

항상 가장 극단적인 표현을 생각하며 — 모든 말에 ; 그러나 최상급은 약화된다.

대중의 모든 시대에 반대한 시기심 : 대중은 아름다움, 우아함을 의심한다. 대중은 "독일적인 것"에 자신의 덕을 준다고 말하고 또한 그 가운데 모든 자신의 결함을 이해한다.

27[25]

그것은 실제로 현대의 예술이다 : 미적인 시대를 그것이 거부할 것이다. 보다 섬세한 사람들은 그것을 또한 이제 거절한다. 모든 미적인 것의 **조잡화**. — 괴테의 이상에 반대하여 조심스럽고 깊게 뒤떨어진. 이러한 헌신하는, 불타는-신뢰하는 바그너의 본성의 도덕적인 대조는 가시로서, 자극제로서 작용한다 : 스스로 이러한 감각은 작용에 사용된다.

27〔26〕

　　나는 "가장 도덕적인 음악"을 가장 황홀하게 접근하는 자리라고 불렀다. 특징적으로!

27〔27〕

　　영리한 사람, 냉정한 사람, 만족하는 사람에게 반대하는 바그너 — 여기서 그의 위대한 — 시대에 맞지 않는 — 무례한 사람, 우아한 사람에게 반대하며, — 그러나 또한 올바른 사람, 절도 있는 사람, (괴테처럼) 세계에 스스로-즐거워하는 사람, 상냥한 사람, 우아한 사람, 과학적인 사람에게 반대한다 — 이게 그의 결점이다.

27〔28〕

　　내적인 환상을 위한 서사적인 동기들 : 많은 장면은 감각화에서 훨씬 약하게 작용한다(리젠부름과 보탄[7]).

27〔29〕

　　바그너는 그의 음악으로 이야기할 수 없고, 증명할 수 있는 것이 아니라 엄습하고, 전복시키고, 괴롭히고, 긴장시키고, 경악케 할 수 있다 — 그의 형성에서 부족한 것을 그는 그의 원칙에서 취한다. 정조(情調)는 작곡을 대신한다 : 그는 직접 길을 간다.

27〔30〕

　　비예술가적인 인간에게 의뢰하면서, 예술 작용이 아니라 부수 작용에 모든 수단으로 작용해야 하는 것이 아주 일반적으로 간과되었다.

27[31]

하나의 주제 이후에 바그너는 항상 더욱 곤경에 처해 있다. 그 때문에 오랜 준비 — 긴장. 자신의 교활함, 자신의 약점을 덕으로 달리 해석하는 것. 그래서 즉흥성이다.

27[32]

우리의 시대로부터 바그너는 무엇을 표현하는가? 조야함과 가장 부드러운 약함, 자연 충동-야성화와 신경적인 과-민, 피로로부터의 감정에 대한 중독과 피로에 대한 쾌락의 병존. — 이것을 바그너주의자는 이해한다.

27[33]

나는 말로서 작용하고자 하는 바그너의 음악과 그림으로서 작용하고자 하는 양각-조각을 비교한다. 최고의 양식 법칙은 손상되었고, 가장 고상한 것에 더 이상 이를 수 없다.

27[34]

쇼펜하우어적인 인간 : 모든 생성하는 것에 대항하여 파괴하는 천재를 계획했을 때 나는 가장 위대한 열정에 이르렀다.

반대 욕구로서, 그러한 무시무시한 일상의 일에서 아름답게 꿈꾸게 만드는, 건설하는 형이상학적인 예술가를 필요로 한다.

불만족은 비극적인 사유에서 상승된다.

**해독제** : 사유와 사유에서의 쾌감에 대한 염세적인 비판. 천재의 비판.

1단계 : 슈트라우스. 불만족. 그 반대로 전투에서의 쾌감.

2단계 : 역사의 인식에 대하여 눈을 감는 것의 시도.

3단계 : 파괴의 쾌감.

4단계 : 마취의 쾌감.

27〔35〕

리듬은 춤으로부터 그리스의 시학으로 오지 않았다. 춤과 시학은 독립적이다. **그러므로** : 음악과 춤은 오랜 시간에 비의존적이었음에 틀림없다.

27〔36〕

힘세고 검은 소나무는 산과 봄의 초록색과 대조를 이루며 ─ 태양은 긴 나무가 없는 띠로 저녁 숲 위에 있고 ─ 사람은 가장 흥겨운 춤을 기다린다.

27〔37〕

바그너에 대한 나의 오류는 결코 개별적인 것이 아니다. 나의 상(像)은 옳은 것이라고 매우 많은 사람에게 말했다. 그것은 화가를 속이는 그러한 자연의 강한 작용에 속한다. 그러나 사람은 마찬가지로 호의만큼 혐오를 통하여 정의를 위반한다.

27〔38〕

바그너에게 있어서 가장 강한 작용을 위한 모든 수단의 가장 야심적인 결합 : 반면에 가장 늙은 예술가는 조용히 개별적인 종류를 계속 형성했다.

27〔39〕
군대의 형식을 형〈성하는〉 힘을 간과한다.

27〔40〕
만약 자연이 그대들에 의해 희극으로 만들어지지 않았다면, 그대들은 신을 믿지 않을 것이다 ― 무대에 직합한 기계 존재, 무대 장치와 놀라움 ― ― ―

27〔41〕
열정(행위, 말, 몸짓)과 음악적인 교향곡의 발전에서 심리학적인 법칙은 일치하지 않는다 : 바그너적인 주장은 그의 예술을 통해 반박된 것으로 간주된다. ― 모든 위대한 것은 음악이 지배하는 곳에, 또는 희극이 지배하는 곳에 있다 ― 그래서 평행하는 것은 아니다.

27〔42〕
그것은 나에게 전쟁 후에 힘이 의무이고 부채가 그 자체에 포함된 것처럼 여겨진다.
나는 바그너에게서 시대의 반대자를 보았다, 또한 이러한 시대가 위대함을 갖고 나 스스로 나의 안에서 힘을 느꼈던 사람에게서도 시대의 반대자를 보았다.
수(水) 치료법은 나에게 필요한 것 같다. 나는 예전에 나를 매우 명랑한 형이상학적인 꿈으로 고양시키기 위해서 인간에 대한 회의와 인간에 대한 경멸에 대해서 화제로 삼으려고 했다. 나는 인간을 충분히 잘 알았다. 그러나 나는 인간을 잘못 측정했고 판단했다 : 비난을 위한 원인이 부족하다.

27〔43〕

생생한 쇼펜하우어는 형이상학자와 관련이 없다. 그는 본질적으로 볼테르주의자다. 네 번째 〈책〉은 그에게 생소하다.

27〔44〕

나의 바그너 묘사는 바그너를 넘어섰다. 나는 그러나 아마도 예술가를 불타게 하는 이상적인 괴물을 묘사했다. 실제적인 바그너, 실제적인 바이로이트는 나에게 마치 작은 종이에 찍힌 동판의 나쁜 최후의 복사 같았다. 실제적인 인간과 그들의 동기를 보려는 나의 욕구는 이러한 수치스러운 경험을 통해 대단히 자극된다.

27〔45〕

바그너는 자신의 본래의 진로를 굳음을 통해 막고 자신이 갑자기 스스로 형성하는 방해물에 의해 저지되는 것으로 느끼는 용암을 기억시킨다. 그에게는 정열을 가지고 빠르게Allegro con fuoco가 없다.

27〔46〕

우아함과 진심이 어울리는 것은 또한 독일적이다.

27〔47〕

　그의 영혼은 노래하지 않는다, 그것은 말한다, 그러나 최고의 열정
처럼 말한다. 그에게 음, 리듬, 말의 몸짓 변화는 자연스럽다 ; 반대
로 음악은 절대로 아주 자연스럽지 않다, 단어의 비축과 다른 문장
론을 가진 배운 언어의 종류다.


27〔48〕

　그러나 나중에 나에게 사믹의 천 개의 샘에 대한 시신이 열렸다.
　그러한 시기는 서투른 조숙함과 반대로 매우 유용하다.


27〔49〕

　**이제** 나는 고대와 위대한 예술에 대한 괴테의 통찰을 알게 된다 :
그리고 이제 비로소 나는 실제적인 인간의 삶을 위한 소박한 시선을
얻을 수 있었다 : 나는 중독시키는 염세주의가 되지 않기 위한 해독
제를 가졌다. 쇼펜하우어는 "역사적으로" 되었다, 세태 인심을 잘
아는 사람으로서는 아니다.


27〔50〕

　바그너의 멜로디 안에서 그리고 바그너의 멜로디의 빈곤. 멜로디
는 많은 아름다운 비례를 가진 완전함이다. 정리된 영혼의 거울상.
바그너는 그것을 향해 애쓴다 : 그가 멜로디를 가진다면, 그것을 거
의 포옹하여 누른다.


27〔51〕

우리의 젊음은 시대의 냉정함에 반대하여 분노한다. 젊음은 과도함, 열정, 도취, 세계에 대한 가장 검고 가을 같은 파악의 숭배에 몰두했다.

27〔52〕

바그너는 그에게, (괴테와 반대로) 고상하지 않은 사람에게 세계에 대한 기쁨이 된 "경박함" 자체에 맞서 싸운다. 앞서 우리는 알았을 것이다. V〈ide〉 V〈orher〉

27〔53〕

바그너는 스스로 여러 번 자신을 모방한다 — 수법. 그 때문에 그는 또한 음악가 중에서 가장 빨리 모방되었다. 그것은 쉽다.

27〔54〕

바그너는 사람을 교제에서 자유롭고 위대하게 만드는 힘을 갖고 있지 않다 : 그는 신뢰하지 않고 의심하고 불손하다. 그의 예술은 그렇게 예술가에게 작용한다 ; 그것은 경쟁자에 대해 질투심이 많다.

27〔55〕

행위에 있어서의 조야함과 감각에 있어서의 과민함의 대립.

27〔56〕

최종 목적의 불명료성, 비고전적인 불명료함.

27[57]

오케스트라-색깔의 예술, 보다 섬세한 귀로 프랑스인인 베를리오즈를 (일찍이) 청취했다.

27[58]

탄호이저와 로엔그린은 좋은 음악이 아니다. 인상적이고 감동적인 것은 그러나 가장 순수하고 높은 예술에 의해 가장 안전하게 달성되는 것이 전혀 아니다. 조잡화.

27[59]

바흐와 베토벤이 〈가지는〉 자연스러운 고귀함 (멘델스존조차 가지는) 아름다운 영혼이 부족하다 — 한 단계 더 깊이.

27[60]

또한 음악에도 논리학과 수사학이 양식의 법칙으로 존재한다.
바그너는 그가 테마를 다룰 때 수사학자가 된다.

27[61]

변증법에서 그의 음악적인 발명에 반대하는 깊은 불신. 그는 모든 방법으로 결핍을 표시한다.

27[62]

비극의 탄생의 표현 — 떠다니는 구름의 화환, 새하얀 밤하늘, 그것을 뚫고 별이 반짝반짝 빛난다 — 불명료하게 매우 명료하게 유령같이 밝아진 계곡.


27[63]

다리 위에서 ─ 친구와의 만남 이후에 ─ 외로움.


27[64]

산길에 사는.


27[65]

뵈머발트에서 나는 위상을 극복했다.


27[66]

"교양 속물"과 역사적인 병은 나를 고무시키기 시작했다.


27[67]

**쇼펜하우어**에게 있어서. 처음에는 대체로 자신을 개별적인 것에 반대하여 **고집하면서** 나중에 세부적으로는 전체적인 것에 반대하여 **고집한다**.


27[68]

바그너의 "음악적인 미사여구" (리스트)


27[69]

라인 강의 지류(支流)에 대한 노래 ─ 가을의 아름다움

27〔70〕

문제 : 리듬을 위한 감각이 없는 음악가.

유대인의 리듬 (평행주의), 원시적인 단계에 의지하는 리듬의 느낌의 과숙(過熟).

예술의 중심은 사라진다.


27〔71〕

만약 우리가 "고유함"인, 그리스적인 주관적 힘을 가졌다면.

그러나 아무런 형성도 협소하게 제한되지 않았을 것이다.


27〔72〕

연설에서 장식의 발전.


27〔73〕

"가장 섬세하고 내적인 절제를 위한 보답을 받기 위해" 부르크하르트.


27〔74〕

바그너에 대하여 불신을 최고로 환기시키는 것이 있다 : 그것은 바그너의 불신이다. 그것은 내가 음악가인지 ㅡㅡㅡ 두 번 의심할 정도로 강하게 선동한다.


27〔75〕

**플라톤의 질투심.** 그는 소크라테스를 자신이 독점하고자 한다.

플라톤은 그를 함께 파고들어, 그를 미화하고 탁월한 소크라테스 καλὸς Σωκράτης를 모든 소크라테스주의자로부터 벗어나, 스스로 지속하는 것으로 특징지었다고 생각한다. 그러나 그는 소크라테스를 완전히 비역사적으로 표현하고 가장 위험한 가장자리에 놓는다 (마치 바그너가 베토벤과 셰익스피어를 그렇게 만드는 것같이).

27〔76〕

원〈죄〉의 감정이 없는 그리스인들. 범죄자 오레스테스는 존경할 가치가 있다. 광기, 구원의 필요가 없는 것.

27〔77〕

바그너는 그의 글에서 위대함, 평온이 아니라 월권을 — 왜? : — 가진다.

27〔78〕

유대인에 대한 텐Taine의 입장. — 게다가 나는 독자를 혼란스럽게 했다 : 그 입장은 절대로 바그너에게 해당되지 않는다 — 바그너가 유대인이 아니어야 했는가? 이제 우리는 그의 유대인에 대한 혐오를 이해한다.

27〔79〕

나는 예술을 진실한 열정으로 사랑했고 드디어 모든 존재자에게서 예술로서 아무것도 보지 못했다 — 그렇지 않으면 이성에 맞는 다른 열정이 영혼을 가득 채우는 나이에.

27〔80〕

　쇼펜하우어적 인간은 나를 모든 존경받는 것, 높이 평가받는 것, 지금까지 옹호된 것(또한 그리스, 쇼펜하우어, 바그너에 반대하여), 천재, 성자에 대한 회의로 몰았다 ― 인식의 염세주의. 이러한 우회로에서 나는 높은 곳에 올랐고, 가장 신선한 바람과 함께한다. ― 바이로이트에 대한 글은 단지 중지, 침잠, 휴식이었다. 그곳에서 바이로이트의 쓸데없는 것이 나에게서 사라졌다.

27〔81〕

　자신의 시간을 잡으려는 사람은 단지 **스스로** 잡힐 수 있다 : 그 자신이 아니라면 도대체 무엇을 볼 수 있는가? 그래서 또한 사람은 오직 타자에게서만 존경받을 수 있다. 자기 파괴, 자기 신격화, 자기 경멸 ― 그것은 우리의 심판, 사랑, 증오다.

27〔82〕

　나는 환상에 대한 쾌감에 싫증 났다. 자연에서조차 산을 정서의 사실로 보는 것은 나를 화나게 한다. ― 결국 나는 또한 진리에의 쾌감은 환상의 쾌감에 근거한다고 통찰하게 되었다.

27〔83〕

　바그너는 기념비적인 것에 대항하여 싸운다, 그러나 일반적으로 인간적인 것을 믿는다!

　양식-전통 ― 여기서 그는 **기념비화**하고자 한다 ― 그것이 최소로 허용된 곳에서 ― 빠르기에서!

27[84]

나는 충실한 재능을 갖고 있지 않다. 그리고 더 좋지 않은 것은 그 재능을 나타나게 하는 허영심을 절대로 갖고 있지 않은 것이다.

27[85]

모든 향유의 본질은 얼마나 판단-능력이 섬세한가에 있다. 거장의 모든 비판은 우리에게 거장으로의 통로를 연다. 사막의 천 개의 우물.

27[86]

무엇을 위해 바그너의 어리석음과 이탈, 그리고 그의 당(黨)의 이탈이 쓸모 있는가? 또는 그것은 유용하게 만들어질 수 있는가? 그는 시끄러운 종을 그것을 통해 운반하여 돌아간다. 나는 그에게 다른 것을 원하지 않는다.

27[87]

나는 종교적인 감정의 특별 전개에 반대한다, 왜냐하면 그 힘은 다른 발전에 유익해야 하기 때문이다. 이제 그것은 그렇게 흩뿌려져 ― 올바른 즐거움을 만들지 못한다.

27[88]

**친구들** ― 우리는 스스로 유령이 되기를 원하지 않는다. ― 동반에 따른 괴로움.

27[89]

바그너는 광기를 뒤쫓는다, 시대는 다른 것을 뒤쫓는다 ; 양자는 같은 속도로, 마찬가지로 맹목적이고 부당하다.

27[90]

모든 바그너의 "이념들"은 곧 견고한 방식이 된다. 그는 방식을 통해 압제화된다. 어떻게 단지 그러한 사람이 그렇게 압제화될 수 있는가! 예를 들어, 그의 유대인 증오를 통해. 그는 자신의 주제를 마치 자신의 "이념들"처럼 반복에 대한 분노하는 쾌감을 통해 죽인다. 거대한 넓이와 길이의 문제는 — 그가 우리를 그의 매력으로 괴롭히는 것이다.

27[91]

나는 종소리를 크게 할 수 있다 (리하르트 바그너에 대한 글).

27[92]

모든 뛰어난 것은 중간의 본성을 가진다. 리하르트 바그너의 음악은 과숙한 음악기에 해당된다.

27[93]

베토벤은 그것을 실러보다 낫게 만들었다. 바흐는 클롭슈토크보다 낫게 만들었다. 모차르트는 빌란트보다 낫다. 바그너는 클라이스트보다 낫다.

27[94]

형식에 대한 바그너의 비판에서 에커만에게 다음과 같은 생각이 떠오른다 : "사람이 아무것에도 존경을 갖지 않을 때, 어떤 예술도 정신이 풍부하지 않다".

27[95]

친구들. — 아무것도 우리를 연결하지는 않지만, 그러나 우리는 서로 즐거움을 갖고, 한 사람이 다른 사람의 방향을 지원하는 정도에까지 이른다. 비록 방향이 곧 그들과 상반된다 할지라도.

27[96]

음악은 당연히 기념비적이지 않다. 시는 **훨씬 더** (사유 때문에) 기념비적이다.

27[97]

후렴은 우리에 의해 잘못된 장식으로 지각된다 : 따라서 모든 과거의 음악이 해당된다.

〔28 = N II 6. 1878년 봄~여름〕

회상록.

28[1]

　가을 — 아픔 — 폐허 — 끈끈이 과꽃. 아주 유사하게 이른바 루브르의 화재 — 문화-가을 감정. 더 깊은 고통은 절대로 없다.

28[2]

　이른바 도덕적 행위에 대한 다년간의 불신. 인간은 마치 자기가 가장 기분 좋게 느끼는 것처럼 행동한다.

15. 예외적으로 완고하게 자신을 경멸하는 도덕의 고양감.

28[3]

14. 슈플뤼겐. 세대의 상징〈적인〉 오락가락. 북과 남, 여름과 겨울의 중간. 여름 햇살에 정오가 되어가는 성. 숲 저녁 기념비〈적인〉 역사를 썼다.

28[4]

13. 나는 확신 때문에, 나에게 곧 아이러니를 일으키지 않았던 어떤 사람도 확신을 갖고 알게 되지 않았다.

28[5]

1877년에 나는 미래에 대해 아무것도 요구할 수 없었다. 심지어 건강조차 ― 왜냐하면 이것은 수단 ― 나는 이러한 수단으로 무엇에 다다르고자 했던가?

28[6]

바람이 불어오는 쪽. 태고의 증인으로서의 돌.

굽은 경지 달빛 썰매 신발 "내가 하루에 나〈의〉 레이어Leyer에게 벌어들인 것은 저녁〈에〉 다〈시〉 바람 속으로 사라진다".

삶의 행복한 날들!

28[7]

어린아이가 신을 광채 속에서 보았을 때. ― 악마의 탄생에 대한 첫 번째 철학적인 글 (신은 자명하고, 악마는 단지 신의 대립의 표상으로 생각된다). 우울〈한〉 오후 ― 성당에서 문 가까이에서 예배를 드리며, 오르간 소리가 멀리서 들린다.

성직자의 친척은 정신적이고 영적인 제한, 유능함, 교만, 예의에 대해 일찍이 통찰한다.

28[8]

일곱 살 때 ― 유년기의 상실을 느꼈다. 그러나 스무 살 때 본Bonn에서 입술(?)의 영향을 받아 나를 아이로 느꼈다.

28[9]

악마Dämonion ─ 아버지의 경고하는 목소리.

28[10]

소렌토에서 하우자페라는 산 위의 탑

　　　만세, 만세, 마리아의 마음이여

　　　만세, 그녀를 매우 사랑하는 신이여.

　　　evviva evviva il cuor di Maria

　　　evviva il Dio que tanto l'ama.

28[11]

소크라테스의 변명을 내적인 감동으로 읽고 설명했다. 회고에 대한 쾌락을 나는 문헌학자보다 더 잘 이해할 수 있다고 믿는다.

28[12]

나는 본능적으로 인간의 지성, 내가 항상 나와 동일시하는 그것의 객관적인 관심에 대해 혼란스럽다. 나는 그 점에서 지성이 매우 고귀하다고 간주한다.

28[13]

교구의 가정부 은자. ─ 예전의 진지함의 증거. 유대 율법학자들 중에 소년으로서 예수.

28[14]

골리스를 향한 산책에서 리츨을 문헌학자로서 내 안에서 확인했다. 2월에 이른 따뜻한 태양. 팬케이크.

28[15]

주요 특징 : (내가 그 외에 에피쿠로스에게서 또한 인정하는) 세련된 영웅주의. 나의 책에는 죽음에 대한 두려움에 반대하는 어떤 낱말도 없다. 나는 죽음에 대한 두려움을 갖고 있지 않다.

28[16]

나의 본질이 드러난다 — 그것이 발전했는지?

유년 시절부터 생소한 성격과 생소한 지식으로 지나치게 짐을 졌다. 나는 스스로를 발견한다.

28[17]

미트로마니아Mitromania. — 첫 번째 햇살의 나타남을 기다리는 것 — 햇살을 드디어 보고 — 그것을 비웃고 저절로 없어지는 것.

28[18]

지식은 경화(硬化)다 — 간질의 행동은 부자유스럽다.

12. 마치 인식의 독화살에 맞은 것처럼 : 모든 것을 보면서.

28[19]

여행자에 관하여 : 어떤 이는 적은 것에서 많은 것을 만들고, 대부

분은 많은 것에서 아무것도 만들지 못한다.

11. 보게 (여행하게) 되면 ; 구경 ; 체험 ; 친숙 ; 떠남 — 다섯 번째
단계 ; 소수가 최고의 단계에 이른다.


28〔20〕

모든 성공하는 사람의 비밀은 자기 실수를 마치 덕처럼 간주하는
것이다. 바그너처럼.


28〔21〕

마치 국가가 범죄자의 죽음을 유용하게 하듯이 우리의 고통을 타
자를 위해 유용하게 만드는 것.


28〔22〕

미트라스[8] — 희망

태양신의 광기!


28〔23〕

나에게 상처 주는 이가 나를 일깨운다.


28〔24〕

결혼식의 동굴과 같은 통로Grotta di Matrimonio, 무의식적인 삶
의 목가적인 상.

28〔25〕
　티베리우스 : 행위-능력의 광기. 대립 : 앎-능력의 광기.


28〔26〕
8. 사람은 나를 모욕하지 않았다 : 그럼에도 불구하고 나는 자신을
사람들로부터 분리한다. 어떤 복수도 아니다.


28〔27〕
7. 세련된 영웅주의는 자기 자신에 대해 눈을 감고, 자신에게 주의하
는 것이다. 아마도 타자는 자신의 활동에서 눈을 감는다.


28〔28〕
　어머니 — 자연 — 과거 — 살해 — 오레스테스 — 위대한 범죄자
에 대한 경외감. 그는 신성하게 된다.
　(풍요함으로서의) 에리니에스[9]의 숭배.


28〔29〕
6. 작은 힘은 작은 배를 밀어내는 데 필요하다. 바이런 에딘부르거
Byron Edingburger의 비판. 나중에 비방이 된다.


28〔30〕
5. 그의 병(病)을 쟁기에 묶는 것.

28[31]

4. 어떤 고통을 통해서도 차선의 방법 δεύτερος πλοῦς에 대한 믿음을 가져올 수 없다.

처벌과 (미래) 검사로서의 고통을 거절하는 것.

28[32]

겨울 아침 수증기가 오르는 마구간.

28[33]

3. 소렌토에서 나는 9년 된 이끼층을 들어 올렸다.

사자(死者)를 꿈꾼다.

28[34]

축제로서의 삶을 미트로마니Mitromanie로부터 숙고해내는 것.

28[35]

예수는 반드시 세계를 구원해야만 하는가? 그것은 예수에게 아마도 실패임에 틀림없다.

28[36]

자신의 실패 위에 씨를 뿌린다.

28[37]

파우스트-문제는 형이상학으로 극복된다.

28〔38〕

　개별자에게 삶의 용감한 자의(恣意)를 반환 청구하는 것. 이제 비로소!


28〔39〕

　기억의 기술, 악하고 괴로운 요소의 정복. 병, 불쾌, 권태에 반대한 싸움.
2. 페르시아의 태양신 미트라스는 뱀과 전길이 매달려 있는 횡소를 죽인다.

28〔40〕

　고대의 세계 고찰을 다시 획득하는 것! 실제로 모든 것 위에 있는 운명의 여신 모이라, 실제의 힘의 대표자인 신들! 고전적으로 되라!


28〔41〕

　나는 모든 고대 철학자의 향유통과 약병을 필요로 한다.


28〔42〕

　두꺼비-꿈.

28〔43〕

　새로운-고대.

28[44]

위대한 것을 사랑하는 것, 심지어 그것이 우리를 굴복시킬지라도 — 왜 예술가는 진리 앞에 무릎을 꿇지 말아야 하는가, 정신적인 운동의 지도자는 정의 앞에 엎드리는 것을 부끄러워한다. 그리고 "나는 여신, 나의 일이 당신의 일이 아니라는 것을 안다. 용서하라, 그러나 나는 다르게 할 수 없다"라고 말한다.

28[45]

나의 글의 작용 : 그것에 반대하여 매우 회의적이다. 나는 당파를 보았다. "나는 바그너가 그에게 반대되는 글을 인정할 때까지 기다린다"라고 나는 말했다.

28[46]

부족할 때 쉽게 정신-중독이 목표가 된다 : 바이로이트의 신문의 목적에서도 그렇다.

28[47]

최고의 형식에 대한 감각을, 가장 단순한 근본 형태로 가장 복잡한 것을 일관되게 발전시키는 것을 — 나는 **쇼팽**에게서 발견한다.

28[48]

독일적 음악에서는 **도덕적** 요소가 너무 높게 평가된다 —

28[49]

뻔뻔함이 쇄도하는 것 — 그것은 실제로 동정일 수 있다 : 그러나 나는 지성을 지닌 동정을 원한다 : 이미 지적이어야 할 쇼펜하우어 〈적인 것〉을 나는 완전히 불신한다.

28[50]

음악가의 자연 오류.
자서전

28[51]

바이로이트에서의 오케스트라는 너무 심오하다, 이미 중간에서 부터 사람은 음악적인 정확성을 충실과 믿음으로 감수해야만 했다.

28[52]

바그너는 하나의 원인으로부터의 설명을 더 낫다고 간주하는 문외한의 감각을 가졌다. 유대인도 그렇다 : 죄, 그래서 구원자. 그렇게 구원자는 독일적인 것, 문화를 단순화한다. 잘못되었으나 그러나 힘 있게 한다.

28[53]

모든 음악가의 대표자인 리스트는 음악가가 아니다 : 정치인이 아닌 군주다. 백 가지 음악가-영혼을 합치나 고유한 그림자를 갖기에 충분한 자신의 인물이 아니다.

만약 사람이 고유한 신체가 있는 인성을 갖고자 한다면, 반드시 그림자를 갖는 것에 또한 저항하지 말아야 한다.

28[54]

나는 사람의 좋은 현(絃)을 만나 하루 종일 오랫동안 그들의 소리를 즐기는 행복을 자주 가졌다 ; 나의 추천으로 그들은 다른 사람을 알게 되고 참을 수 없이 망상적인 어린애 같은 모임을 발견했다 — 그것은 나로 하여금 겸손한 용기와 신뢰라는 선량함의 보물을 보게 한 바로 그것이다.

28[55]

"숨은 뜻", 즉 사람은 그것이 어떻게 진행되고 진행되지 않아야 했는지만 생각한다.

28[56]

친구들 사이의 편지 쓰기에 반대하여. 사람은 편지를 쓰자마자 이미 잘못하기 시작한다.

28[57]

나는 "사람은 바그너의 글에서 예술 작품의 탄생에 대해 매우 많이 배울 수 있다"고 말했다. 즉 심오한 부당성, 자기 쾌감과 과대평가, 비판의 경멸 등을.

28[58]

때때로 여성에 대해 반감을 갖도록 나를 조급하게 부추기는 것은, 여성은 조급하게 그들에게 최고로 간주되는 이름으로 명명되지 않을 때, 선한 것과 뛰어난 것을 부정하고 비방한다는 것이다. 그로부터 유래하는 비참한 정신의 낭비는 선한 것을 나쁜 것으로, 덜 중요한 것을 엄청난 것, 의미심장한 것으로 만들기 위한 것이다.

28[59]

동정이라는 신성한 듯한 이름 하에 가장 비열한 비방을 배후에서 퍼뜨린다.

28[60]

호두나무 아래 마치 친척처럼, 완전히 고향 같다.

〔29 = N II 4. 1878년 여름〕

29〔1〕

괴테가 클라이스트에게서 느꼈던 것은 그가 외면했던 비극적인 것에 대한 그의 감정이다 : 비극적인 것은 자연의 불치의 측면이다. 괴테는 스스로 화해적이고 치료 가능하다. 비극적인 것은 치료 불가능한 고통과, 희〈극〉은 치료 가능한 고통과 관계한다.

29〔2〕

자신의 오류를 덕으로 해석하는 것을 아무도 바그너보다 잘 이해하지 못한다. 그의 예술가-감각의 깊은 교활함이 여기서 밝혀진다. 모든 예술가는 약간 교활한 데가 있다. 여자도 마찬가지다.

29〔3〕

사람은 반드시 삶의 단계로부터 분리하는 것을 할 수 있어야만 한다. 마치 태양이 가장 큰 빛을 갖고, 비록 사람이 다시 상승하지 않고자 할 때에도 ─

29〔4〕

진리는 반드시 태양처럼 너무 밝지 말아야 한다 : 그렇지 않으면 인간은 밤으로 도망가고 날을 어둡게 한다.

29[5]

음료와 사치는 감각을 갖기를 원하는 생각이-빈곤한 사람을 위한
것이다. 그 때문에 예술가는 그렇게 쉽게 타락한다.

29[6]

잘못된 길을 가는 사람은 의심하게 되〈고〉 자기 목이 거의 졸린다
는 것을 알아차린다.

29[7]

만약 사람이 삶을 반드시 유지되어야 할 좋은 일로 간주하지 않
는다면, 우리의 모든 학문의 노력에 의미(유용함)조차 없게 된다,
무엇을 위한 진리인가?

29[8]

**실증적으로 되기 위해 뒤링은 비과학적으로 된다(윤리학).**

29[9]

가장 큰 차이를 만드는 것은 사람이 분(分)-행복 또는 시간-행복
을 자신의 기질에서 설정하는가 하는 것이다. 쉽게 사람은 혼동하
고 (예술과 철학에서) 잘못된 목적을 향해 노력한다. 그것은 기질과
재능 또한 파멸시킨다.

29[10]

지성적인 양심의 입장에서, 인간은 선 의지를 갖고 기꺼이 남의

가르침을 듣는 그와 같은 **착한** 사람으로 몰락한다. — 이러한 의지를 갖지 않는 그와 같은 사람은 — 악한 **사람**이다.

29〔11〕

나는 기적을 철학에서 동떨어진 것처럼 생각했다. 그리고 안개와 동경 속으로 전진한다. 갑작스럽게 — .

29〔12〕

윤곽-환상. 모든 구부리기를 위해 완전한 원을 그리는 것.

29〔13〕

충성을 받아들이는 사람은 거짓말쟁이거나 **자신에 대해** 완전히 장님이다.

29〔14〕

형이상〈학〉은 사유를 부자연스럽고 비생산적인 것으로 만들고 (그것이 함께 성장하지 않는다면) 결국 **사상**을 공허하게 만든다.

29〔15〕

비극적인 세계 고찰의 동기 : 승리하지 못하는 자의 싸움이 찬미된다. 실패자는 다수다. 경악스러운 것은 더 강하게 흔든다. 밤을 낮보다, 죽음을 삶보다 선호하는 역설에의 쾌감.
비〈극〉과 희〈극〉은 삶의 풍자화를 주지 모사화를 주지 않는다. "병리학적으로".

비극적인 것에 반대하는 괴테 ― 왜 그것을 찾는가? ― 화해하는 자연.

29〔16〕
내가 천재로 생각할 만큼 그렇게 재능 있는 사람은 절대로 없었다.

29〔17〕
무상성에서 고대에 이르는 가르침이 만든 무시무시한 감동! (호라티우스와 안토니우스[10])

29〔18〕
"그리스인은 의미심장한 것을 위대하게, 중요하지 않은 것을(예를 들어 판타Panta의 속성) 작게 가진다."

29〔19〕
천재가 우리를 그렇게 높이 올리고 우리가 천재를 더 이상 필요로 하지 않도록 그를 더욱 자유롭게 만들 때, 천재는 중요한 것이 아니다.
해방한 자와 해방된 자에 의해 경멸받는 것은 ― 인류의 지도자의 운명Loos이지, 슬픈 일은 아니다 ― 인류는 자신들의 길이 계속되는 것에 환호한다.

29[20]

  산등성이에서 자라는 소박하고 창백한 장미는 정원에 만발한 꽃의 색깔보다 더 우리를 감동시킨다.

29[21]

  왜 바이로이트에는 학식 있는 사람이 없었는가? 그들은 그런 사람을 필요로 하지 않았다. 나는 예전에는 그들에게 그것을 비판했다. 지금은 ―

29[22]

  우리는 아직 우리의 적을 사랑할 필요가 결코 없다, 우리는 우리가 그들을 사랑한다는 것을 믿을 필요가 있다 ― 그것이 기독교의 정교함이고 기독교의 대중적인 성공을 설명한다. 믿음 자체는 정말로 필요하지 않다. 그러나 가끔 말하기와 고백은 정말로 필요하다.

29[23]

  예감으로부터 초상화의 재창조, 작품을 바라볼 때. ("리하르트 바그너": 작품이 생명의 상에 마법을 걸듯이 ― 그것은 이상적인 형성을 준다.)

29[24]

  태양의 작열이 밤나무의 두꺼운 잎 사이로 응시하는 저녁에 앞으로.

29[25]

자연의 결과는 몽테뉴 III 354에서 오류다.

29[26]

페르세우스의 말 : "영혼은 어떤 상황에도 의존해 있지 않았다. 삶의 전체 기간 동안 방황하면서, 그 자신에게도 인간인 다른 어떤 것들에게도 충분히 의존해 있지 않듯이nulli fortunae adhaerebat animus, per omnia genera vitae errans, uti nec sibi nec aliis qui homo esset satis constaret." 몽테뉴 III 362.

29[27]

융 슈틸링의 기독교적인 도덕에서의 즐거움에 대한 입장.

29[28]

인간은 단지 자기 방식대로 사는 것이 편하거나 유용하다는 것만을 원하는 것이 아니다 : 방식은 반드시 또한 득이 되어야 하고, 더구나 사람에게 그다지 중요하지 않다는 것이 분명해진다. 사람은 결혼을 통해 자신이 손상되지 않고 유지되기를 원한다.

29[29]

나의 아이야, 너 자신에 대해 부끄러워하지 않을 정도로 살아라 ; 누구나 네 뒤에서 말해야 한다면, 사람이 너를 신뢰할 수 있도록 말해라 ; 그리고 즐거움이 같은 즐거움을 만든다는 것을 잊지 마라.

세월이 흐르면서, 배고픔이 모든 음식에 양념을 치고 삶을 맛없게 하기 때문에 모든 부분에서 편안함이 사라진다는 것을 배워라. 너는 반드시 언젠가 위대한 것을 행해야 한다 : 그것을 위해 너는 언젠가 위대한 것이 되어야만 한다.

29[30]

보리밭에서 냄새, 꿀에 가까워진다.


29[31]

제목 :

새로운 전망
글쓴이 프리드리히 니체


29[32]

바로크 예술은 높은 예술을 지니고 있고 유포한다 ― 공로!


29[33]

철학자가 되는 것을 감히 시도하지 않는 학식 있는 사람을 위한 바그너의 예술 ― 자신에 대한 불쾌, 일반적으로 무감각한 마비 ― 때때로 반대로 목욕한다.


29[34]

나의 도덕적인 관찰은 중용을 넘어선다 ― 아직 회복되지 않은 건강의 현상.

29〔35〕

교육, 두 가지 주요-시대. — 1) 베일을 끌어당긴다. 2) 베일-제
거. 만약 사람이 나중에 좋게 느낀다면, 그것은 올바른 시대였다.

29〔36〕

(바그너에게 있어) 모든 이를 위한 가상적 예술은 보다 조야하고
동시에 세련된 수단이기 때문이다. 그래도 매우 특정한 음악적-미
학적 교육에 구속된다 — 특히 도덕적인 무관심.

29〔37〕

책과 사상에 대한 대화가 과도한 시대는 사상의 풍족의 시대가 아
니다. 사상의 풍족이 있으면, 살림에서 질서와 소박함이 강요된다.
젊은이는 과도한 것을 사랑한다. 왜냐하면 그것이 (다수인) 가난한
자에게 가상을 깨우기 때문이다.

29〔38〕

거장은 태어나지 않기 때문에 — 절대로 무능한 사람은 아니다.

29〔39〕

영감의 예술에 의지하는 사람은 반드시 유사한 영역에서 자신의
예술을 관철시키기 위해 많은 도움을 받아야만 한다. 영원히 감동시
키고, 동요하고, 의식과 판단을 빼앗아 가장 깊은 필요와 경험을 상
기시켜야 한다.

29[40]

이해력을 감히 믿지 않으려 하는 사람은 그것을 의심하려 한다. 감정-인간.

29[41]

아이러니 — 알지 못했던 것처럼 하는, 아는 것에 대한 거짓말. 다른 사람의 건강을 위해 (교육에서의 형이상학의 위치?).

29[42]

신적인 젊은이의 세 가지 유형 아폴론, 헤르메스, 디오니소스 — 놀랍게도 그것을 모두 형성하기 위해서는 얼마만큼의 용기가!

29[43]

신들은 예술가의 직관하는 판타지에서 젊어진다.

29[44]

"이류의 아름다움"은 높은 이상 옆의 감각적 쾌락이다.

그것이 표현되지 않는다면 유감이다. 새로운 영역, 아주 고상하지는 않지만, 그래도 아직 이상적이다. 신적이지 않다.

29[45]

왜 사람은 형이상학적으로 유희해서는 안 되는가? 그리고 창조의 거대한 힘을 그것에 사용해서는 안 되는가?

29〔46〕

바그너주의자는 그 자체를 변화시키고자 하지 않고 진부함, 관습적인 것, 잔인함에 대한 불쾌 속에서 살고자 했다 — 예술은 반드시 일시적으로 마법으로 그것을 초월해야만 한다. 의지의 나약.

29〔47〕

바그너의 예술은 더 이상 필요하지 않거나 아직 필요하다 —

29〔48〕

엄청난 추진력이 그 안에 있다 — 그것은 자신을 넘어선다.

29〔49〕

왜 사람은 형이상학과 종교를 성인의 유희로 간주하지 않는가?

29〔50〕

사람은 진정성을 형이상학과 종교에 양도함으로써 더 이상 삶과 자신의 과제를 위한 진지함을 갖지 않는다.

29〔51〕

그들의 삶의-태도에서 알게 되는 본질적인 오류를 위한 바그너의 예술 : 위대한 자연을 저열한 활동을 통해 속박하거나 또는 나태를 통해 탕진하거나 관습-결혼 등을 통해 기타 등등.

세계 도피는 여기서 = **자아-도피적이다.**

29[52]

"그리스의 신들"은 실망의 길을 향한 단계다 : 결국 형이상학의 자유.

29[53]

신을 믿는 것은 마치 과거에 유령을 믿는 것과 같다. (리히텐베르크?)

29[54]

아이는 자신의 동화를 포기하고자 하지 않는다.

29[55]

삶이 최고의 가치를 갖지 않는다면(형이상학), 곧 가장 낮은 가격으로 처분될 수 있는가? 왜 인간은 이렇게 말하는가? 어린아이의 반항인가? — 마치 우리가 언제나 유아기의 가치 평가의 일부분을 잊어야 하는 것은 아닌 것처럼!

29[56]

문학적인 감각을 넘어서는 것이 얼마나 어려운지는 산출될 수 없다. 사람은 타인을 잘못 생각할 수 있다. 왜냐하면 그들의 문학적인 교육은 너무 적고 또는 다른 교육이기 때문이다.

〔30 = N II 7. 1878년 여름〕

30[1]

나의 실수는 내가 바이로이트로 이상을 갖고 왔다는 것이다 : 그 래서 나는 가장 심한 실망을 경험해야 했다. 추한 것, 왜곡된 것, 지 나치게 첨가된 것의 과잉이 나에게 심하게 거부감을 준다.

30[2]

### 시문학의 원인에 관하여

시인에 관한 선입견.

아포리즘.

30[3]

나는 사회〈주의적인〉 사고의 범위에 해당하는 의미가 더 높은 계 급에서 확대되는 것을 보았다 : 그리고 나는 괴테와 일치되게 말해 야만 했다. "사람은 애매한 이익의 어떤 종류에 다다르기 위해 모든 것을 처음에 잃게 되는 것을 느끼지 못하는 것 같다".

30[4]

괴테 : "내 안에 있는, 내가 예전에 아마도 매우 대단하게 간직했 고 발전하는 삶에서 힘 있게 싸워서 얻고자 노력했던 동경하는 것 은 남자에게 더 이상 어울리지 않았다. 그리고 남자는 그 때문에 완

전한 최후의 만족을 찾는다." 결론?

30〔5〕

괴테 : "아름다움은 우리가 합법칙적인 생명을 그것의 위대한 활
동과 완전성에서 직관할 때, 그것을 통해 우리가 재생산을 위해 자
극받고 자신을 마찬가지로 생동감 있고 최고의 활동 상태에 있는
것으로 느끼는 것이다."

30〔6〕

(문제와 표현의 선택, 예술에서) 최선의 중간. 힘 있는 미〈학〉. 바
로크 양식이 아니다.

30〔7〕

몽테뉴 : "언젠가 진짜 바보였던 사람은 절대로 다시 진짜로 현자
가 되지 않을 것이다". 그것은 스스로 머리를 긁적이기 위해서다.

30〔8〕

텐 I, 656에서 밀턴. "처음에 치욕을 가져오는 진리."

30〔9〕

쇼펜하우어의 작용

1) 로마교황전권론의 — 프로테스탄트와 가톨릭의 손에 ;
2) 가장 순수한 과학이 심령론으로 오염된다 ;

3) 귀신 이야기 ;

4) 바〈그너〉 부〈인〉처럼 기적 신앙인 ;

5) 무의식의 철학 ;

6) 바그너에게 있어서 천재와 영감, 그래서 모든 인식된 것은 거절된다 ; "직관"과 "본능" ;

7) "의지"의 착취는 유효 수단으로서, 시인을 통해 억제하기 어려운 것으로서 실제적이다 ;

8) 동정이 지성을 대변한다는 조야한 오류가 진실한 스페인의 신앙심을 무대로 가져온다 ;

9) 초현세적인 것으로서의 왕국 ;

10) 과학을 멸시한다면 ; 과학에서조차 형이상학이 만연한다 ;

11) 쇼펜하우어를 기독교의 입구로 보는 그위너Gwinner의 자서전 ; 신체적으로 볼테르식으로 생각하는 쇼펜하우어에게 볼테르의 네 번째 책이 이해할 수 없게 되었다면, 일반적으로 경건하게 되는 것은 옆으로 밀려난다.

처음부터 체계에 대한 나의 불신.

인격은 전형적으로 철학자와 문화의 후원자로서 등장한다. 자신의 교리의 무상함에, 자신의 삶이 조형되지 않는 것에 그러나 일반적인 존경이 결합된다 — 나와는 반대로.

철학자의 산출은 나에게 유일한 여파로 간주된다 — 그러나 나를 심지어 천재에 대한 미신이 방해했다. 눈을 감을 것.


30〔10〕

데모스테네스에 따라 웅변은 조각sculpta으로 "다듬어져야 한다".

데모스테네스는 양식에 관하여 투키디데스를 공부했다.


30〔11〕

"마음대로 해도 되는 놀라움을 자극하는 표현의 수단의 사용에서 고대 작가의 절제."


30〔12〕

두 개 이상의 짧은 음절 축적을 가능하면 피하는 것 ― 데모스테네스의 리듬 법칙.


30〔13〕

비극처럼 가능하면 조용하고 품위 있는 웅변의 결론은 ― 아테네적이다.

우리는 다른 방식의 피날레finales anders를 사랑한다.


30〔14〕

**유용-형성**

**장식-형성.**


30〔15〕

내가 바그너를 데모스테네스와 비교했기 때문에, 나는 또한 대립을 부각시켜야 한다. 블라스에서의 브로엄Brougham, 188, 196~173쪽.

30[16]

　가장 위대한 웅변가다운 즉흥 연설가인 데마데스를 사람은 데모스테네스와 관련해 평가했다. 테오프라스트는 전자는 "아테네를 가치 있게 하는 것이고", 후자는 "아테네를 넘어서는 것이다"라고 했다.

30[17]

　"단어와 더구나 신랄하고 인위적인 단어로 구성되는 인간"이라고 데모스테네스에 대하여 아이스키네스가 말했다.

30[18]

여신 아테네

판단력의 유용함과 장식 효과에 관하여.

30[19]

　바그너, 그의 작가다운 모범과 (초기) 시도는 프랑스인들이 일반적인 오류를 ― 자신의 힘을 넘어au delà ⟨de⟩ sa force라고 특징짓는 시대에 속한다.

30[20]

**장식-예술들**

　장식-교육과 쾌락-교육

　상승된 사치 감각.

30[21]

로마인의 영원한 건축술.

스페인의 알칸타라의 다리.


30[22]

판타지의 〈상〉을 위한 "심상(心像)".


30[23]

희곡 작가는 그가 자신에 대해 말할 때 하나의 역할을 한다 ; 그
것은 피할 수 없다. 바흐와 베토벤에 대해 말하는 바그너는 그가 인
정하고자 원하는 사람으로서 말한다. 그러나 그는 단지 확신하는
사람들, 그의 행동과 그의 원래 본질이 서로 너무 분노를 품고 싸운
다는 것을 설득한다.


30[24]

형이상학의 단점 : 형이상학은 이러한 삶의 올바른 질서를 중요시
하지 않는다 — 도덕성에 반대하는 한. 형이상학은 이곳의 어떤 행
복도 얻으려고 애쓰지 않기 때문에 항상 염세적이다.


30[25]

그리스의 시인과 관계하여 우리는 스스로를 속이도록 이끌린다.
만약 : 내가 좋아하지 않는, 어떤 것이 나에게 전혀 타당하지 않은
그곳에서 나는 전승된 평가절하에 반대되게 느낀다 — 라고 그래도
누구나 말하기를 원했다면 사람은 성실한 사람보다 문헌학자에게

더 존경심을 가졌어야 할 것이다. 심지어 그들의 고전적인 취미가
의심스럽게 되는 위험에 이른다 할지라도.

30[26]

그리스적인 주신 송가(酒神 頌歌)는 시 문학의 **바로크 양식**이다.

30[27]

메타포, 드문 단어 등의 과잉에 대한 우리의 즐거움에 반대하여.
— 에우리피데스-찬미.

30[28]

종말에 이른 예술로부터 무엇이 이루어지는가? 예술은 스스로
사멸한다 — 그것으로부터 받은 영향은 다른 영역에 도움을 주고,
이제 예술이 끝날 때 자유로워진 사용되지 않은 에너지도 마찬가지
다. 따라서 예를 들면 **어디에**?

30[29]

지혜로의 길

강화

절제(균형으로서의 아름다움)

해방.

30[30]

지금 우리가 **의식적으로** 정신의 도움에 의해 우리를 강하게 하는

이와 같은 방법으로, 따라서 비유를 통해 결론은 뒤로 물러서게 된다.

30〔31〕

파도 — 조용한 여름날 물가에서 들이마시는 — 에피쿠로스의 정원-행복.

30〔32〕

희곡 종교적인 사실, 사원 숭배의 근원. 신화에 대한 잘못된 개념 — 그리스인은 신화를 역사로 간주한다. 그것과는 반대로 시인은 매우 어려움 없이 발명한다.

30〔33〕

괴테 : "사람은 진리를 파괴하지 않기 위해 가끔 오류를 파괴해서는 안 된다."

30〔34〕

괴테는 "사람이 스스로 명령하는 것, 사랑하는 곳"에서 의무를 정의한다.

일반적으로 "사람이 사랑하는 것을 스스로 명령하는 곳"이다.

30〔35〕

**율동적인 감각**은 처음에 위대함에서 명백해진다 : (6운각과 6운각). **콜라나무의 대조**. 유대인의 율동은 그것에 머무른다. 산문의 시

대 구분도 마찬가지다. 시간 감정은 결론에서 처음으로 점점 섬세해
진다.

30〔36〕

"살아 있는 사람에게 확실히 남겨져 있는 것이 있지만 그것은 단
지 미래에 대한 근심과 삶의 거친 유혹에 대한 걱정뿐이다ipsum
viventem quidem relictum, sed sola posteritatis cura et abruptis
vitae blandimentis." Tac. hist. II 54.

30〔37〕

어떻게 가장 저열한 비방과 가장 독한 질투심이 동정인 체하는지
를 경험하지 못한 사람은 악함에 대해 아직 아무것도 알지 못한다.

30〔38〕

모두가 행복을 원하기 때문에, 특징, 정서가 매우 다르고 거의 변
하〈지〉 않기 때문에 : 그래서 사람은 반드시 모든 시작을 똑똑하게
이용해야만 한다. 똑똑한 사람을 위한 윤리.

30〔39〕

아마도 : 전문 지식의 지배, 그것을 통해 자신을 지배하는 대중의
상상.

30〔40〕

아는 사람의 얼굴-감정의 범위를 넘어서는 것을 이루고자 하는

사람은 : — 질투와 증오를 동정으로서 — 당파는 작품을 변종, 질병, 유혹으로서 고찰한다. 침울한 얼굴.

30[41]

바그너의 예술은 삶 안으로 범람하는 대신에 바그너주의자에게 단지 (예를 들어 종교적 · 국가적) 경향을 촉진한다.

30[42]

우리는 헤파이스토스[11]의 방패의 살아 있는 동물과 비슷하다 — 미〈적인〉 현〈상〉은 그러나 잔인하다!

30[43]

사람은 예술에서, 우리에게 실제로 약속하고 스스로 시인하는 것을, 심지어 좋지 않은 취향일지라도, 사랑하는 용기를 반드시 가져야만 한다. 그럼으로써 사람은 앞으로 나갈 수 있다.

30[44]

전도된 도덕, 예를 들어 간통한 남자가 비난을 하는 트리스탄[12]에게서 : 그리스인에게서는 완전히 다르다.

30[45]

바그너적인 희곡에 너무나 많은 음악.

30[46]

단편 소설 : 죽음 때문에moriendi perdere causas 죽으려는 원인들이 사라지는 것. 죽음을 찾을 때 ─ ─ ─ 자살자

30[47]

사람은 사람이 식별하는 근본 소리가 첫 번째라고 너도밤나무 곁에서 상상한다 ─ 그러나 일반적으로 그가 부르는 어떤 것을 넣어서 듣는다.

30[48]

7장. 교육.

작용-반작용에서 독일은 야만적으로 드러난다.

30[49]

도덕적인 "공로"로는 대부분 자신의 성공을 명확하게 만들 수 없다 ─ 노예, 억압된 사람.

30[50]

바그너의 예술은 근시안적으로 계산한다 ─ 더 먼 거리가 필요하다 (세밀화), 동시에 그러나 멀리 본다. 그러나 정상적인 눈은 아니다.

30[51]

그 당시에 나는 세계가 미적인 관점에서 연극이고 그 자체로서

세계의 시인에 의해 생각되며, 그러나 도덕적인 현상으로서의 세계
는 사기라고 믿었다 : 그 때문에 나는 단지 미적인 현상으로서의 세
계만이 정당화된다는 결론에 이르렀다.

30〔52〕
　　만약 내가 고대 그리스 철학자의 모든 소리에 복종한다면, 나는
내가 그리스 예술에 관하여, 그리고 특히 비극에 관하여 익숙하게
듣는 음을 듣고자 한다. 어느 정도로 이것이 그리스인에게, 그러나
어느 정도로 단지 나의 귀에, 매우 예술을 필요로 하는 사람의 귀에
놓이는지 ― 그것을 나는 지금 아직 확실하게 다 말할 수 없다.

30〔53〕
　　1 개별자와 다수
　　2 예술의 지속
　　3 새로운-고대
　　4 힘의 근원
　　5 가까운 미래의 상
　　6 소유
　　7 교육.

30〔54〕
　　폴란드는 서구-로마 문화에서 결코 르네상스를 경험하지 않은
유일한 나라다. 모든 정신적 삶의 개혁 없는 교회의 개혁, 그 때문
에 지속적인 뿌리를 내리는 일 없이. 예수회 ― 귀족적인 자유가 그

것을 몰락시킨다. 정확하게 그래서 그것은 에라스무스와 인본주의
자 없이 독일인들에게 작용했을 것이다.


30〔55〕

그리스인은 호메로스가 그들에게 예술 작품을 보였을 때 끝났다
― 그는 멀리 조망하는 작곡의 이해에 의지할 수 있었다 ― 그때 민족
은 확장되어야 한다! 사람은 에다[13]의 순간-효과를 가진 게르만 사
람을 생각한다!
호메로스가 할 수 있었던 것, 작곡을 사람은 또한 작곡하는 헤시
오도스의 경쟁심에서 본다.


30〔56〕

나는 공정하게 생각하는 사람들이 이 책을 하나의 속죄로, 내가
전에 위험한 미학을 촉진했다는 것으로 간주하기를 원한다 : 그러
한 노력은 모든 미적인 현상을 "기적"으로 만드는 것이었다 ― ―
나는 그것을 통해, 자신의 예술에 보다 높은 지위를 부여하는 모든
것을 타당하게 하는, 어떻게 근거 지어지고 어떻게 근거 지어지지
않는가 하는 것 또한 원하는 바그너 추종자에게 그리고 아마도 바
그너 자신에게 손상을 주도록 선동했다. 아마도 나는 "오페라의 규
정"에 대한 그의 글 이후로 나의 부당한 요구를 통해 더 위대한 규
정성으로 그를 유혹했고, 그의 글과 작용에 근거 없는 것을 집어넣
었다. 이것이 나는 매우 안타깝다.

30[57]

시인-발명은 만약 그가 전파된 신앙을 발견한다면 신화가 될 수 있다 : ― 마치 단어의 사용과 남용이 동요하는 것처럼.

30[58]

인간의 본질이 표류하는 쾌락의 조화와 인간의 본질은 영역의 조화와 같이 실제로 연관된다 : 우리가 만약 그 안에서 산다면 조화를 더 이상 들을 수 없다.

30[59]

고상함의 분석.

30[60]

역사적인 것을 보고하는 나의 방식은 본래 고유한 체험을 지나간 시간과 인간의 상황에서 말하는 것이다. 관계하지 않은 것 ― 개별적인 것은 나에게 나타나고, 다른 것은 그렇지 않다. 우리의 문학사가는 지루하다. 왜냐하면 그들은 모든 것에 대해 말하고, 그들이 체험하지 않은 곳 또한 판단하도록 강요받기 때문이다.

30[61]

무엇이 아직 작용하는가? 화가와 음악가 그리고 시인의 원칙 : 그들은 생산적이지 않았던 시간에 처음으로 스스로 묻는다.

30[62]

사람이 바그너의 인물들을 믿지 않는다는 두려움, 그들이 산다는 두려움 : 그 때문에 그들은 그렇게 미친 척한다.

30[63]

사람은 계획된 삶의 방식을 거슬러 오류를 만든다. 왜냐하면 우리의 기분은 의도하는 순간과 실행에서 아주 다르기 때문이다.

30[64]

풍자화와 함께 예술은 일어난다. 어떤 것이 의미하는 것이 기쁘게 한다. 의미심장한 것이 야유받고 웃음거리가 되는 것은 더 기쁘게 한다. (회화에서처럼) 보다 높은 정신적 삶의 첫 번째 표시로서의 웃음.

30[65]

"예술은 그러나 자신의 수단이 제한되는 곳에서 본질적으로 힘이 있어야 한다." 야코프 부르크하르트.

30[66]

그리스 산문 — 수단의 의도적인 제한. 왜? 높은 길의 끝에 단순한 것. 처음과 마지막에 복잡한 것.

30[67]

나는 그때 이상주의자들이 그렇게 많이 제작한 대상을 그 때문에

싫어하는 그들의 운명이었다 ─ 이상적인 괴물 : 실제의 바그너는
움츠러든다.


30[68]

인간의 삶이 얼마나 부패하고 닮았는지, 얼마나 철두철미하게 사
기와 위장 위에 세워졌고, 얼마나 모든 고귀한 것이 삶에서의 모든
쾌락이 마치 환상처럼 오류 덕분인지 ─ 그리고 도덕적 본질에서가
아니라, 아마도 예술가-창조가에게서 찾아올 수 있는 그러한 세계
의 근원이 얼마나 멀리 있는지를 생각할 때, 나는 그러한 본질에
(선한 사람의 신을 세우는) 기독교적 의미에서 어떤 존경도 상응하
지 못하고, 더구나 독일적인 본질로부터 폭력적으로 접종한 것과
같은 이러한 표상이 또한 다시 폭력적으로 빠져나올 수 있게 된다
는 암시가 두렵지 않다고 생각했다. 이때 나는 바그너의 예술에서
독일적 이교도의 길을, 적어도 특수하게 비기독교적인 세계와 인간
에 대한 고찰에의 다리를 발견했다고 생각했다. "신들은 나쁘고 알
고 있다 : 그들은 몰락할 만하다, 인간은 선하고 어리석다 ─ 그는
보다 아름다운 미래를 가지고 비로소 신의 마지막 황혼으로 진입했
을 때" 신에 이른다, ─ 그렇게 나는 그 당시에 나의 신앙 고백을 형
식화했고, 반면에 나는 이제 ─ ─ ─


30[69]

전통적인 것은 비로소 단지 경건뿐만 아니라 또한 이성과 근거와
함께 나중에 지나치게 축적되고 동시에 새어 나간다. 그렇게 마지막
에 사물은 매우 이성적으로 보인다 (사물에서 많은 것은 다시 옮겨

지고 미화된다). 이것이 사물의 유래에 대해 속인다.

30[70]

　민족적인 것은 완전히 변화된, 다른 토대에 근거한 문화, 지나간
문화의 결과다. 따라서 그것은 민족의 삶에서 논리적으로 모순이
가득한 것이다.

30[71]

　우리는 반드시 바그너의 잘못된 모방에 반대해야 한다. 만약 그
가 파르치발[14]을 창조할 수 있기 위해, 종교적인 근원에서 새로운
힘을 퍼내는 것을 필요로 한다면, 이것은 아무런 모범이 아니고 위
험이다.

30[72]

　나의 예전 글의 어떤 교만하고 불안한 걸음과 소리를 현재 내가
얻으려고 애쓰는 것보다 선호하는 독자가 있다 ─ 표시의 가장 가
능한 규정성과 모든 운동의 유연성, 모든 숭고하고 역설적인 인공
재료의 사용에서 가장 조심스러운 절제. 만약 자신의 취미를 방해
받지 않기를 원하는 독자가 여기 통보된 일에서 환영할 만한 것을,
내가 나의 취미를 이러한 사물 안에서 변화시키는 것에 대해 독자
들에게 불쾌감을 보이는 것을 위한 대체물로 보존하고자 한다면.
만약 우리가 그래도 그렇게 많고 큰 노력에서 점점 닮지 않는다면,
내가 언젠가 그들에게 말해야만 하는 이러한 기회에도 단지 모든
차이의 가장 무해한 것, 양식-차이에 대해 말하고 싶다는 것이 매우

낯설게 되었다.

30[73]

바그너는 음악을 위한 아무런 올바른 신뢰를 갖고 있지 않다 : 그
는 음악에 위대함의 성격을 부여하기 위해 유사한 감각을 끌어들인
다. 그는 그 자신이 타자에게 조화된다, 그는 우선 자신의 청중으로
하여금 음악이 그들을 취하게 한다는 것을 믿게 하기 위해 그들에게
취하는 음료를 순다.

30[74]

"어린이 같은 예술은 가장 어렵게 죄를 짓는다." 입상 앞의 무리,
헤르메스 앞의 입상 기타 등등. "사람은 마찬가지로 어려움을 아직
알지 못한다." 야코프 부르크하르트.

30[75]

양탄자 — 무한히 많이 스스로 반복하는 고향. 꽃병과 청동의 기구
위에서 우리는 양탄자를 발견한다. 모든 것이 작고 셀 수 없기 때문
에, 영혼의 표현이 아니라 단지 몸짓으로 보게 될 수 있었다.

30[76]

가장 행복을 가져오는 현상은 바그너보다 독일의 피가 더 흐르는
브람스의 음악이다 — 그 음악과 함께 나는 많은 좋은 것이라고 말
하고 싶다. 그래도 절대로 단지 선한 것이라고 말하고 싶지는 않다.

30〔77〕

나는 단지 이것만을 고백했다 : 나는 예술을 통해 독일인이 변질된 기독교를 완전히 싫어하게 되기를 소망했다 ― 약화되는, 다신교에 익숙한 독일 신화 등.

복고적인 흐름에 대해 얼마나 경악하는가!!

30〔78〕

마치 영원히 이별하는 사람이 자기가 덜 관심을 주던 아는 사람도 따뜻한 감정으로 맞이하고 환영하고 손을 건네는 것처럼, 나는 몇 년 전에 내가 배를 조종하던 해변에서 계속 멀어지던 어떤 일에 바로 지금 호의를 느낀다.

30〔79〕

미케네에서의 태고의 초상-유사성 ― 나중에 이 흔적은 사라졌다.

동물의 세계가 인간보다 낫다 ― 상징적으로 연관되지 않았다.

30〔80〕

개별적으로 바그너를 공격하고 옳지 않다고 하는 것은 어렵다 ; 그의 예술 방식 삶 성격, 그의 의견, 그의 경향과 혐오, 모든 것은 약점을 갖고 있다. 그러나 전체로서의 현상은 모든 공격에서 성장한다.

30〔81〕

결론에서 플라톤의 예술에 대한 기피는 상징적-유형적이다.

30[82]

   만약 바그너가 이것에 대해 다르게 생각해야만 한다면 : 이제 우리는 바그너보다 더 나은 바그너주의자가 되고자 한다.

30[83]

   소포클레스의 발전을 나는 철저히 이해한다 ─ 화려함과 호화로움의 효과에 대한 반감.

30[84]

   삶과 순간적인 것의 표현에 대한 웃음 (심지어 아이기나[15]의 주민들이 죽을지라도).

30[85]

   **결론**에서 가장 높은 과제는 바그너와 쇼펜하우어로 하여금 공개적으로 감사하게 하고 그들을 동시에 서로 반대편으로 만드는 것이다.

30[86]

   **트라케**의 염세주의는 사람들이 알⟨고 있듯이⟩ 헤로도토스[16]이다, 태어난 사람을 비탄하다.

30[87]

   이성에 반하여 이성으로 쓰는 이러한 작가들은 자신에 대해 혐오를 느끼지 않는 것에 주의를 기울이려고 한다.

30[88]

**풍부한** 양식(樣式)은 **위대함**을 따른다.

도시 예술가와 학교는 경쟁한다.

영혼의 표현 앞에서 육체는 오래도록 단련되었다.

다리는 가슴보다 너무 이르다.


30[89]

유용성은 쾌적함(아름다움)보다 더 높이 있다. 왜냐하면 그것이 간접적으로 계속 쾌적함을 얻으려고 노력하고, 순간적인 것이 아니라, 또는 (예를 들어, 건강함으로써) 쾌적함을 만들기를 추구하기 때문이다. 아름다움의 예술은 단지 순간에 의존하거나 또는 유용성과 결합된다 ; 유용성은 결코 자기 목적이 아니라 쾌적함의 쾌감이다.


30[90]

바그너가 19세기의 두 번째 중반부에서 자신의 방식으로 — 당연히 바로 선량하고 현명한 인간의 방식은 아니지만 — 예술을 중요하고 위대한 일로 기억하게 했다는 점을 절대로 잊어서는 안 될 것이다.


30[91]

어느 정도까지 내가 스스로 바그너의 양식에서 즐거움을 가질 수 있었는가 하는 경악, 따라서 바그너는 그러한 예술가 중의 한 사람으로 가치가 없다는 점이 등한시될 정도로 게으르다.

바그너의 양식. 가장 중요한 대상에 대한 충분한 지식 없이 함께 이야기할 수 있는 너무 시대적인 관습은 바그너를 규정할 수 없고 파악할 수 없는 것으로 만들어버렸다 : 게다가 웃기는 잡문가들처럼 행하는 공명심 ─ 그리고 결국 기꺼이 태만함과 함께 짝을 이루는 월권 : "보라, 모든 것은 매우 좋았다".

30[92]
배고픔에서 가장 아름나운 것은 그것이 식욕을 돋운나는 것이다.

30[93]
서언 : 예술에 대한 현자의 위치. 그리스인들은 우리보다 더 섬세하다 : 취미의 남자인 현자.
단지 배고픔만이 필요한 것이 아니다 (오히려 이것은 너무 사악해서는 안 된다) ─ "사랑"을 몽상가들이 말한다 : ─ 오히려 취미다. 물론 취미가 식욕을 이미 전제하고 ─ 그렇지 않으면 우리에게 맛있지 않다. 비판은 좋은 것에 대한 쾌감, 행실 나쁜 사람의 인식을 통한 **쾌감의 증가**다. 그때 즐김이 아니라면 어디로부터 수많은 비판가가 있는가? 악한 것 자체가 유용한 한에서, 그것은 파괴를 촉구하고 그때 쾌감이 깨어난다. 또한 개선에의 쾌감도.

30[94]
에머슨 (에세이) 328쪽 "둥근 정신의 눈".

30[95]

　서언 : 이 책을 나는 다시 쓸 수 있었을 것이다 : 예술가와 작가의 영혼에서 사실 그것은 제목을 가진 다섯 번째 중요한 작품의 연속이다.

30[96]

　서언 : 나는 스스로 선한 것을 만드는 것 외에 선한 것을 인식하는 그 어떤 수단도 알지 못한다. 이것은 우리에게 스스로 멀리 떨어진 많은 둥지에, 선(善)에 앉고 떠나게 하는 날개를 준다.

30[97]

　쇼펜하우어는 그가 (파레르가Parerga, II 598쪽에서) 말할 때 낙관주의자다. "두 가지 역사가 있다 : 정치적인 역사와 문학과 예술의 역사. 전자는 의지의 역사이고 후자는 지성의 역사다. 따라서 전자는 철저히 겁나게 하는, 물론 경악스럽게 ― ― 후자는 그 반대로 도처에서 즐겁고 명랑하다." 오호! 호!

30[98]

　우리가 도덕성을 매우 파괴한 것처럼 ― 우리의 고유한, 모든 존재에 깃드는 도덕성을 그때 파괴할 수는 없다. 참되고 거짓된 우리의 방식은 토론의 여지가 없다. "탐구의 소리는 그 어떤 것이고 소유의 소리는 다른 어떤 것이다."

30〔99〕

　나는 바그너의 작용이 결국 흐름에 유입되어, 산맥을 넘어 넘치고 또한 산 위로 흐를 수 있는 것에 대해 근심한다.


30〔100〕

　쇼펜하우어, 파레르가 II 630쪽 : "많은 사람이 다른 사람보다 최소한 열 배 높은 정도의 현존재를 갖는다 — 열 배로 그렇게 있다" — 현자는 따라서 **가장** 실재하는 존재다.


30〔101〕

　교향곡 트리스탄 3막 "비극의 탄생"과의 비교 — 내가 바그너의 전형에 따라 나를 표현하는 것을 좋아했던 것처럼 불명료하고 외람된 —


30〔102〕

　4세기 후에 내적인 운동의 세계가 발견된다 — 스코파스, 프락시텔레스의 표현. (아직 페이디아스[17]는 아니고. **엄격함**의 법칙).


30〔103〕

　에머슨의 에세이 331쪽 "진리의 삶은 냉정하다. 그리고 슬픈 한에서, 그러나 삶은 노예 등이 아니다."


30〔104〕

　"위대하다는 것이 잘못 이해되었다."

30〔105〕

　(쾨르너의 편지에서 최상으로) 실러의 이상주의를 특징짓는 것.


30〔106〕

　최고의 열정으로 된 피갈리아의 장식.


30〔107〕

　고전주의자를 만드는 재능과 노력의 총합은 잠시 매우 늦게, 바로
크 예술가를 만든다.


30〔108〕

　사람들은 좋은 연주를 위해 나쁜 표정을 지을 것을 요구한다.


30〔109〕

　바그너는 걸음을 중단했다, 불운하게도, 다시 길을 가지 못한다.
　나에게 드라마와 일치하는 교향곡이 떠올랐다. 사랑으로부터 확
장되는.
　그러나 오페라, 효과, 비독일적인 것을 바그너는 다른 곳으로 이
끌었다. 최고의 고양에서만 생각할 수 있는 모든 예술 수단.


30〔110〕

　바그너의 영웅에서 도덕의 완전한 부재. 그는 유일하게 예술 안
에 있는 그 놀라운 발상을 가진다 : 무죄인 사람을 죄인으로 비판하
는 것을 향하여 : "오 왕이시여" — 표지의 트리스탄.

　사람은 희곡 없이 신들의 황혼의 두 번째 막을 듣는다 : 그것은
복잡한 음악이고, 마치 나쁜 꿈처럼 거칠고 마치 비둘기 앞에서 아
직 분명하게 되고자 하는 것처럼 놀랍게 명료하다. 말할 것이 없는
이러한 말함은 : 초조하게 한다. 희곡은 순수한 구원이다. ─ 이러
한 음악이 (개별적인, 고의적으로 고립된 위치를 제외하고) 전체로
서 단지 참을 수 없다는 것은 칭찬인가? 이러한 음악이 희곡 없이
오래된 음악의 모든 최고의 양식 법칙에 대해 계속적으로 부인하는
것은 충분하다 : 완전히 양식 법칙에 익숙한 사람은 이러한 법칙에
대한 감정을 잃는다. 그러나 희곡은 이러한 추가를 통해 획득했는
가? 그것은 상징적인 해석을 덧붙이는 것이고, 항상 이해의 자유로운
상상의 길을 여는 일종의 문헌학적인 주석을 덧붙이는 것이다 ─ 압
제적으로! 음악은, 그러나 계속하여 말하고 우리에게 아무런 시간
도 허용하지 않는, 설명하는 사람의 언어다 ; 덧붙여 다시 설명을 요
구하는 어려운 언어로.

　개별적으로 처음으로 시 짓기(언어!)를 습득하는 사람은, 눈으로,
행동으로 변화하고, 음악-상식을 찾고 이해하고 아주 숙달되게 되
고, 물론 세 가지 모두를 사랑하게 된다 ─ 엄청난 즐거움을 갖는
다. 그러나 얼마나 까다로운가! 그러나 그것은 짧은 순간을 제외하
고는 불가능하다 ─ 왜냐하면 이러한 눈, 귀, 오성, 감정, 수용의 최
고의 활동의 열 배의 모든 주의력, 모든 생산적인 반작용 없이는 너
무 공격적이기 때문이다! ─ 이것을 소수만이 행한다 ; 어디서 그래
도 작용이 그렇게 많은 사람에게 미치는가? 왜냐하면 사람은 주의하
여 중단하고, 모든 범위에서 무디기 때문이다, 왜냐하면 사람은 곧

음악에, 곧 희곡에, 곧 장면에만 오직 주의를 기울이기 때문이다 ―
그래서 작품이 해체된다. ― 그와 함께 장르가 비난받는다 : 희곡이
아니라 순간은 결과이거나 또는 자의적인 선택이다. 새로운 장르의
창조자는 여기에 주의한다! 예술은 항상 병존하는 것이 아니라 ― 인
5  간의 본성에 적합한 고대인의 절제다.


30〔112〕
음악의 많은 길은 아직 열려 있다 (또는 아직 바그너의 영향 없이
열려 있었다). 희곡이라는 대상을 가진 교향곡으로서의 유기체적인
10  형상 (또는 말이 없는 몸짓?) 그리고 유기체적인 형상을 다시 획득
하는 절대적인 음악, 바그너는 단지 준비로서 이용한다. 또는 바그너
는 능가한다 : 희곡적인 합창. ― 주신 송가, 이구동성의 영향.
닫힌 공간에서 산맥과 산림지로의 음악.


15  30〔113〕
국가의 연합
당파의 연합
우정의 연합
행위의 견고함의 연합에 대한
20  점진적인 **포기**.


30〔114〕
관념주의의 부당성에 대한 통찰은 내가 나의 기만적인 기대를 위
해 바그너에게 복수하는 것에 있다.

30[115]

자기 산문에서 이해되기보다 찬미되기를 원하는 바그너.


30[116]

봄에 풀이 자란 숲의 길 — 소관목과 수풀, 그리고 키 큰 나무들
— 즐거운 자유의 기분.


30[117]

바그너의 본성은 시인으로 만드는 것이다. 사람은 더욱 높은 본성
을 창안한다. 결국 그를 향한 그의 가장 훌륭한 작용 중의 하나. 그
래서 모든 사람은 반드시 스스로 자신을 경시해야만 하고, 자신의
능력에 대해 안목을 세워야 한다 : 인간은 알프스 골짜기의 계단이
되고 점점 그 위로 올라가게 된다.


30[118]

좋은 음악의 짧은 악절이 그의 입에서 슬며시 새어 나온다 : 거의
항상 희곡에 반대한.


30[119]

군주와 귀족, 그들의 축제의 생각에 대한 외부적 입장은 작은 우
화를 통해 매우 귀엽게 규정된다. 가장 귀하게 대접받는 손님 등.


30[120]

바로 모든 바그너적인 예술의 마비 또는 도취-작용. 그와는 반대

로 나는 바그너가 더 높이 서 있는, 순수한 행복이 그에게서 흘러나오는 자리를 명명할 것이다.

30〔121〕

믿지 못할 자연성의 개별적인 소리를 나는 절대로 다시 듣기를 원하지 않는다 ; 물론 그것은 또한 단지 잊혀질 수 있다 — 마테르나Materna.

30〔122〕

바그너의 음악은 항상 무엇인가를 통해 어떤 것에 관심을 가지고, 곧 감각과 이성은 쉴 수가 있다. 우리의 본질의 이러한 모든 휴식과 자극은 따라서 우리가 감사해야 하는 것이다. 결국 자신의 오류와 결핍이 자신의 명예가 된다. 왜냐하면 그것이 우리 자신을 생산적으로 만들기 때문이다.

30〔123〕

명예심이 재능보다 훨씬 큰 바그너는 수많은 경우에 자신의 힘을 넘어서기를 감히 시도했다. 그러나 그것은 거의 전율을 일깨우고, 누군가가 — 그 자신에게 사실인 — 이길 수 없는 것을 향하여 끊임없이 돌진하는 것을 본다.

30〔124〕

현존재의 조화를 부정하고 세계의 배후에 잘못 놓인 예술. 모든 이러한 배후세계론자와 형이상학자.

30[125]

도덕성의 비판은 도덕성의 높은 단계다 — 그러나 모든 비판에서처럼 허영심, 명예욕, 성공의 쾌감이 그와 함께 용해된다.

30[126]

우리의 사유는 마치 여름-저녁의 밀밭처럼 반드시 강한 냄새를 풍겨야 한다.

30[127]

금가루를 불어 털다.

30[128]

쇼펜하우어에 관해서처럼 바그너에 관해서도 사람은 선입견 없이 이야기할 수 있다. 또한 그들이 생존할 때 — 서로 다른 저울 접시에 놓이도록 강요된 그들의 위대함은 항상 승리로 남아 있게 된다. 점점 더 그들의 영향의 위험성을 경고할 수 있다.

30[129]

바그너 음악의 전체에서 파도가 일고 끓어오르고 동요하는 것.

30[130]

나는 같은 오솔길(바그너와 쇼펜하우어)을 두려워하지 않는 누군가에게 충고한다. 비철학적인 감정과 후회는 나에게 본래 매우 낯설게 되었다.

30〔131〕

나는 내가 병에서 나은 듯한 기분이 든다 ; 나는 말할 수 없는 달콤함으로 모차르트의 레퀴엠을 생각한다. 단순한 요리가 나에게 다시 맛있다.

30〔132〕

마치 보탄처럼 트라케 사람의 첫 번째 신인 디오니소스, 그들의 제우스.

30〔133〕

그들이 기초〈적인〉 감동(부수적으로 말해 : 구약의 유대인의 재능)의 힘을 아쉬워하는 멘델스존은 법칙에서 자유를, 그리고 아름다움의 경계 하에서 고귀한 효과를 대용물로 발견할 줄을 모른다.

30〔134〕

쇼펜하우어는 근본적으로 의지(모든 것에 기여하는 전능한 것)를 그래도 찬미한다. 바그너는 열정을 모든 위대한 것과 심지어 지혜로운 것의 어머니로서 미화한다.

청소년에게 미치는 영향.

30〔135〕

바그너는 가끔 매우 비밀스러운 대화에서 이 모든 것에 스스로 동의했다 : 나는 그가 대화를 공개적으로 하기를 원했다. 도대체 그가 진리를 위해 자신에 대해 반대할 수 있는 곳보다 다른 어디에 특징의 위대함이 근거하는가?

30〔136〕

깊은 의미를 바그너의 불명료하고 그러나 과장된 깊은 전향에
("시간이 여기서 공간이 된다") 사용한다.

"보탄의 눈"을 감동시키며, 문헌학자의 입가에 경련을 일으킨다
— 그러나 단지 당파의 의미를 말하고 태만을 잘 알아차리는 보다
섬세한 머리에 대한 불만.

30〔137〕

예술-발전의 자연 법칙은 본래 심리학적 사물, 허영심 명예욕 등
의 결과다.

30〔138〕

바로크 양식 — 그것은 말해져야만 된다.

바그너의 내적인 발전의 경과를 발견하는 것은 매우 어렵다 —
내적인 체험에 대한 그의 본래의 기술에서 아무것도 제공되지 않는
다. 그는 추종자를 위해 당파적인 글을 쓴다.

30〔139〕

**마지막** 예술의 몰락을 우리는 체험한다 — 바이로이트는 내게 그
것을 확신시켰다 —

30[140]

인간적 영혼의 혐오는 바로크 양식이 고전 양식을 따르듯이 필연적으로 모든 시대에서 일어난다.

30[141]

그 "어떤 것도 쓸모 있지" 않은 바그너적인 신들.

30[142]

사람은 단지 반드시 선한 것과 새로운 것을 완성해야만 한다 : 그러고 나서 사람은 자기 친구에게서 그것이 의미하는 바를 체험한다 : 좋은 연주를 위해 악한 표정을 짓는다.

30[143]

"탁월한 것에 대하여 사랑만 한 구원은 없다"라는 실러의 문장은 정말로 바그너적이다. 그가 하나의 편을 얻을 수 있는 모든 위대한 것에 대한 깊은 경쟁심 — 그가 가까이할 수 없는 것에 대한 증오심 (르네상스, 프랑스적 그리고 그리스적인 양식의 예술).

30[144]

오류는 시인을 시인으로 만들었다. 오류는 시인의 평가를 매우 높게 만들었다. 오류는 그래서 다시 철학자들을 더 높게 고양시킨다.

30[145]

바그너에게 있어 (브람스처럼) 좋은 것의 맹목적인 부정, 당파에서

(바〈그너〉 부〈인〉)을 동경하는 부정(리페 사람Lipiner 레Rée).

30〔146〕
　무엇이 당파인가, 무엇이 무례함인가? 무례함으로부터 나는 바그
너를 이해하지 못했다.

30〔147〕
　아름다움의 엄습 : 라인 강의 지류(支流)에 펼쳐진 광경Rhein-
töchterscene, 깨어진 빛, 가을의 태양과 같은 색의 과잉, 자연의 다
채로움 ; 불타는 붉음, 보라색, 우울한 노란색과 연두색이 섞여 흐
른다.

30〔148〕
　이성-도피적이고 세계-도피적인 노력.

30〔149〕
　만약 바그너가 "독일적인 본질"에 대해 말할 때, 항상 허영심의
정상 그곳에 올라 있는 바그너를 누가 따르겠는가? ― 게다가 어리
석음의 정상에도 : 그래서 만약 프리드리히의 위대함, 정의, 괴테의
고귀함과 시기심 없음, 베토벤의 귀족적인 단념, 바흐의 빈약하게
미화된 내면 생활, 광채와 성공에 대한 고려 없는 창조가, 시기심
없이 본래 독일적인 특징이라면, 바그너는 그가 전혀 독일인이 아니
라는 것을 거의 증명하지 않고자 하는 것인가?

30〔150〕

"그것은 자신의 힘을 넘어 사유하고 느끼고자 욕구하는 분노다 C'est la rage de vouloir penser et sentir au delà de sa force." 두 당Doudan. — 바그너주의자.

30〔151〕

그리스의 예술가는 그들의 힘을 억제에, 이제는 해방에 사용한다 — 가장 강한 대립!

의지의-억제자, 의지의-해방자.

30〔152〕

밀턴 : "사람이 인간을 죽이든지 좋은 책을 죽이든지 간에 거의 마찬가지다." 당파에 반대하여.

30〔153〕

두려운 야만, 분쇄되고 파괴된 것, 환호, 갑작스러움, 간단히 유대인들에게 내재하는 특성들 — 나는 유대인이 아리아인보다 바그너의 예술을 더 총명하게 받아들인다고 믿는다.

30〔154〕

서문에 관하여. 나는 나의 독자들에게 충고하고자 한다 : 그들이 저자의 감각 안으로 진입하는 특징 ― ― ― 그러나 여기서 아무것도 강요되지 않는다. 하나의 여행이 장려된다.

30〔155〕

야생적으로 즐기고, 스스로 여행하고, 자신의 과잉에 싫증나 변화를 열망하는 생물 특유의 삶 — 쇼펜하우어와 바그너에게서도 **마찬가지로**. 양자에게 **시간**에 일치하는 : 어떤 거짓과 관습도, 어떤 인류와 인류성도 더 이상 사실적으로 — 가장 거친 이기주의가 그때 있다는 무시무시한 고백 — 진지함 — 도취, 순화가 아니다.

30〔156〕

또한 도덕-철학이 행복의 경계의 이쪽에 머물러 있었던 고대인의 건강의 징후. 우리의 진리-연구는 과잉이다 : 이것을 사람은 반드시 **통찰**해야만 한다.

30〔157〕

심하게 삶에 대해 괴로워하지 않고, 생기가 없고 감정이 부족하지도 않아서 바그너의 예술이 우리에게 의학보다 더 필연적이라면. — 이것은 **적**의 주요 이유이고 부당한 동기는 아니다 : 사람은 우리를 몰아갈 어떤 필요도 없는 것, 우리가 필요로 하지 않는 것을 그렇게 높게 평가하지 않을 수 있다.

30〔158〕

시간 — 기본적이고, 아름다움을 통해 미화되지 않는 감성 (마치 르네상스와 그리스인들의 감성처럼), 황폐함과 냉담은 바그너와 쇼펜하우어에게 대항해 싸우는, 그들이 작용하는 전제다 — 그들의 예술의 토대. 욕망의 흥분, 가슴의 냉정 — 바그너는 욕망의 흥분과 나란히 마음의 흥분을, 쇼펜하우어는 마음의 냉정과 나란히 욕망의 냉정을 원한다 (철학이 아니라 삶의 쇼펜하우어).

30〔159〕

괴테 — "바이런의 대담함, 용감함 그리고 웅대함은 모든 것을 형성하는 것이 아닌가? 우리는 그것이 항상 결정적인 순수함과 인륜적인 것에서 찾고자 원하는 것을 반드시 경계해야 한다. 모든 위대한 것은 우리가 그것을 알게 되자마자 형성된다."

이것이 바그너의 예술에 적용된다.

30〔160〕

볼테르는 괴테에 의하면 "빛의 보편적인 원천"이다.

30〔161〕

켈러, 부르크하르트에 대해 언급하는 것 : 많은 독일적인 것이 지금 **스위스**에서 보다 더 잘 보존된다. 사람은 그것을 거기에서 더 독일적으로 보존한다.

30〔162〕

소유에 대한 미신 — 소유는 자유롭게 만드는 것이 아니라 더 노예적으로 만들고, 많은 시간, 숙고를 필요로 하며, 염려하게 하고, 대등하기를 좋아하지 않는 다른 사람과 결합시킨다. 왜냐하면 사람은 타인을 필요로 하기 때문이다 ; 장소와 도시에 더 확고하게 구속된다. — 거지는 물론 더 의존적이다, — 그러나 적은 요구를, 그것에 충분한 작은 돈벌이와 많은 자유 시간을 갖는다. 물론 자유 시간을 이용할 수 없는 사람에게 있어 소유를 향한 노력은 마치 존경과 훈장 등을 향한 것처럼 부양(扶養)하는 것이다. 부는 종종 정신적인 열등의 결과다 : 부는 그러나 시기심을 자극한다. 왜냐하면 부를 통해 열등이 교육으로 가려〈질〉 수 있기 때문이다. 그 점에 있어서 인간의 정신적인 무능이 타자의 비도덕적인 욕망의 간접적인 근원이다. — 이것은 **전쟁 이후**의 고찰이다. 가면으로서의 교육. 내적인 실제적인 무교양과 조야함의 결과로서의 부.

30〔163〕

천재가 아니면 아무것도 타당하지 않게 하는 것보다 문화에 대한 좋은 통찰에 더 해로운 것은 아무것도 없다. 그것은 문화를 위한 모든 작업들을 그만두어야 하는 하나의 파괴적인 사유 방식이다.

30〔164〕

전쟁 이후의 사치, 프랑스인에 대한 경멸, 민족적인 것이 나의 마음에 들지 않는다 — 그래서 프랑스인에 대해 바그너처럼, 프랑스인과 그리스인에 대해 괴테처럼. 괴테에게 반대하여 얼마나 퇴보하는 가 — 혐오스러운 감성.

30〔165〕

시 예술은 그리스인들에게 다른 예술보다 더 오래되었다 : 시 예술에서는 따라서 반드시 민족이 절도의 의미에 익숙해야만 했다 ; 그리고 나서 그들을 다른 예술가들이 따라야만 했다. 그러나 **무엇이**

시인을 절제(節制)시켰는가?

30〔166〕

계획.

문화의 **위험**에 대한 통찰.

전쟁. 매우 깊은 아픔, 루브르의 화재.

문화 개념(민족적인 것)의 약화, 교양 속물.

역사적인 병.

어떻게 개인이 전염병을 방지하는가?

1) 쇼펜하우어의 형이상학, 초역사적인 ; 영웅다운 사상가. 관점
   이 거의 종교적이다.

2) 시대 취미에 대항한 바그너의 자기 예술의 방어.

거기서부터 생겨난 새로운 위험 : 형이상학적인 것은 현실적인 것에
대한 경멸로 몰아넣는다 : 그러한 점에서 결국 문화 적대적이고 거
의 더 위험하다.

천재의 과대평가.

음악의 문화는 학문, 비판을 거부한다 ; 바그너의 본질로부터 제
한된 많은 것이 추가된다. 과도하게 흥분된 감각과 병행된 조야
함.

궤변과 상징은 바그너주의자에게서 만연한다.

나는 예술, (고대를 잘못 이해한) 시작과 자연에서 소외되고, 거
의 나의 좋은 열정을 잃었다.

그때 형이상학자의 죄책감.

나에게 바이로이트의 의미.

도피.

냉수-욕.

예술, 자연, 온화가 다시 온다.

전달의 목적

친구들.


30[167]

바그너에게 비독일적인 것:

베토벤, 모차르트, 베버의 독일적인 우아함과 고상함, 베토벤과 베버의 흐르는 쾌활한 열정(생기 있고 빠르게allegro con brio), 왜곡 없는 분방한 유머가 부족하다.

겸손함의 결핍, 소란스러운 종소리. 사치 경향.

바흐 같은 좋은 관료는 없다. 경쟁자에 대하여 괴테처럼 조용하지 않다.


30[168]

은총의 도덕 옆에 나란히 은총(영감)의 예술이 있다. **기술!**


30[169]

그 당시에 나는 기독교가 사라지는 것을 보고 있다고 믿었다. 바그너는 기독교에조차 몇몇 나쁜 말을 보냈다 — 어리석은 미신 — 이제 — 산을 넘어서.

30〔170〕

프랑스와 이탈리아의 시작에서 가장 큰 희생. 스폰티니는 베스탈린을 만들었을 때, 물론 아직 어떤 독일 음악의 악보도 본〈래〉듣지 못한 상태였다. 탄호이저와 로엔그린 — 그것을 위해 아직 아무런 베토벤이 존재하지 않았고, 물론 베버도 없었다. — 벨리니 스폰티니 오베르는 극적인 효과를 주었다 ; 베를리오즈에게서 그는 오케스트라의 언어를 배웠다 ; 베버로부터 낭만적인 음색을 배웠다.

30〔171〕

모든 것이 힘, 영감, 감정-과잉으로서 발생하고자 하는 것 — 기만하기 위한 (과도하게 자극된 예술가의) 약자의 인위적인 수단.

30〔172〕

수단, 색조, 요구, 상징적인 것의 사치. 위대한 것과 관련하여 파악할 수 없는 것, 무진장한 것으로서 고상한 것. 모든 다른 위대한 것에의 호소.

30〔173〕

나는 이와 같은 사물들이 두꺼운 달콤한 납에 싸여, 기꺼이 삼켜지는 것에 대해 의심하지 않는다. — 바그너에 대한 진리.

30〔174〕

이러한 야생 동물들은 승화된 예민함과 깊은 감각의 엄습으로 — 우리와 아무런 관련이 없다. 그것과는 반대로 예를 들어, 필록테테스.

30〔175〕

보탄 ─ 사람은 불쾌감을 가졌기 때문에, 세계를 파괴한다.

브륀힐데[18] ─ 사람은 사랑하기 때문에 세계를 파괴한다.

30〔176〕

보탄, 분노하는 혐오 ─ 세계를 몰락시기고사 한나.

브륀힐데 ─ 세계를 몰락시키고자 한다.

지크프리트는 사랑한다 ─ 그가 사기(詐欺)의 수단을 자르는 것을. 마찬가지로 보탄. 얼마나 이 모든 것이 나에게 역겨운가!

30〔177〕

슈타인바흐 출신의 에르빈이라는 대가가 그의 프랑스의 전형과 대가에 의존하는 것처럼, 바그너는 프랑스인과 이탈리아인들에 대해 자유로우며 그들을 능가한다.

30〔178〕

돔 건물은 아마도 후계자들에게서 로마인에게 넘어갔다, 아마도.

30〔179〕

권력과 호화로움, 로마인들의 의지.

30〔180〕

대립 — 공공연하게 영원히 확고하게 되는 사물 아래 호라티우스 — 우리는 공공연하게 완전히 짧은 사물 아래 있다 : 모든 종은 반드시 그들의 고유한 영역을 예약해야만 한다.

30〔181〕

로마인은 모든 원형의 **창조자**이지, 단지 독창성을 가진 훈련 지도자는 아니다.

30〔182〕

괴테에게서 예술의 가장 위대한 부분은 그의 본질로 이행했다. 그와는 다르게 삶에서 비예술가적이고 단지 극장-동정(同情)뿐인 우리의 극장 예술가 ― ― ― 타소의 극장.

30〔183〕

바그너적인 수사학의 영향은 우리의 오성이 나중에 복수를 행할 정도로 격렬하다 — 그것은 요술쟁이와 같다. 사람은 작용에 대한 바그너의 수단을 보다 엄격하게 비판한다. 근본적으로 그것은 바그너가 우리를 붙잡는 데 **보다 섬세한** 수단은 필요하지 않다고 본 것에 대한 불쾌감이다.

30〔184〕

바람이 찬 날씨의 야외 음악처럼.

30〔185〕

레의 심리학적인 고찰에 대한 기쁨은 가장 위대한 것 중의 하나다. 어디서부터? 인간의 동기들에 대단한 가치가 없다고 나는 그렇게 느꼈다. 소크라테스가 현자에 대해 한 것처럼, 나는 도덕적인 인간에 대해 말한다. 그 당시에 나는 예외를 만들었다 ; 이것을 똑바로 세우기 위해, 나는 예외를 매우 깊게 세운다 (그리고 그 당시에 작가를 아마도 오해했다).

30〔186〕

이전의 세기는 역사를 덜 갖고 있었지만, 그것을 시작하는 것을 알았다.

30〔187〕

어떻게 사람이 단지 자기 사랑이 우리의 모든 행동의 동기가 된다는 그런 진부함에 대해 그와 같은 즐거움을 가질 수 있는가! 1) 왜냐하면 내가 오랫동안 그것에 대해 아무것도 몰랐기 때문이다 (형이상학적 기간) 2) 왜냐하면 문장이 매우 자주 시험받을 수 있고 우리의 예지를 자극하고 그리고 우리를 기쁘게 하기 때문이다 3) 왜냐하면 사람이 공동체에서 모든 시대의 모든 능숙한 사람과 현자와 함께 느끼기 때문이다 : 그것은 심지어 악한 사람 중에서, 정직한 사람의 언어다 4) 왜냐하면 남자의 언어이고 열광적인 젊은이의 것은 아니기 때문이다 (쇼펜하우어는 자신의 청년 철학을, 특히 네 번째 책을 아주 낯설게 여겼다 ─) 5) 왜냐하면 그것을 우리의 방식으로 삶에 받아들이는 것을 격려하고 잘못된 척도는 거절하기 때문이다 ; 그것은 용기를 준다.

30[188]

이전 세기에 반대하여 윤리로 퇴보 — 엘베시우스. 그곳에서 루소, 칸트, 쇼펜하우어, 헤겔이 몰락한다.

30[189]

흥분된 감각의 격렬함과 지속의 길이는 모순된다. 이것은 작가 자신이 아무런 결정권을 갖지 않는 점이다 : 작가는 서서히 그의 작품에 익숙해졌고 그것을 오랫동안 창조했다 : 작가는 완전히 솔직하게 수용자의 관점에 놓일 수 없다. 실러는 이와 같은 오류를 범한다. 또한 고대에 너무 올바르게 새겨졌다.

30[190]

이것을, 많은 것을, 더욱이 갑작스러운 경악을, 비애감을 갖고 나는 통찰했다. 그러나 결국 나는, 내가 나에 반대하여 나의 선호, 당파성을 감동시키며 진리의 격려와 위로를 듣게 되는 것을 느낀다 — 이로써 내가 이제 자발적으로 등을 돌리기보다는 아주 위대한 행복이 나에게 넘어왔다.

30[191]

바그너의 니벨룽겐-반지는 가장 엄격한, 내적인 환상에 의지하는 레제드라마다. 높은 예술 장르, 또한 그리스인에게도.

30〔192〕

상상하는 청중에게서의 모순. 기껏해야 수용자로서 예술가적이며 전적으로 비생산적이다! 음악은 감각을 매우 고통스럽게 상징적인 것의 실행을 통해 억압하고, 무대는 눈을 억압한다. 노예-신하적인 것과 불과 불꽃이 그럼에도 불구하고 완전히 동시에 이러한 예술에서 ― 그 때문에 당파심이 비할 바 없이 필요하다. 그 때문에 선동으로서의 유대교 등.

〔31 = N I 5. 1878년 여름〕

31〔1〕

　　테오폼포스[19)]는 매우 질투심을 지녔으며 또한 가장 위대한 문학가
로서 플라톤에게 반대한다.


　31〔2〕

　　　우리에게 그리스의 문학이 낯설게 여겨지지 않는 이유는?

　　1) 김나〈지움〉에 세련된

　　2) 문헌학자의 수공업의 공구

　　3) 우리는 너무 많이 모방한다


　31〔3〕

　　주〈제〉 ─ 시인, 웅변가, 작가의 인륜적인 영향

　　주〈제〉 산문 그리고 시


　31〔4〕

　　　투키디데스, 소피스트적인 교육의 완전한 발현.


　31〔5〕

　　　　　　　　　　　서론.

　　사람은 반드시 문학에 대해 아무것도 읽지 말아야 하고 또한 문

학에 대해 아무것도 쓰지 말아야 한다. 그래서 나는 어떻게 사람이 읽어야 하는지 말하고자 한다. 문헌학자의 과제. ─ 일상〈적인〉읽기에 대한 경고.

31[6]

나는 바이로이트에서 장〈식〉, 장면, 기계에 매우 불만족스러웠다. 너무나 많은 노력과 발명이 환상을 속박하는 데 사용되고 소재에서는 그들의 서사적인 근원을 부인할 수 없다. 그러나 오케스트라에 비해 몸짓과 노래의 자연주의!! 사람은 그곳에서 어떤 가장된 거짓의 타락한 소리를, 어떤 잘못된 자연을 들었는가!

31[7]

근대의 정치인의 예술, 민족의 양심을 전쟁 발생시에 깨우는 것 ─ 좋은 사물의 승리에 대한 믿음을.

31[8]

낭만적인 것에 대한 기쁨을 포기한다. 게다가 기본적인 것에 대한 것.

31[9]

우리는 자연의 새로운 식물과 서로에 대한 고려보다 서로에 대한 기쁨을 갖고 있는 **친구들** : 그래서 우리는 나란히 있는 것과 같고, 바로 그 때문에 팽팽하게 위로, 그리고 똑바로 나무처럼 자란다. 왜냐하면 우리가 서로 당기기 때문이다.

〔32 = N III 2. 1878년 가을〕

32〔1〕

그대들은 원음과 비슷하다 ─ ─ ─

32〔2〕

위대한 사람들이 높은 목적을 향해 상승할 때 더욱 높거나 낮은
요구들을 그의 힘에 싣는가가 또한 그들 가운데서도 차이를 만든
다. 그러나 국외자가 그것을 알기는 어렵다. 왜냐하면 그는 모든 조
건 하에서 달성된 것에 다다를 수 없기 때문이다 : 그럼에도 불구하
고 가장 높은 자는 항상 아직도 자신의 이상을 부인할 수 있다.

32〔3〕

예술에 있어서의 양식에 영혼이 대응한다 : 바로크 영혼을 표시
하는 것. 높은 영혼, 보다 섬세한 영혼, 고귀한 영혼.

32〔4〕

섬세한 반계몽주의자들 ─ 리페 사람.

32〔5〕

만약 어떤 예술가가 인간을 감동시키고 고양하고 변형해야만 한
다면, 그래도 그는 스스로를 게다가 정직하지 않은 수단의 예술가

로서 이용해야만 한다 : 그의 성스러운 목적은 이러한 경우 절대로 정당화되지 않는다. 왜냐하면 그의 목적은 도덕적인 법정 앞에, 그의 수단은 미학적인 법정 앞에 속하기 때문이다.

32[6]

우리 주위에 한 종류의 신화 형성이 있다. 원인 : 우리는 아주 정직하지 않다. 가장 아름다운 말은 우리에게 괜찮다.

32[7]

열광자가 기술하고, 그에게 "당신이 나를 얼마나 잘 아는가!"라고 말하는 어떤 남자는 나의 가장 깊은 반감을 자극한다.

32[8]

우리의 본질의 대부분은 우리에게 알려지지 않았다. 그럼에도 불구하고 우리는 자신을 사랑한다. 약간의 기억에 근거하여 아주 잘 알려진 것에 대한 것처럼 말하고, 우리는 우리를 여러 면으로 규정하는 "자아"의 환영을 머리에 갖는다. 그것은 반드시 발전의 결과로서 받아들여져야 한다. 그것은 사적-문화-행위다 ― 우리는 단일성을 산출하고자 한다 (그러나 단일성은 단지 발견될 수 있다고 생각한다!).

32[9]

장편 소설.
시 한 권.

역사.

문헌학.


32[10]

인간은 약속의 소리와 충족의 소리를 함께 들을 수 없다 : 왜냐하면 그들은 스스로 약속으로부터 그 안에 없던 것을 들었기 때문이다. ― 그래서 나는 : 나는 진리의-강함을 약속했다 ― 당연히 많은 환상적인 표현과 함께 : 그리고 이제 나는 이러한 죄 없는 아이들의 우유 단지를 넘어뜨렸다.


32[11]

축제적인 것은 나에게 혐오스러워졌다 : 우리는 무엇인가!


32[12]

해진 옷으로서의 친구들.


32[13]

에머슨 201쪽 "초영혼"은 본래 최고의 문화-결과다. 모든 선하고 위대한 사람들이 작업한 환상이다.


32[14]

"반드시 인간성을 잃지 않아야 하는가?" 누가 역설을 이해했는가?

32[15]

에머슨은 "삶의 가치는 그와 같은 헤아릴 수 없는 능력에 놓여 있다 : 나는 만약 내가 나를 새로운 개인에게 돌린다면 내가 어떤 일을 당하게 될지 절대로 알지 못한다"라고 생각한다. 에머슨의 311쪽에서 사실 방랑자의 기분은 중요하다, 이른바 학문에 대한 두려움 — 창조자는 모든 개인에게 문을 통해 들어간다.

32[16]

너는 어떤 것에서 큰 기쁨을 가졌는가? 그렇게 이별하고, 그것은 두 번 다시 오지 않는다.

32[17]

성취한 일상의 행복감 — 그것이 염세주의자와 예술-열광자에게 부족하다.

32[18]

"자연에서는 모든 것이 유용함을 위해 있고, 모든 것이 아름답다." 그러나 마지막으로, 위에서 바라볼 때, 인간에게도 또한. 아름다움은 그곳에 있다. 단지 그것을 보는 눈이 부족하다. 적어도 동시에 유용성인 자연-아름다움이 있다.

32[19]

귀 기울이는 소나무와 남쪽의 침묵의 인상, 정오의 평온을 더욱 깊게 한다.

32[20]

　책의 거절은 우리에게 준비와 의미가 부족하기 때문에 우리가 여기서 아무것도 체험할 수 없다고 가끔 말한다. 또한 사람에게서도. 모든 부정은 우리의 다산성과 이러한 영역에서의 기관의 부족을 나타낸다 : 만약 우리가 바닥과 같다면, 우리는 아무도 죽지 않을 것이다. 우리는 많은 사람에 대한 더듬이를 우리 안에 갖고 있다 ― 그러나 모두에 대해서는 아니다.

32[21]

　역사는 기이함을 극복하고자 한다. 인간은 과거에 대하여 저항한다. 모든 것은 "자아" "자서전"과 "오래전에-알려진" 것이어야 한다.

32[22]

　"사치의 파괴가 아닌 순화"를 예술가는 얻으려고 노력한다 ― 관념주의자는 불평한다. 그러나 사람이 파괴라고 부르는 것(그것은 발산, 승화다)이 그 과정에서 일어난다. 과잉은 모든 아름다움의 전제들이다.

32[23]

　"사람은 애써서 제작한 것을 반드시 걸어서 시장으로 날라야 한다" 에〈머슨〉.

32[24]

대략 이성과 감정의 균일한 발전은 (이해, 공동의 도움과 촉진의 토대로서) 문화의 목적이다. 그 안에 로마 제국, 기독교, 무엇보다 과학과 같은 그러한 조직하는 세계의 힘의 의미가 있다. 보편적으로 그리고 부분적으로 오해가 지배한다 : 그러므로 별난 이기주의는 열등감 때문은 아니다. ― 큰 희생은 이러한 평균화하는 문화와 결합되어 있다. "역사"는 수단, 균일화를 위한 행위 과정〈과〉소통 과정에 대한 이야기다.

32[25]

시인과 환상적인 시인은 모든 자연(동물과 식물)이 학문과 방법 없이 단순하게 사랑과 직관으로 이해될 수 있는 것을 꿈꾼다. 그렇게 여전히 형이상학자들은 인간을 대단히 돕는다.

32[26]

우리는 복지, 건강으로 무엇을 원하는가!? ― 기쁨과 평안. 이제 원천은 게다가 정신과 기분에 근거한다. 복지와 건강〈과 함께〉우리는 발산에 대항하는 일종의 불결을 제거하기를 추구한다. 예술과 진리애가 싸울 때. ― 투쟁은 기쁨을 위한 수단 ― 그러나 이러한 투쟁은 스스로 기쁨의 원천이 될 수 있다. 결국 인간의 발전은 모든 기쁨의 기쁨이다.

〔33 = N III 4. 1878년 가을〕

33〔1〕

"계단-행복" ― 얼음 위의 소년, 달밤의 시냇가 바람 가로등.


33〔2〕

소크라테스에게 반대하여 사람은 그것이 인간적인 덕과 아무런
관련이 없고, 그러나 매우 인간적인 지혜와 더 관련돼 있다고 이제
야 이의 제기를 할 수 있다.


33〔3〕

예술가는 편안한 순간, 감정의 넘쳐흐름이 세계의 목적이라고 생
각한다 : 그들은 스스로를 행복한 순간에 축사를 하는 사람으로 간
주한다.


33〔4〕

예술가는 정신적인 소유물에 대해 아무런 느낌을 갖지 않는다고
이전에 예술에서 스스로 폭로했다 : 이제 대부분, 그들은 사상가와
작가로서 시연한다.


33〔5〕

왜 모든 음악가들은 리듬에 대한 청각이 없고, 사유 결합의 엄격

함이 없는 나쁜 작가인가? 음악은 사유를 쇠약하게 하고 귀를 너무 섬세하게 한다. 규정할 수 없는 상징화는 — 그것에 만족하게 한다.

33〔6〕

젊음은, 스스로 항상 너무 강하게 표현하고 실행한 후에 말을 하는 남자에게 희망을 건다.

33〔7〕

정치 — 당 — 정직〈성〉

33〔8〕

결론 — "더 큰 행복을 영혼으로서 검증할 것을 요구하는가 — 검증이 없는 삶 : 살 가치가 없는 삶οὐ βιωτός."

33〔9〕

무엇이 유럽인가? — 그리스 문화는 트라키아와 페니키아의 요소로부터 성장했고, 헬레니즘 로마인의 그리스선호주의, 그들의 왕국은 기독교적이다. 고대 요소의 담지자인 기독교는 이러한 요소로부터 결국은 학문적인 싹을 틔우고, 그리스선호주의는 철학자가 된다 : 그렇게 멀리 학문을 믿었고, 이제 유럽은 진행한다. 로마는 절단되었고, 기독교는 빛이 바랬다. 우리는 더 이상 에피쿠로스가 아니다 : 그러나 그의 지배는 계속 전파된다. — 많은 조잡화와 피상화에서의 헬레니즘화.

33〔10〕

그래서, 인륜법과 인간의 권리가 만들어졌기 때문에, 그대들은 자신이 그것을 극복할 수 있다고 믿는다 : 이제 인간에 대해 그대들은 말한다 — 그대들은 이렇게 인공물을 경멸하는 것을, 그대들 자신과 그대들이 의도한 모든 인공물을 경멸적으로 특징짓는 것을 할 줄 모르는가? 그대들은 반드시 똑똑해야만 하고 그것을 "신의 작품"인 것보다 더 높이 존경해야만 한다 — 도대체 신이 그대들에게 무슨 해를 입히는가! 그러나 그대의 아버지와 조상의 작품 — — —

33〔11〕

주의. 참된 마야. — 불안정하고 빈약한 가치들.

33〔12〕

아시아를 유럽화하기 위한 중국 노동자들.

〔34 = N III 1. 1878년 가을〕

34[1]

　내가 가진 것보다 확실히 더 섬세한 두뇌들, 더 강하고 고상한 마음이 있다 : 그러나 그들은 내가 그들에게 필적하게 될 때, 그리고 우리가 스스로 도울 수 있을 때 그 정도에서 나에게 단지 도움이 된다. 그래서 남는 것은 내가 볼 때 내게는 부족할 수 있다 : 세계는 항상 아직도 나의 세계로서 완전하게 남는다.


34[2]

　열광〈주의자〉 또한 어려운 질문.


34[3]

　정신적인 구조의 병을 사람이 알아채지 못한다 ─ 그러나 그럴수록 병은 ─ ─ ─


34[4]

　중얼거리는 시인, 숨쉬기 어렵고 목소리를 멈추는 웅변가, 율동적인 영혼이 없는 음악가, 바보의 쓴맛을 가진 현자 ─ 이러한 자연의 불완전성은 마찬가지로 가장 완고한 인간으로 하여금 대담하게 하는 고문자 : 물론 우리는 예술을 필요로 한다.

34[5]

우리는 할 수 있는 것을 행한다.


34[6]

무지 때문에 초보자는 최초의 예술처럼 최고의 목적을 향하여 손을 내민다 — 혼란스럽게.


34[7]

단순함은 예술의 고지에서 짧은 평지다 — 시작도 끝도 아니다.


34[8]

사람은 즉시 아무것도 가질 수 없다, 그러나 만약 시간만 가진다면 모든 것을 가질 수 있다. 시간은 모든 덕 있는 사람과 재능 있는 사람으로 하여금 세상에서 이자를 낳게 하는 자본이다.


34[9]

비밀스러운, 인용할 수 없는, 예컨대 예술에서, 숙고에서, 물음에서 아주 철저하게 퍼내지는 외설이 있다.


34[10]

호메로스는 전쟁의 영웅이 아니다, 소포클레스는 인내하고 쫓기는 은자가 아니다. 성실과 헌신의 가인(歌人)들은 무자비한 이기주의자이고, 엘베시우스처럼 냉정한 도덕가는 진심으로 사려 없는 박애자다 — 재능은 성격을 보완하고자 한다 ; 그것은 눈을 가진 사람

을 위한, 그러나 그것을 보는 사람을 위한 것이 아닌 응시하는 눈이
다.

34[11]

5  시작되는 작가의 지배.

34[12]

작가 불명의 책, 서명된 신문.

10  34[13]

변호사, 열광자 또는 특성 없는 은폐자로서의 시인은 친구로부터
도둑질을 한다. 작품의 결말에서 신념은 허용되지 않는다.

34[14]

15  만약 누군가 인식 이론에서 모든 늑대-여우-사자의 걸음을 다
마쳤다면 — 이러한 걸음에서 빙빙 도는 최초의 최선의 초심자는
무례하다. 우리가 태양을 지게 하고 대지가 침묵할 때.

34[15]

20  천재가 찬미하는 방식에서 사람들은 그가 절제되지 않은 이기심
의 야생목에 접목했음을 쉽게 인식한다 — 이러한 경우에 천재는
이전 시대의 위대함에서 매우 화려하게 본래의 빛나는 면을 개별화
하는 것을 찬미하고, 단지 그 면을 빛으로 돌리고, 하나의 그림자를
다른 면에 던진다 — 또는 그러나 : 천재가 순화된 나무와 같은 태

생으로 성장하는 것인지 : 그래서 천재는 그 나무보다 많은 다른 것을 사랑한다 : 괴테처럼.

34〔16〕

얼마나 철학〈자〉가 무상한지는, 철학자들의 무상하게-만드는 힘에서 인식된다. 실러, 그의 시대는 신선하고 삶의 힘이 있다 ─ 이제는 이미 역사적으로 느껴진다 : 독일 관념론의 광택. 그래서 모든 장작은 오성과 세상을 피하는 독일 염세주의로 일룩졌다. 지금.

34〔17〕

이제 학문과 예술, 절대적인 형이상학 또는 심지어 회의적인 형이상학을 대표하는 사람은 산을 넘어 로마를 지원한다.

34〔18〕

감각〈과〉 판단이 더 이상 일치하고자 하지 않기 때문에 사람이 결국 헤어지는 그러한 이별은 우리에게 한 인격을 가장 가까이 가져다준다. 그리고 우리는 자연이 그 인격과 우리 사이에 세운 벽을 폭력적으로 때린다.

34〔19〕

〈그〉 예술가는 자신의 위대한 선물을 통해 영혼을 샀다고 망상한다 ; 그러나 그는 더욱 큰 선물을 다른 편에서 받기 위해 그리고 제공된 가격을 더 싸게 하기 위해 단지 영혼을 더 광대〈하게〉 만들었다.

34[20]

절대로 들을 수 없는 사람과 교제하지 않고, 스스로를 그리고 자신의 착안을 그렇게 대화하고자 하는 것을 통해 시연한다. 그것은 위대한 이기주의자의 특징이다, 그는 아직 재능이 있다. 주의를 강요하는 이는 마찬가지로 이기주의자이고 다만 정중하다.

34[21]

시인은 자신의 정신을 감정으로 여기게 한다. 사상가는 눈에 띄지 않게 자기 감정을 정신에 지닌다 ; 연극 배우로서의 시인.

34[22]

영혼의 여름 공기 ― 소름〈끼치는〉 행복 ― 2월.

〔35 = N III 5. 1878년 가을〕

35[1]

노동자의 무시 ———


35[2]

유일한 도시 파리 ———

35[3]

"바로크"를 위해 ———


35[4]

　　많은 것을 남자는 남자이기 때문에 억제하면 안 된다 : 그러나 애타게 그는 자신의 정직을 혼동하여, 옳은 길에서 빗나갈 수 있는 젊은이들을 생각한다 : 그들이 지금까지 자신을 지도하는 선생의 말을 듣는 데 습관이 되어 있으면 있을수록. 그때 선생에게는 학생들의 교육을 방해하지 않기 위해 철저하고 열심히 그들에게서 멀어지
고 그들을 속박하는 일만이 남아 있다. 그대들이 선생에게 반대하여 자신에게 충실하기를! 그것을 알지 못하면 선생에게 충실하라.


35[5]

　　많은 자연을 위해 자신의 열정에 때때로 축제를 열어주는 것은

좋을 수 있다.

35[6]
ㅡ ㅡ ㅡ 이러한 첫 번째 영혼-정원사의 고상한 위대함은 항상
다시 발견된다 ㅡ ㅡ ㅡ

35[7]
ㅡ ㅡ ㅡ 그가 쾌활한 겸손으로, 이러한 사투르누스 신[20]의 속박
되지 않음의 느낌으로 지껄일 수 있는 것이 전제된다. 청중은 ㅡ ㅡ
ㅡ

〔36 = Mp XIV 2a. 1878년 가을〕

36〔1〕

　　다윈주의자. — 성 아우구스티누스가 말했다 : 나는 진리요 생명
　　이라고 예수는 말했다. 예수는 나는 관습이라고 말하지 않았다ego
　　sum veritas et vita, dixit Dominus ; non dixit : ego sum
　　consuetudo! — 그래서 아쉽게도 예수는 진리가 아니며 삶이 무엇
　인지 알지 못한다.


　　36〔2〕

　　아테네를 향한 아직 한 마리 부엉이. — 학문과 민족 감정이 모순이
　　라는 것을 사람은 안다. 또한 정치적인 화폐 위조자는 특히 이러한
　지식을 부정하고 싶어한다 : 그리고 결국! 모든 고상한 문화는 손해
　　를 보고 민족의 울타리를 말뚝으로 박을 수 있다는 것을 파악하는
　　날이 올 것이다. 그것은 항상 그렇지는 않았다 : 그러나 바퀴는 스
　　스로 굴렀고 계속 구른다.


36〔3〕

날인과 증명서.

　　"정신의 순수성은 또한 열정의 순수성을 가져온다 : 그러므로 더
　　위대하고 순수한 정신은 따뜻함을 갖고 사랑하고 그래도 자기가 사
　　랑하는 것을 명백하게 본다. — 두 가지 종류의 정신이 있다. 기하

학적인 정신과 사람이 섬세한 정신이라고 부를 그러한 정신이 있다. 전자는 느린, 강한, 완고한 견해를 갖고 ; 후자는 애호하는 대상의 사랑스러움에 곧 밀착하는 사색의 속도를 갖는다. 그는 눈에서 가슴으로, 그리고 외적인 움직임에서 내적인 것으로 진행하는 것을 안다" —

파스칼에 의하면.


36〔4〕

빌란트 "나는 언젠가 독일적이라는 단어가 명예를 일컫는다는 것을 들을 수 있었다는 것을 생각해낼 수 〈없〉다". 전집, 1840년 판, 31권, 247쪽.


36〔5〕

사색은 인간적인 의욕의 탄생뿐만 아니라 인간에 의해 인간적으로 의욕하는 인격체로도 간주된다. 머리는 인간의 세계 앞에 머무른다 — — —

〔37 = N III 3. 1878년 11월〕

5       37〔1〕

　사람이 모든 세계의 어떤 것에 감사하지 않을 때, 사람은 그것에
대해 무엇을 하는가!


37〔2〕

10      기대가 싹틀 때의 대담한 용기, 또는 사랑.


37〔3〕

　사순절 기쁨, "의무"-기쁨 — 잃다.

〔38 = D 12. 1878년 11~12월〕

38[1]

기대하지 않은 교훈. ─ 우선 고통과 실패로 가득한 삶이 어떻게 현존재가 아주 꿀로 취하게 되는지를 가르친다 : 왜 금욕주의가 교활한 에피쿠로스 학파로부터 드물지 않게 선택되는지. ─ "염세주의자"는 상한 위를 가진 영리한 사람이다 : 그는 머리로써 나쁜 소화에 복수한다.

38[2]

그들의 고통을 위해 자랑스럽게 모든 현존재에 복수하는 매우 섬세한 불행은, 레오파르디처럼, 어떻게 현존재의 신적인 중개인이 그때 그들에 대해 웃는가를 언급하지 않는다 : 마찬가지로 이제 그들은 다시 그들의 단지에서 마신다 ; 도대체 그들의 복수, 그들의 자부심, 그들을 괴롭히는 것에 대한 사유에의 성향, 그것을 말하는 기술은 ─ 그것은 다시 모든 것이 아니다 ─ 꿀인가?

〔39 = N I 3c. 1878년~1879년 7월〕

39〔1〕

　문〈학〉.

　인물이 작품에서 잘못 해명되다. 이것은 그러나 예술〈가적으로〉 가장 크게 작용하는 것에 따른다.

　예술가 또한 쉽게 자신에 대해 헤맨다.

10　그러나 점점 그의 본질은 자신의 마음에 드는 상에 따라 변한다.


39〔2〕

　빙켈만 괴테는 문화에 의해 흡수된다 : 그 때문에 그것은 우리에게 공허하게 나타난다.

15

39〔3〕

　강제에의 쾌감, 그리스인에게서의 항상 새로운 자기-결합.

　고대 기술의 강제 하의 호메로스.


20　39〔4〕

　운율학적인 강제.

　개별적인 종의, 서사시의 자연 오류.

39〔5〕

　트라키아 사람들이 처음으로 학문으로 이행하게 한다 : 데모크리
토스 프로타고라스 투키디데스.

39〔6〕

　새로운 유형을 위한 단초들, 소멸하는.
　거절된 주제, 선택.

39〔7〕

　희곡에서 예술의 조잡화.

39〔8〕

**읽게 되는 책들 :**

텐Taine, 혁명 전〈의〉 프랑스.

르노르망Lenormant, 페니키아 등.

굿슈미트Gutschmid, 아시리아학에의 새로운 기고들.

둔커Duncker, 역사, 제1권.

될러Doehler, 하드리안Hadrian 등. (할레).

로이몬트Reumont, 코시모.

로이몬트, 토스카나의 역사.

스턴Stern, 밀턴과 〈그의〉 시대.

빌라리Villari, 마키아벨리가 만골드Mangold를 번역한다.

페트라르카Petrarca, 바이올린 연주자.

바우디신 Baudissin, 연구.

샤크Schack, 스페인 연극.

— 이슬람에 관하여?

셰러E. Schérer, 문학 공부.

암브로스Ambros 3권 (르네상스에서 팔레스트리나까지).

5   페셸Peschel, 민족학.

르낭Renan 등.


39[9]

두 눈으로 보는 것 — 두 번 좋은 것δὶς τὸ καλόν.

10


39[10]

선택된 한 단어는 단어들 서로에 대한 궁정(宮廷)과 같은 우아함
과 향기(향수)를 원한다.


15   39[11]

영혼에 평온과 기쁨을 주기 위한 인식의 시대.

〔40 ＝ N IV 2. 1879년 6～7월〕

40[1]

10월 인간. 슈바르츠발트의 농부들.


40[2]

단지 나에게는 난쟁이가 부족하다.


40[3]

나는 결론짓는다 : 그의 욕구의 제한.

그러나 누구나 전문가가 되기 위해서는 이 점을 (예를 들어 자기 식사, 의복, 주거, 난방, 날씨 등을) 바라보아야만 한다. 사람이 충분하다고 평가할 수 있을 때 자기 삶을 너무 많거나 너무 적은 기초 위에 세우는 것 — 그래서 사람은 보편적인 도덕성을 촉진한다, 즉 사람은 모든 수공업자들에게 우리를 진실하게 다루기를 강요한다. 왜냐하면 우리는 전문가이기 때문이다. 더 이상 전문가가 되고자 하지 않는 욕구를 우리는 스스로 금지해야만 한다 : 이것이 새로운 도덕성이다.

우리가 필요로 하는 사람을 고려할 때 전문적 지식은 첫 번째 대용물이다. 따라서 인류학은 우리의 전문 지식이 멈추는 그곳이다.

따라서 : 우리의 욕구에 근거하여 전혀 다른 종류의 지식을 얻는 것.

40[4]

기계는 모든 것이 정확한 시간에 정확히 발생하도록 무시무시하게 통제한다. 노동자들은 맹목적인 독재자에게 순응한다. 노동자는 독재자의 노예 이상이다. 기계는 자기 지배에 대한 의지를 교육하지 않는다. 그는 독재에게 대항하는 반동의 욕망을 깨운다 — 탈선, 무의미, 도취를. 기계는 사투르누스 신의 제사를 환기시킨다.


40[5]

신념과 인격의 부자유는 혁명적인 경향을 통해 증명된다.

만족을 통한 자유, 자기-적응과 개인적인 개선.


40[6]

기계의 해로움에 반대하여, 치료제

1) 같은 기계와 다른 기계에서 기능의 잦은 교체.

2) 전체 제조와 그것의 실수와 개선 능력에 대한 이해

   (공무원을 자주 바꾸는 민주주의 국가 )


40[7]

사회적인 삶의 덜 폭력적인 특성에서 (이른바 영원한 물음에 관한) 마지막 결정은 중요성을 상실한다. 사람은 이제 이미 얼마나 드물게 인간이 결정들과 상당히 관계하는가를 숙고한다.


40[8]

나의 가장 큰 고통.

40[9]

내가 근대적인 문화 지평의 불확실성을 응시할 때 두려움이 생겼다. 종과 유리 뚜껑 아래의 문화를 나는 상당히 부끄러워하면서 칭찬했다. 드디어 나는 용기를 진작시키고 나를 자유로운 대양으로 던졌다.

40[10]

항상 저하된 신경 활동의 표현으로서의 (모든 기쁨의 무상함, 또는 감옥에서의 해방 이후의 우울한 탄식에 관한) 감상적인 기분. 음악의 기쁨의 가장 큰 부분은 여기에 속한다. ― 상승하는 신경 활동과 하강하는 그와 같은 문화가 있다 ; 철학, 창작도 마찬가지다. 특별히 때때로 희망의 빈곤에서 단지 (사유의) 피로는 문화를 바그너의 분위기로 이끈다.

40[11]

(1872년 5월 22일) "기쁨에의 노래"는 최고의 기분 중 하나다. 우선 이제 이러한 길에서 나는 느낀다. "마치 그의 태양이 나는 것처럼 기쁘고, 형제들은 그대들의 길을 간다 ―". 얼마나 억압되고 잘못된 "축제"가 1876년의 것인가. 그리고 이제 바이로이트의 신문으로부터 기쁨에의 노래에 반대한 모든 것에 연기(煙氣)가 인다.

40[12]

우리의 극장의 영웅은 괴물Lindwurm[21])과 싸우고 우리는 그러한 영웅다움을 믿어야 하는 것처럼, 그럼에도 불구하고 우리는 보고 ―

따라서 보고 **그래도** 믿는다 — 그렇게 완전히 바〈이로이트〉에서도.


40〔13〕
　음악-감상〈적임〉.
5　기술하는 것.
　밤에 깨어남, 잠을 동경하는 — 밝고 붉은 갈색.


40〔14〕
　기계가 더욱 완전할수록, 도덕성은 기계를 더욱 필요로 한다. (손
10　도끼 부싯돌 등.)


40〔15〕
　정신이 더욱 섬세할수록, 인간은 더욱 열망의 과잉에 괴로워한
다. 그러한 점에서 정신적인 순화는 또한 속박된 정신의 도덕성과
15　같은 것을 가져온다.


40〔16〕
　**가장 가까운** 사물에 대한 가르침.
　하루의 분배, 하루(기간)의 목적.
20　식사.
　관계.
　자연.
　고독.
　잠.

생계.

교육 (고유하고 낯선).

목소리의 이용과 날씨.

건강.

정치로부터의 은둔.


부자연스러운 지연 :

(치유력이 있는 것으로서의) 질병

(축복으로서의) 죽음

(선행으로서의) 불행

　고통에 대항하는 **투쟁**. 투쟁 수단은 다시 고통이 된다 (투쟁에 과도함, 극단화가 있다).

　고통으로서의 자연, 고통으로의서 종교, 고통으로서의 사회, 고통으로서의 문화, 고통으로서의 지식. 따라서 : 투쟁에 대항하는 투쟁!


　영혼의 치유.

　근심.

　지루함.

　열망.

　약함.

　야만, 복수.

　절제.

　상실.

질병.

기쁨. 기쁨의 세 배
1) 고양으로서
2) 밝아지기로서 ⎫ 4) 삼위일체.
3) 평온으로서 ⎭

40[17]
우리는 사물을, 생산 또는 획득이 그와 같은 것을 우리에게 만든 노력에 따라 평가절하한다. 그 때문에 "가치". 이것은 진리로 전달되고 우스꽝스러운 결과를 만든다.

40[18]
철학〈적〉–종교〈적〉 **뚜쟁이**에 반대하여

40[19]
자기-교육의 확대를 통해 가장 높은 요구로 상승하려는 교사는 그의 평균적인 형식에서 파괴된다.
학교를 지식욕이 있는 우정-단체로 대체하는 것.

40[20]
학식 있는 사람의 방랑하는 여행의 삶은 그들이 스스로를 찾아야 한다는 것과 아주 소수의 학식 있는 사람이 한곳에 산다는 것의 증명이다. 열 개의 성숙된 다양한 정신의 대변자는 자신들의 공존의 공통된 마법을 통해 확실히 혼령을 불러낸다. — 자연-추구는 좋은 사회가 결핍될 때의 대용물이다. 오히려 단지 나쁜 것으로서 짝을 이루었다. 규칙적으로 여름 내내 그 장소를 떠날 때, 사람은 차라리 자신 앞에서라기보다는 자신의 친구들 앞에서 도피한다.

뿌리를 내리는 것은 그러나 모든 공동의 제도의 존립을 위해 필연적이다. 어느 곳에도 고향이 없다면 사람은 여행자, "방랑자"가 된다. 따라서 : 근대의 수도원.


40[21]

형이상학과 철학은 **폭력적으로** 생산적인 영역을 장악하려는 시도다 : 그들은 항상 더 일찍 몰락한다. 왜냐하면 숲을 근절하는 것이 개인의 힘을 넘어 진행되기 때문이다.


40[22]

**가장 가까운** 사물에 대한 꾸며댄 경멸과 그들의 실제적인 홀대에 반대하여 (거친 파악).


40[23]

가장 가깝고 가장 먼 사물.


40[24]

내가 울었을 때 :

1) 공산주의

2) 로젠라우이 시(詩)

3) 슈바르츠발트 농부들

4) 꿈

5) 생일날 빈으로부터의 주소

5    40[25]

많은 사상가의 사색이 달리는 섬유는 너무 섬세하여 우리가 그것
을 볼 수 없고, 섬유가 날거나 떠다니거나 고무된 시인의 예술을 촉
진한다고 우리가 잘못 생각할 정도나. 그러나 어떻게 거미가 퐁퐁
부드러운 섬유 아래로 달리는가 ―

10

40[26]

이제 우리는 반드시 우리의 은둔을 정당화해야만 한다 : 보편적
으로 ―

15    40[27]

어떻게 사람은 좋은 기질의 인간을 생산하는가?

〔41 = N IV 1. 1879년 7월〕

41〔1〕

　　오랫동안 언젠가 언급된 방식으로 칭찬받았던 철학자는 그동안에 그의 지팡이로 모래에 썼다 : "아 슬프도다, 혹시라도 내가 트라비아 여신보다 뛰어날 수 있을 것인가?Eheu, Triviam deam fortassis amplexus sim?"

41〔2〕

　　그리스 문학의 가장 매력 있는 책 : 소크라〈테스〉의 회고〈록〉.

41〔3〕

　　사람은 권력을 위한 독립성(자유)을 얻고자 한다. 그 역은 아니다.

41〔4〕

　　극도로 긴장된 너무 반짝이는 눈빛과 떨리는 손 ― 트리스탄.

41〔5〕

　　목표를 통해 삶은 아주 무의미해지고 비진리가 된다. 사람은 먹기 위해 일하는가? 사람은 살기 위해 먹는가? 사람은 어린아이(또는 작품)를 남기기 위해 산다. 이것은 마찬가지로 ― 등등. 그리고 결국 덧없이 춤춘다salto mortale. 더욱이 노동과 식사 등에서. 또한 마지막이 있다 : 우리는 목적을 두 가지 결과와 서로 결합한다. 우리는 먹고 살기 위해, 즉 다시 먹기 위해 먹는다.

행동은 반복된다. 왜냐하면 그것이 편하기 때문이다. 가장 편한 것은 종말이다. 식물은 동물에게 먹히기 위해 그곳에 있는가? 어떤 목표도 없다. 우리는 스스로 기만한다. ― 나는 깃털을 담근다 ― ― ― 을 위해

41〔6〕
사람들은 기후를 숙고했다, 그러나 특별히 낮과 밤 등등을.

41〔7〕
가장 경건한 사람들에게도 일상적인 점심 식사는 저녁 식사보다 더 중요하다.

41〔8〕
생업에서 우리는 자연을 모방한다. 그리고 다시 우리는 마치 자연이 우리를 모방한 것처럼, 마치 활짝 핀 알프스 장미의 작은 줄기가 노랗고 빨간 실로 짜인 것같이 보이는 것처럼, 보이는 것에 즐거워한다.

41〔9〕
사회주의자는 민주주의의 승리를 돕는다.

41〔10〕

적당하지 않은 동일화를 응징하기 Νεμεσσᾶν.


41〔11〕

동일한 것이 동일한 것에 도움이 된다는 것이 증명될 때, 그것은 동정이 아니라 의무다 — 동일화가 생산된다. 강자가 이익 없이 약자를 도울 때 — 그가 불쌍히 여기는 것인가 — ?


41〔12〕

단계들 : 명성을 증대시킨다

　　　　1) 즉각적인 유용성으로 주목하고

　　　　2) 이것이 없이, 그러나 자본으로서

　　　　3) 미래를 고려하여 즉각적인 유용성에 반대하여

　　　　4) "허영심"에 반대하고 허영심 없이.


41〔13〕

모든 작은 사물들은 언젠가 크게 되었다.


41〔14〕

"이방인이 오는 대신, 다시 여행을 떠났다".


41〔15〕

성장하는 뇌. 오직 가장 젊은 부분만 주도적인 의식을 갖는다. 늙은 부분은 통제의 가로등 없이 일한다.

목표 : 인간은 큰 무의식적인 목적 활동이다, 마치 식물의 본성처
럼.


41[16]
염주비둘기처럼 웃는 소녀들.


41[17]
어린아이의 발밑에서 얼음으로 덮인 작은 시냇물이 소리를 낼
때, 요즘 온화한 2월의 바람.


41[18]
물로 가득한 찻길.


41[19]
경건함과 배고픔에서 동시에 깨어나게 하는, 마을의 탑에서 들려
오는 정오의 소리.


41[20]
전나무 숲 속에 태양, 따뜻한 좋은 냄새와 미풍의 맑은 차가움처
럼.


41[21]
구름 낀 하늘의 변덕과 눅눅하고 따뜻한 공기 — 나의 적들.
암벽 바람 침엽수 야생초 그리고 많은 공기 — 나의 친구들.

41[22]

"스핑크스, 테미스토클레스, 신화, 역설, 소피스트주의, 양식, 문학 등."

41[23]

케리Carey 512. 경쟁 ― 그들의 유용성은, 비록 근본 악이지만. ― 균형에 반(反)하여 진행된다 ― 그러나 이 다른 단체는 싸움에 유리하다. 당나귀를 계속 끌고 가는 제3자. 그러나 영국 사람이라면, 제3자 자신이 계속 가는 당나귀다.

41[24]

마치 축제일의 작은 도시의 골목길 태양처럼 졸리고 만족스러운.

41[25]

3도 음정 ― 옥타브 : 멜로디
유년기 ― 학습 ― 첫 번째 마술
비애감이 있는 어느 곳에서나 상실이 느껴진다. 그러나 그 당시 감각의 절반의 재발견.
태양이 질 때 "감각의 알프스 산의 노을"
일요일-오후-고〈독〉은 마찬가지로 설명된다.
어린아이는 단순한 사물에서 큰 황홀감을 먼저 가진다.

41[26]

발명가는 매우 경건하다 ― 악한(惡漢).

41〔27〕

　군인 탄환 황혼


41〔28〕

　운율적인 종지의 반주 형태에서 어〈떤〉 황당무계는 이러한 작용을 지양하지 않는다. 때때로 황당무계는 이와 같은 작용을 더욱 강〈하게 하는〉 것 같다.


41〔29〕

　뇌우가 가까워질 때, 회색 산맥이 무시무시하고 음험하게 응시한다.


41〔30〕

　장 파울을 통해 칼라일은 몰락하고 영국의 가장 형편없는 작가가되었다 : 그리고 칼라일을 통해 가장 풍부한 미국인인 에머슨은 다시 사상과 그림을 손 가득 창밖으로 던지는 몰취미의 낭비에 유혹당한다.


41〔31〕

　결론 : 아직 우리가 아닌 우리가 되라 : **가장 가까운 사물의 좋은 이웃**.


41〔32〕

　기독교의 위로 수단은 곧 골동품이다 ; 향기를 잃은 기름이 된다.

그래서 고대 철학의 위로 수단은 새로운 광채 속에 다시 나타난다 — 그리고 우리의 새로운 위로 수단 종류가 추가된다. 역사적인 것.

41〔33〕

대부분의 인간은 위로하는 자에게 오랫동안 거역한다. 그리고 자신의 고통의 깊이와 엄청남을 말과 비탄에서 과장한다. 대부분의 인간은 위로하는 사람이 자신은 보다 쉽게 이러한 재해와 상실 등을 끝낸다고 가정하는 것처럼 보이는 것을 참을 수 없다고 생각한다 : 위로하는 사람은 위로받는 사람에게 이것은 단지 그가 충분히 깊게 느끼지 않으면서 대부분의 사람들 가운데서 깊게 느낄 수 있는 능력이 있다는 점에 기인한다는 점을 암시한다. 사실은 위로하는 사람은 저러한 사람이 느끼는 것보다 머리카락만큼도 더 깊게 느끼지 않는다. 종종 덜 느낀다. 대부분의 사람들은 따라서 자신의 거짓된 우월성에서 고통을 이기고, 다른 사람에게 대립한다.

41〔34〕

고전적인 취미 — 시대의 힘을 순수하고 표준이 되게 표현할 수 없는 것을 아무것도 조성하지 않는다. 그러므로 시대에 고유한 힘과 과제의 느낌.

41〔35〕

적어도 예술에 관한 견해에서 우리는 정열과 조야함을 거절하고자 : 맹목적인 당파 활동 또한.

41[36]

추한 것과 보잘것없는 것이 유행을 싫어한다. 왜냐하면 유행은 그것을 생각하지 않기 때문이다. 추한 것과 보잘것없는 것은 스스로 변장해야 한다.

41[37]

그것은 축제를 개최하는 예술 작품이 아니라 축제에 기뻐하는 것을 발견하는 그런 것이다. 대부분의 축제는 관객 없는 연극, 하객 없는 음식으로 가득한 식탁이다. 함께 경기하는 군주와 군인은 그때 그들의 의무와 피로를 갖고, 부랑아의 호기심은 유일한 생생한 부가물이다.

41[38]

과자류 설탕 식사, 계단.

41[39]

호텔의 — 제조 가격prix fait의 요리에 반대하여.

41[40]

빛나는 노란 초원, 그리고 그 위로 어두운 갈색 연두색의 숲길, 그 위로 그러나 그와 같은 능선의 과격한 상승에서, 높은 산봉우리, 푸른빛 회색 그리고 눈과 같이 희게 반짝이며.

41〔41〕

노인에게서 위대한 것은 그들의 보편적인 충동, 그들의 눈과 모든 것에 대한 〈그들의〉 평가, 그들의 빈약한 민족적 강조 (그리스인과 로마인).

41〔42〕

현존재를 둘러싼 싸움을 끝내기 위해 공동체가 탄생한다. 균형, 그들의 관점.

41〔43〕

비열함은 처음에 공동체에서 발생한다.

투키디데스 : 빛나는 것에 반대하여 질투하는 것φϑονεϱόν, 더럽히는 것 ― 또한 동일하게.

41〔44〕

자연을 가까이하기 위해서는 내가 오로지 자연을 가져야만 한다. 인간과의 교제에서 자연은 나를 인내심 없게 만든다 : 그리고 나에게 항상 낯설게 된다. 인간은 나를 도취시킨다 : 자연을 위해 나는 완전히 나의 균형을 발견해야만 했다.

41〔45〕

인간은 너무 많이 교제하고 그때 스스로를 희생한다. 소유하지 않은 사람에게서 사회가 또한 소〈수〉가 〈그가〉 가〈진〉 것을 취〈한〉다.

41〔46〕

　일과 의무 그리고 〔증기를 내뿜고 꿀꺽꿀꺽-마시는 역겨운 반
(半)고용〕 —— 의 —— 없이
　단지 하루의 두 시간 동안 할 수 있는 것을 그사이에 배우지 않는
사람은

41〔47〕

　아마도 신들은 아직 어린아이이고 인간을 장난감으로 취급하고
지식 없이 잔인하고 죄 없이 파괴한다. 그들이 더 나이가 들게 되면
—

　아마도 신들은 우리를 걱정하지 않는다. 마치 우리가 개미의 집
을 걱정하지 않듯이, 비록 —

41〔48〕

　습관 대신에 원인이, 충동 대신에 의도가, 신앙 대신에 인식이, 잦
은 개별-향유 대신에 정신적 기쁨이, 흥분과 도취 대신에 이러한 조
화에 대한 기쁨과 모든 운동의 균형이 — 그리고 나중에 모든 것이
다시 무의식적으로 되면서!!

41〔49〕

　이러한 대화는 나에 관한 것이 아니다. 대화는 나에게 내가 그것
을 읽고 계속 다음으로 넘겨도 된다는 유일한 언급과 함께 어느 날
송달되었다. 첫 번째 것을 내가 하고, 다른 것을 내가 한다.

41[50]

— — — 영혼의 치료에 관해 아무런 말도 없었을 텐데. 국가는 많은 고난을 돕고 어떤 노심초사도 하지 않았을 텐데.

41[51]

바그너에게 반대하여 사람들은 매우 쉽게 정당성을 인정받는다.

41[52]

만약 예를 들어 이기적이지 않은 사람에 대한 평가가 (또한 오류인지— ) 처음에 확정되었을 때, 평가는 확대된다.

41[53]

다양한 종류의 환상은 **조야**하게 하는 다양한 힘을 가진다. 두려움을 매우 **크게** 만드는 환상 — 그 때문에 환상에 대해 최초로 힘-있기를-의욕하는 사람이 사색한다.

41[54]

우리가 아는 어떤 것은 우리에게 그 때문에 매우 가치가 상승한 것처럼 나타난다. 긴 열로 —

41[55]

나폴리 항구에서의 걸음은 정신을 자유롭게 하고 정신을 고대인들에게 더 가까워지게 한다. 생산성 상쾌함 그리고 페스트 또는 전쟁 —

41[56]

중개인-도덕.

중〈개인-〉도〈덕〉과 마찬가지로 균형-도덕의 영혼으로의 전이.

41[57]

은총은 본래 경멸의 표시다.

41[58]

만약 둘 사이의 증오심이 분노할 때 비이기성은 중개인을 통해 명성을 얻는다. 참으로 중〈개인〉은 비이기적이지 않다.

41[59]

정확히 개념이 대응하는 사물은 기원이 없을 것이다. 영원한 이데 아에 대한 플라톤의 오류.

41[60]

위대한 재능 모두가 대립된 편에 놓일 때, 좋은 취미와 이성의 사물을 유지하기 위해 많은 특징이 필요하다.

41[61]

예술의 가장 위대한 의도는 약자를 통해 대변되지 않았어야 했다.

41[62]

－－－ 성경의 도덕에 따라, 갖지 않은 사람에 따라, 그가 가진 것을 소수가 또한 갖게 된다.

41[63]

우리의 염세, 비극과 서정시에서 우리의 감상성은 머리, 민족 그리고 개인의 피로다. 신경쇠약.

41[64]

입 안에서 오랜 맛.

41[65]

모든 계승된 전통적인 무의식적으로-형성된 것의 목록을 작성하고 그것을 검사하고, 근원과 합목적성을 검증하고, 많은 것을 버리고, 많은 것을 살리는 우리의 과제.

41[66]

사람이 잣는 것을 금지해서는 안 될 누에벌레.

41[67]

실러와 훔볼트에게 있어서 이상적인 것 ― 마치, 어떤 것을 윤이 나게 하고, 부드럽게, 철저하게 단단하고 추한 진리에게 얼굴로 보이게 하지 않으면서, 덕이 있고, 고상한 소리와 감정이 풍부한 몸짓이 있으나 아무런 삶, 아무런 진짜 피가 없는 카노바처럼 잘못된 고대.

41[68]

나는 내가 괴테의 말을 실러로 "그리고 그 뒤에 본질이 없는 가상 등에서" 읽을 때 슬퍼해야만 한다. 왜?

41[69]

〈방랑자〉 ― 이것은 나에게 너무 깊이가 없다. 그림자 ― 도대체 그림자 스스로 항상 깊어야 하는가! 그래도 어떻게 그림자가 얇은지를 생각하라. 방랑자 ― 나는 지금까지 두꺼운 것이 얇은 것보다 깊이에서 우선권을 갖는다는 것을 몰랐다.

41[70]

추기경과 침실용 변기에 대한 일화.

41[71]

〈너는〉 유창하게 가슴으로 읽을 수 〈없다〉, 그러나 한 자 한 자씩 읽는 것을 사랑하고, 가끔 옳은 낱말이 드러난다.

41[72]

방랑자와 그의 그림자.
소리를 들으며 여행 중.

41〔73〕

리바롤. 퐁트넬.

베일Beyle의 편지들.

메리메 완전히.

41〔74〕

만약 1번이 거의 = 0번일 때, 10번 = 100번.

41〔75〕

매일 한 시간 : 건강론.

〔42 = N IV 3. 1879년 7~8월〕

42[1]

고대 언어의 전문가에게 마치 오점처럼 부당하게 요구하는 우리의 근대 작가의 진기함.

고리Kringel          (Ge-ringel)

풀Kraut            (Ge-reutetes)?          역〈설〉

붙이다Kleben      (ge-leben)?

소리의-진기함과 성의 진기함에 관하여.


42[2]

설탕 한 조각이 차에 녹고 설탕을 입 안에 유지한다. 반면에 사람은 차를 마시고, 달콤함의 다양한 느낌을 준다.


42[3]

의지가 자유로운 사람들, 인간이 보다 높은 본질을 만든 놀라운 환영 ; 최고의 귀족, 선과 악에서 언급할 만하다. 그래도 이미 동물적이다. 그것을 넘는 사람은 동물을 넘고 의식적인 식물이 된다. 의지가 자유로운 행위는 기적, 자연-연쇄의 단절일 것이다. 인간은 기적을 행하는 사람이다.

행위를 위한 의식은 기만을 가져온다 ─ 지성은 최초의 유일한 거짓말쟁이다.

42[4]

플라톤과 루소는 문화에 관하여 하나의 대립에 있다 : 플라톤은 자연 인간 (야생) 중에 우리가 또한 아테네의 범죄자를 (문화 존재로서) 포용할 것이라고 생각한다. 루소와 반대되는 플라톤이 옳다.

42[5]

인간의 힘의 크거나 작음은 그의 감각의 구성에서 결정적이다. 그와 비슷하거나 그 아래에 있는 권력이 그에게 대립하여 나타날 때 그는 처음에 악하고 거칠게 된다. 뇌우에 반대하여 비판도 없이.

군주의 불의를 사람은 쉽게 참는다. 최악의 이웃은 군주 안에 있다. 인간이 복종하지 않는 곳에서 그는 스스로 전제 군주가 된다.

42[6]

터키 숙명론은 행동하는 인간의 개별적인 부자유를 지적인 것과 동일시하고 후자를 개별적인 것을 위해 절하하는 것이다. (왜냐하면 충동이 명령에 복종하는 장님, 단지 보고자 의욕하는 동기―)

42[7]

1) 힘 있는 자에 대한 힘 있는 자의 복수, 아마도 파괴. 고통에 즐거워하기 위한 보호.

2) (복수의 결과를 약화하기 위한) 동일한 보복.

3) 복종한 사람에게 반대하는 힘 있는 자. 지배자가 처벌을 내리면서 (공동체와 같은 유사한 관점에서, 종종 지배자의 장점에 대한 개인적인 복수 욕망을 이겨내면서). 위험이 클수록 점점

더 그는 동경한다, 점점 더 엄격하고 가혹하게 처벌하고 어쨌든 변덕스럽게 된다.

4) 위협과 동시에 개인의 보호 (공동체의 견지에서, **공동체**는 개체를 잃고자 하지 않는다).

위반의 등가로서 고통의 은총.

어떤 이가 더욱 필요로 할수록 그는 점점 더 약하게 처벌된다. 만약 영원한 삶을 믿고, 세속적인 삶을 저열하다고 평가한다면, 보호는 그렇게 필요하지 않다. 그래서 잔인함은 더 커진다. 손상을 주지 않는 것, 그러나 그래도 가능한 한 유용하게 보존하는 것 (그 때문에 또한 신체를 소중히 한다) — 만약 파괴가 필요하다면 오히려 너무 잔인해진다. 왜냐하면 그로써 가장 큰 위협, 그래서 가장 큰 유용성에 다다르게 되기 때문이다.

5) 세속적인 정의의 등가로서 (그러므로 운명의 타격) 신적인 처벌. 그것을 통해 큰 완화. 목자는 이러한 처벌을 선포한다 ; 복수에 불타는 사람은 **기다린다** — 많이 이긴다!

6) 등가로서 양심의 고통. 영원한 저주의 고통. 기독교적 입장.


42[8]

높은 사람에 대한 저열한 사람의 복수는 항상 가장 외적인 것, 파괴로 나온다 : 왜냐하면 복수는 그래서 단지 후퇴를 제거할 수 있기 때문이다.


42[9]

**벌금**, 손해를 다시 보상한다 — 어떤 다른 것. 사람이 손해를 입힌

후에 가능한 한 많은 유용성을 증명한다. 지불에서 고통은 생각되지 않는다. 공동체-이익, 저당, 재산의 압수 등.

그로부터 돈에 따라 범죄의 경감. (손해 대체, 출발점.)

42[10]

신성한 질투와 신성한 분노.

42[11]

(항상 주어야만 사람은 하는 누구나 뻔뻔스러운 것을 가진다)

42[12]

기쁘게 끝나는 것이 아니라 마치 밀어 넣은 꼬리를 가진 광견처럼 갑자기 멎는 멜로디. ―

42[13]

화가가 말할 수 없는 것을 염색공이 말하고자 하는 그림.

42[14]

인간에 대한 단초를 매우 자주 헛되이 만들었다. 미비한 생산성에서 언젠가 아주 유리한 만남!

42[15]

우리는 음식물을 필요로 한다 : 그러나 우리의 취미의 욕구는 다르다, 처음에 강제, 그 다음에 습관, 그리고 나서 반복되기를 원하는

(욕구) 쾌감이다. 완전히 또한 취향gustus처럼 다양하지만, 그러나 취향이 봉사하는 목적은 도덕적인 의미에서 거의 같은 것이다 (인간을 통한 그리고 인간에 반한 인간의 보존).

도덕적인 의미는 일정한 욕구와 혐오를 가진 취미다 : 모든 개별적인 욕구의 탄생의 원인은 망각되었다. 그 원인은 이성으로서가 아니라 취미로서 작용한다.

취미는 적응된 그리고 선택하는 배고픔이다. 도덕도 마찬가지다. (일정한 방식으로 만족되기를 원하는 배고픔은 화학적이지 않다. ―) 그래서 우리는 도덕적인 의미에 따라서, 우리를 또한 모든 방식으로 인간을 통하여 그리고 인간에 반하여 보존하기를 의욕한다.


42[16]

육체적 또는 정신적인 완전 노동에서 성 충동은 적다. 적당한 노동은 이러한 관점에서 유용하다.


42[17]

아피아를 통과하여 ― 드디어 모든 것이 고요하다 ― 대지는 장래 언젠가 떠 있게 될 묘지다.


42[18]

사람은 형상 아래에서 처벌되지 않고 지속적으로 변하지 않는다.


42[19]

**사회주의** ― 최고의 명령 : 너는 반드시 소유하지 말아야 한다.

42[20]

　그렇게 오랫동안 사회 내⟨에서⟩ 정당방위와 (인간을 수단으로서) 위협, 그렇게 오랫동안 전쟁은 멈추지 않게 된다. 사람은 모든 처벌하는 재판의 경화하는 영향을 망각한다 : 범죄자에 대한 경멸과 증오. 서 있는 군대는 위협 수단이다. —

42[21]

복수 1) 진행의 방지 (보호 —?)
　　2) 우리에게 해로운 사람은 반드시 무해하게 만들어져야만 한다 (화해?)
　　3) 승리 또는 적의 우위에 대한 질투.
　　4) 어쨌든 다가올 수 있는 것에 대한 두려움 앞에 비관적으로 절대로 도를 넘지 않는다 — 우리는 너무 높이 잰다.
　　5) 우리의 외관의 제작.

42[22]

　가장 쉽게 잊게 되는 인류적인 가르침은 신호로서 가장 힘들게 처벌되어야 할 것이다.

42[23]

　음악이 "정조(情調)"를 가진다면, 그것은 거의 측은하지 않다. 악기는 반드시 정조를 가져야 한다 : 그리고 나서 그러나 아름다운 것이 알려져야 한다 : 인간과 글도 마찬가지다.

42[24]

교환과 순환, 그것에 따라 인간은 구별된다 (매일 우유, 그러면 그
것은 다른 맛이 난다 ― 사람은 반대로 즐긴다).

42[25]

의지가 강한 사람 1) 그는 목표를 명확하게 본다. 2) 그는 힘을,
수단을 적어도 신뢰한다. 3) 그는 타인보다 자신에게 귀 기울인다.
4) 그는 쉽게 지치지 않고 피로로 자신의 **목표**를 창백하게 하지 않
는다. 그는 숙련된 등산가다. 5) 그는 매우 그리고 자주 겁내지 않
는다. 그러므로 : 사람이 의지가 강한 사람에게서 칭찬하는 이러한
종류의 의지의 자유는 의욕의 확실성과 강함, 숙련과 판타지의 약함
이외에, 지배 또는 지배욕과 자기 감정과 같은 것이다. 사람은 **자유**
에 관하여 말한다. 왜냐하면 이것은 일반적으로 힘과 지배와 결합되
기 때문이다.

42[26]

복수는 매우 복잡한가!

42[27]

균형. 의지의 자유의 느낌은 동기의 균형에서 저울의 흔들림과 정
지로부터 탄생한다.

42[28]

자유의 정도. 그가 새로운 동기를 오래된 (습⟨관⟩ 또는 물려받은

동기보다) 선호할 때, 충동과 유사〈한〉 동기를 알았다 ─ ─ ─

42〔29〕

   그들은 소화에 대한 대화가, 물론 칫솔에 관한 대화가 이미 섬세
하지 못한 것으로 간주될 정도로 부끄러워해야 하는 것pudenda의
영역을 확장했다 : 그리고 더 섬세한 사람들은 따라서 또한 그러한
사물들을 숙고하지 않는다.

42〔30〕

   모든 인간의 주요 물음에 개별적으로 대답하는 것 : 너의 감정이
더 가치 있는가 또는 당신의 이유(이성)인가? 이것은 유전과 연습에
달려 있다. (그러나 좋은 부모는 어리석은가!)

42〔31〕

   우리는 우리의 기쁨이 다른 사람에게 유용하다는 것에 기뻐하고자
한다.

42〔32〕

   가능한 한 많은 기쁨을 그 자체로 갖는 것. 그러나 그것은 자기 만
족을 고무시키는가? ─ 자기 만족은 그렇게 해로운가? 그리고 실망
의 위험!! 단지 상상된 건강을 가진 고무된 자를 말하는가?

42〔33〕
   자아-발견

자아-비하

자아-변화


42[34]

범죄자의 가치. 왕이 은혜를 베푸는 권리를 갖는다면, 범죄자는
은혜를 거절할 권리를 갖는다.


42[35]

탁자에서 말하는 것에 반대하여.


42[36]

또한 아직 이 시대에 인간이 초대되는 이른바 훌륭한 식사에 절
대로 참가하지 않는다.


42[37]

군대 권력의 순화 — 터무니없는 소리! 그러나 칼을 파괴하라! 정
의뿐만 아니라 전쟁의 칼도! 가장 귀중한, 승리의 무기!


42[38]

정당방위의 군대? — 그러나 자기 보존 때문에 정당방위. 얼마나
많은 공격-전쟁이 자기 보존 때문에 일어났는가! (공격을 예방하기
위해, 국민의 관심을 전환하기 위해 등.) 정복자는 결국 또한 단지
그가 존재하는 본질로써 자신의 자기 보존을 찾는다 : 그는 정복해
야 한다 : "그대의 정당방위는 모든 전쟁을 정당화한다. 칼을 파괴

하고 말한다 : 우리는 오히려 모든 것을 겪고자 하고, 물론 적을 사회에서 지탱하기보다 물리친다." 마찬가지로 그것은 처벌하는 정의와 연결된다. 어떤 국가도 군대가 정복의-의도 때문에 유지되어야 한다는 것을 이제 인정하지 않는다. 그래서 다음과 같이 말한다 :
이웃의 정복-욕망과 허위를 비난한다. 이것은 증오하는 신념이다.


42[39]

살못 지향하는 공명심, 예를 들어 젊은 사람과 술을 마시는 것, 그 반면에 뇌의 섬세함은 ― ― ―


42[40]

도시의 과자류에 대한 빵 제조업자의 통제-여행.


42[41]

또한 삶의 가장 강한 한 입이 자기도 모르게 우유 속에 부스러뜨려 넣은 더 부드러운 자연은 만약 그들의 좋은 일을 본다면 너무 행복할 것이다 : 그리고 난폭자, 강한 자에 대한 은밀한 질투는 그들을 괴롭힌다. 그리고 더구나 너무 기꺼이 그들은 그들의 덕 있는 자, 즉 뒤처진 인간인 체한다 : 늑대의 옷을 입은 어린 양이 양들 속에서 놀라게 하고자 하는 때보다 솔직한 사람들 앞에서 더 두드러지는 것.
당연히 모방은 단지 웃음거리일 뿐이다. 왜냐하면 그들이 시기하는 그들의 전형은 늑대 사이에서 자신을 놀라게 만드는 것을 이해하기 때문이다 : 그리고 그것에 당연히 늑대 가죽뿐만 아니라, 늑대의 이빨과 늑대의 영혼이 속한다 ― 그리고 더욱더.

42[42]
오늘이 내일로부터 자신의 의무를 훔치지 않기를!

42[43]
정신이 만조인 시간에, 누가 그때 책을 잡게 되는가! 그때 우리는 우리의 고유한 갑판장과 수로 안내인이 되고자 한다.

42[44]
심지어 "앵두와 까치밥"이라는 단어에서조차 감동 ― **멜로디**.

42[45]
에커만 독일의 인간성의 최고점에 다다른, 우리 문학의 최선의 산문 작품.

42[46]
지구, 지구권 ― 끝이 없는 것 ἀπειρεσίη.

42[47]
혀가 비틀거렸고 심장은 그것에 대해 알지 못했다.

42[48]
소크라〈테스의〉 회고〈록〉은 행복하게 하는 진기함이 전혀 아니고, 단순한 이웃이다.

42[49]

바다와 높은 산맥. 거울을 손에 잡고 있는 노인 (저녁에 태양이
바다 안에 나타나기에는 너무 깊이 있을 때, 높은 산맥은 그 안으로
빨려 들어가는 것 같다 : 그것은 마치 노인처럼 ― ― ―

42[50]

가장 승리하는 군대의 민족이 군대의 폐지를 결정하는 날이 온다.

42[51]

사람은 범죄자를 너무 오랫동안 감옥에 ― "그의 형기가 끝날 때"
까지 가둔다. 부조리하다! 그가 더 이상 사회에 적대적이라고 생각
되지 않을 때까지! 그가 또한 자신의 벌에 대해 더 이상 아무런 복
수심을 갖지 않을 때까지! 그래서 그를 훨씬 오랫동안 붙잡아두는
것은 1) 잔인함 2) 사회를 위해 작용할 수 있는 힘의 낭비 3) 그를
복수심에 불타게 만드는 위험, 왜냐하면 그는 불필요한 가혹함을 느
끼기 때문에, 그러므로 도덕적인 악화일 것이다.

42[52]

수천 년 동안 예술 작품의 세계에는 아무런 진전이 없다. 그러나
도덕에는 좋다 : 왜냐하면 인식과 학문 때문에.

42〔53〕

체포할 때 범죄자를 마치 환자처럼 부드럽게 다루어야 한다. 경찰은 완전히 다른 인간!

42〔54〕

책임이 있다는 것, 즉 사람의 행동의 동기를 알고 언급할 수 있다. 그러나 우리는 어떤 행위에 대해 모든 동기를 아는가? 동기에 비례하는 강함과 종류?

42〔55〕

아름다운 엄숙 ─ 붉은 실로 균일하게 짜인 검은 명주, 약한 불빛.

42〔56〕

처벌하는 정의에 반대하여.
인류의 완화를 위한 시도.

42〔57〕

사람이 생각하는 것보다 성경이 더 풍부한, 위대한 부도덕성의 하나인 ─ 사도 바울.

42〔58〕

강제의 행동은 처벌되지 않는다는 전제. 단지 의도적인 행동만이 ─ 그러나 모든 의도적인 행위는 아니다! 누군가 의도적으로 행동하는 곳에 : 왜냐하면 또는 그것과 함께 ─ 그곳에 동기 부여의 강제가 있기 때문이다. 사람은 동기를 처벌해서는 안 된다 : "그러나 그 곳에 아무런 강제가 없다 : 다른 동기가 있다 : 왜 그는 이것을 따르지 않는가?" 마찬가지로 왜 아닌가? "동기들은 그에게 같은 무게가 아니다!" 왜 — 판단의 오류가 아닌가? 성격의 오류가 아닌가? 도처에 강제가 있을 것이다. — 그러므로 : 동기들은 그에게 같은 무게다, 저울은 균형을 이룬다. "이제 자유로운 의지가 튀어나온다." 그러나 만약 어떻든 행동하는 것이 아주 같을 때, 따라서 그때 (판단의 이러한 완성에) 또한 강제가 있다. 처벌 불가능하다! 그러므로 : 마치 그대가 망설이는 것처럼, 그대들은 그대들의 전제에 반대되게 처벌한다. 그대들은 속박당한 사람을 처벌한다.

42[59]

"그러나 사회는 그때 무너진다!" 그렇게 처벌은 정당방위라고 고백한다. 그러나 도덕-용어를 남용하지 않고, 정의에 대해 말하지 않는다. 그때 마찬가지로 정당방위에서 처벌의 작은 등급 매기기는 무의미하다. 개별적인 할당이 필요하다! — 그러나 그것은 자의를 준다!!

42[60]

"그는 선과 악 사이에서 선택한다! —"

42[61]

재판관 대신에 교사. — 처벌하는 정의에 반대하여. 그 자리를 단지 가르치는 자(처벌을 통해 이성과 습관도 마찬가지로 개선하는 —

동기를—창조하는 사람!)가 대신할 수 있다. "어린아이를 일격에! 그
것은 행동을 다시 하지 않을 것이다." 여기서 그러므로 매는 가르침
에 대한 기억이다 : 기억의 가장 강한 자극제로서의 고통. 그로부터 모
든 처벌에 대한 가장 큰 완화가 일어날 것이다 : 그리고 그와 같은 가장
가능한 동일화! 이제 기억술의 수단! 그때 충분하지 않다!

(칭찬을 제거한다!)


42[62]

처벌이 다시 잘못을 저지르지 않는 것ne iterum peccet에 따라 측
정된다면, 양은 개별적으로 다양하다. 의도는 동기를 강하게 충분하
게 새기고, 파 넣는 것이다 ; 그리고 그때 그것은 잘라지는 재료에
의존한다. ― 그러나 이제 우리는 아무런 개별적인 형량도 갖지 않
는다. 그러므로 개별적인 개선은 의도가 아니다. 오히려 그것은 자
유로운 의지의 이론에 따른 당연한 처벌이다 : 즉 자유로운 의지와
관련하여 모두가 같게 정립된다 : 왜냐하면 그것은 전(前)역사가 없
고, 전혀 개별적이지 않은 기적 행위이기 때문이다. 이러한 동일성
때문에 또한 처벌은 모든 사람에게 같을 수 있다. ― 다른 처벌에 대
한 차이는 죄인이 아닌 죄의 내용과 관계된다? 그러나 그래서 처벌
또한 모든 범죄를 위해 하나여야 한다.


42[63]

처벌의 동일화는 범죄의 동일화를 전제로 한다. 그러나 동기와 관
련하여 어떤 동일성은 없다 ― 그리고 사람은 의지의 자유에 이르
기까지 물러난다, 그래서 왜 다양한 처벌이 반드시 있어야만 하는

지는 도외시될 수 없다 — 단지 하나만 있어야 했다. 그러나 동기를 처벌하는 것은 비도덕적일 것이다 — 왜냐하면 사람은 노예를 처벌하고자 하지 않기 때문이다. 그러므로 사람은 그러한 자유와 관련하여 차별을 만드는 것처럼 보인다 — 보다 크고 작은 위반에 따른 보다 크고 작은 의지의 자유. 아주 무의미한 것, 비논리적인 것! 왜냐하면 그래서 자유는 마찬가지로 절대적인 것이 아닐 것이기 때문이다. 즉 저울 접시가 이쪽저쪽으로 내려가게 만드는 무게가 그곳에 있을 것이다. 자유의 단계는 부자유만큼 너무 높이 가정할 것이다.

42[64]

청춘 두 번δὶς ἡβήσας : 영웅으로서의 헤시오도스는 청춘ἥβη을 받고 그리고 저승에서 산 것이 아니라 다른 영웅과 함께 살았다. 이 중의 존속이 있었다 : 1) 저승에서 아이들 두 번δὶς παῖδες, 원래 증강된 노년기, 2) 극락에서 청춘을 두 번δὶς ἡβήσας.

42[65]

우리는, 누〈군가〉 자신의 이성을 사용할 수 있었다면, 즉 그가 이유를 갖고 말한다면, 단지 책임진다. 우리는 그를 처벌한다. 우리는 그래서 그가 나쁜 이유를 좋은 이유보다 선호하는 것을 처벌한다 : 따라서 자신의 이성의 의도적인 부정. 그가 더 나은 이유를 (어리석음 때문에) 볼 수 없었다면, 사람은 처벌해서는 안 될 것이다. 그는 그래서 강제를 따랐을 것이다. 그는 아무런 선택을 하지 못했을 것이다. 마찬가지로 사람이 그가 좋은 것을 보고, 그러나 내적인 강제의 결과로 다른 것을 한다고 가정한다면, 그는 처벌될 수 없다 : 그는

(그들의 아이를 누르는 어머니처럼) 자유롭지 않다. "그는 나쁜 경향을 따른다" — 그러나 만약 그가 자유로워야 한다면, 절대적인 자의로부터. 어떻게 어떤 사람이 그가 반드시 존재해야만 하는 것보다 더 비이성적일 수 있는가! 이것을 사람은 "자유로운 의지"라고 부른다 ; 따라서 동기로서 나쁜 이유의 좋아함 — 기적으로서, 저울의 근거가 없는 하락으로서의 순수. (또는 그것은 "근본적으로 악한 것" 등이다.) 참으로 : 그는 더 악한 것을 선택한다. 왜냐하면 1) 공동체-이익을 위한 그의 감각이 너무 약하게 유전되었기 때문이다. 2) 왜냐하면 미래의 장점과 다가오는 칭찬을 상상해서, 현재의 자극을 극복하는 그의 판타지가 너무 약하기 때문이다. 그는 반드시 두 가지 경우여야 한다.

그러므로 : 기적은 두 가지 경우에 처벌되거나 또는 칭찬된다. 그것은 고립된 사실이다.


42[66]

사람은 본래 의지의 자유를 처벌한다 — 왜냐하면 인간은 속박을 법과 도덕을 통해 요구하기 때문인가? 그러나 그때 아무것도 칭찬되지 않고, 도덕적인 것이 없다면 — 또한 이러한 세계는 완전히 자의적이고 근거가 없는 것이 틀림없다.


42[67]

아피아를 통과하여.
죽음에 대한 사색.

42[68]

무신론자로서 나는 절대로 식전 기도를 포〈르타〉에서 말하지 않았고 교리에 관하여 절대로 주간-검사자가 되지 않았다. 약삭빠름!

42[69]

"궤변의 신화에 대한 소책자" ― 잘못된 사용 또는 외래어로 쓰기.

42[70]

범죄 처벌의 역사.

〔43 = M I 2. 1879년 7~8월〕

성. 모리처

사고-과정.

1879.

### 43[1]

베일Beyle의 편지("스탕달")를 읽는 것 : 그는 프로스퍼 메리메 에게 가장 강한 영향을 주었다.

### 43[2]

"젖빛 초록색 바다"의 표현에 거부감이 있는 사람은 눈이 아닌 입 으로 읽는다.

### 43[3]

그제 저녁에 나는 아주 클로드 로랭적인 도취에 빠졌고 결국 오 랫동안 격한 슬픔에 빠졌다. 내가 아직 이것을 체험해도 되는 것인 가! 나는 대지가 이것을 보이는 것을 알지 못했고 좋은 화가는 그것 을 발명했어야 한다고 생각했다. 영웅적-전원적인 것은 이제 나의 영혼의 발견이다 : 그리고 고대의 모든 목가적인 것은 일격에 지금 내 앞에서 베일을 벗고 분명해졌다 — 드디어 이제 나는 그것에 대 해 아무것도 파악하지 못했다.

43[4]

개인처벌법, 도덕의 더 높은 단계로서의 보복법jus talionis, 그것
은 오직 보복으로서 끝난다. 공동체-처벌법은 과잉을 포함한다 —
그것에서도 마찬가지로 개별자와 공동체가 대립한다. 동일성의 상
태가 없다.

43[5]

범죄의 소화하기 어려움.

〔44 = N IV 4. 1879년 8월〕

44[1]

　너는 누구든 네가 이제 너의 가장 아름다운 말을 부여하는 사람과 사물의 특성에 관하여 당장 그것이 너의 특성이라고 가정한다는 것을 아는가.

44[2]

　슈베르트는 마치 단순한 창작이 감상적인 것과 관계를 맺고 있는 것처럼 베토벤과 관계를 맺고 있다. 슈베르트적인 음악은 베토벤적인 음악 느낌의 대상이다.

44[3]

　도덕적인 전도는 인간이 오늘 내일보다 더 지적으로 되지만, 또한 거꾸로 되었다는 근본-악에 외견상 근거하는 것으로 보인다. 인간은 다양한 어떤 것이다 : 그러나 사람은 지성을 확고한 것으로 간주한다.

44[4]

　법칙, 누군가 악의적인 작자 미상의 편지로 인해 상심한다 : 일반적인 치료는 사람이 다른 사람의 마음을 아프게 함으로써 그의 느낌을 덜어주는 것이다. 이러한 오래된 동종 요법의 불합리한 종류

를 우리는 반드시 버려야 한다 : 곧 또한 그가 누군가에게 선행과
점잖음을 증명하는 작자 미상의 편지를 쓸 때, 그가 자신의 회복에
도달한다는 것은 명백하다.

44[5]

   자기가 위로해주려 하는 불행한 사람에게 사람은 모든 인간이 불
행하다는 것을 다시 반드시 보여야 한다 : 그의 불행은 그래서 그를
아직 수준 아래로 하락시키지 않은 한 그의 명예의 회복이다 : 그가
믿었던 것처럼. 또는 사람은 자기의 불행이 자기를 인간 이하로 특
출하게 한다는 것을 반드시 보여야 한다.

44[6]

   사람은 어떤 것이 반드시 행해져야 하는 곳에서 반드시 법칙에
대해 말해야 하는 것이 아니라 단지 어떤 것이 마땅히 행해져야 하
는 곳에서 그래야 한다. 이른바 자연법과 특히 경제적인 법칙 등에
반대하여.

44[7]

   "허영심", 도덕의 가장 강한 흐름이 발생하는 원천지.

44[8]

   우리는 기분이 이상하거나 울화를 느끼자마자, 곧 돈지갑을 꺼내
거나 또는 펜 또는 가장 가까운 팔 또는 최선의 아이, 그리고 어떤
것을 선사한다. 아마도 호의적인 얼굴로 : 그러나 그것이 아니라면,

또한 완강한 치아로.

44[9]

시는, 사람이 그것을 산문으로 번역하고자 할 때, 증발한다.

44[10]

피가 아주 멀리서 감히 전망하고자 할 정도로 매우 부드럽고 수줍어하는 피부를 가진.

44[11]

플라톤의 견해 ─ 그는 모든 성전의 금지된 입구를 알았다.

44[12]

월터 스콧, 두 개의 단편 소설 = 최선.
세명의 완벽한 소설가.

44[13]

독〈일〉 작〈가들〉과 교류하는 장 파울. 예를 들어 실〈러〉는 작〈은〉 괴〈테〉 이상이었다.

44[14]

라오콘[22)]의 경우, 그의 엄격함은 좋은 시인인 : 중요한 적을 가졌다. 또한 사람은 그에 대해 그가 불멸의 웃음거리라는 ─ ─ ─ ─ 것을 잊지 말아야 한다.

44[15]

당파적 인간은 자신에 대한 신의를 이해하지 못한다.


44[16]

5     새로운 제도의 위대한 가치를 말한다면 — 정신과 돈의 약탈자와
착취자에 대한 방어물과 요⟨새⟩.

〔45 = M I 3. 1879년 8월〕

45〔1〕

"우리의 가장 적당한 기후가 그들의 지복과 충만을 가져오는, 해가 비치는 인내심 강한 10월의 날."

45〔2〕

"괘종시계가 더 들을 수 있게 말하고 먼 탑의 종이 더 깊은 소리를 가진 여름 밤의 고요함에서."

45〔3〕

"때마침 겨울에서 깨어나기 시작하고 눈이 녹을 때, 높은 계곡의
바랜 얼굴색."

45〔4〕

"이제 모든 것은 너무 밝게, 너무 조용히 그곳에 놓여 있다 : 이것은 삶에 피로한 사람의 침묵, 현자의 밝음인가? 사람은 그것을 알
지 못한다. 바람은 그사이에 산비탈을 달리고 늦여름처럼 분다 : 곧 그는 다시 완전히 침묵한다 : 자연의 얼굴은 그를 근심스럽게 만드는가? 창백한 움직임이 없는 것? 사람은 그것을 알지 못한다 ; 그것은 모두 마치 하루 종일 걸은 방랑자의 첫 번째 꿈처럼 불확실하다."

45[5]

"사람이 참된 축제일-휴식을 농부의 얼굴에서 보려면, 마을을 통과하여 반드시 토요일 오후에 가야만 한다 : 왜냐하면 농부들은 아직 완전한 휴일을 시작하지 않았고 배열과 청결을 통해 향유에 견줄 수 없는 일종의 미리 맛보는 것과 같은 것을 위해 부지런하기 때문이다. 정작 일요일 자체는 이미 월요일-전날이다."

45[6]

외로운 사람은 말한다 : 이제 나의 시계는 막연한 날을 살아간다. 예전에 그것은 도덕적이었고 의무-지침이었다.

〔46 = D 13. 1879년 9~10월〕

46〔1〕

　기쁨의 가장 큰 부분은 망각이다. 고통은 저절로 생각난다Gaudii maxima pars est oblivio. Dolor de se ipso meditatur.

46〔2〕

　환자의 일은 건강을 생각하는 것이고, 의사의 일은 병을 생각하는 것이다. 누가 사실상 양쪽이 생각한 것처럼 치료하기를 원하고 스스로 아프겠는가Aegrotantium est sanitatem, medicorum aegritudinem cogitare. Qui vero mederi vult et ipse aegrotat, utramque cogitat.

46〔3〕

　짧은 여름. ― 많은 자연에게 단지 순간이다. 여름 시간이 응답했다 : 여름 시간은 늦은 봄을 가졌고 반드시 오랜 가을을 가져야만 한다. 그것은 정신적인 창조물이다.

〔47 = N IV 5. 1879년 9~11월〕

47[1]

"그는 강한 의지를 갖고 있다", 그의 지성 그의 판단과 판타지는 다〈양한〉 시대와 매우 유사하고, 또는 이와 같은 사물에 너무 가깝고 자극적으로 말한다 ―

그것은 자유 의지와 아무 관계도 없다 : 그것은 다른 사람으로부터 독립적이다, 그래서 (자신에 의존하는 것으로서) 자유롭다. 노예 약자는 그 자체로 충분히 독립적이지 않다, 그래서 타자에게 매우 의존한다.


47[2]

우리는 바보인가! 유럽이 두 개의 군사적인, 아주 광석으로 굳는 조직으로 (여기저기) 분리되는 것처럼 나타나면서, 그것으로써 전-유럽 전쟁을 막기 위해, 그러나 ― 라고 추정되는 성공을 가진, 그와 같은 사물을 생각하는 것.


47[3]

민족의 재갈-기독교! ― 민족에 스스로를 산입하지 않는 많이 배운 사람들은 그렇게 말한다 : 왜냐하면 그들은 그것을 크게 말해서는 안 되기 때문이다. 민족에 대한 두려움이 그들의 재갈이다.

47〔4〕

만약 그리스 예〈술가〉가 자신의 청중 또는 관객을 영혼 앞에 세웠
다면, 그는 여자를 (독일의 소설가처럼 소녀를, 프랑스 소설가처럼
젊은 여자를, 영국의 소설가처럼 늙은 여자를) 생각하지 않은 것이
5  다. 또한 그는 "민족"을, 노동하면서 땀을 흘리면서 자신의 고향의
거리와 공장을 채우는 많은 대중을 생각하지 않은 것이다 : 나는 노
예라고 생각한다 ; 노예는 마치 자기 가정에 있는 외국인과 임시 이
주민처럼 둘레에 있는 농부를 완전히 잊었다 : 오히려 자기 고장의
본래의 시민인 수백 또는 수천의 지배하는 남자들만이 그 앞에 섰
10  다. 그래서 동일한 교육과 모든 사물에서 유사한 요구로 두드러진
거주인의 매우 적은 소수만이. 그렇게 확고하고 동종의 위대함을
향한 시선은 그의 모든 작품에 확실한 "문화 관점"을 주었다 : 오늘
날 예를 들어 신문에서 일하는 모두에게 부족한 어떤 것을.

15  47〔5〕

쇼펜하우어의 큰 근본-오류는 욕망("의지")이 단지 일종의 인식
이고 더 이상 아무것도 아니라고 보지 않았다는 점에 있다.

47〔6〕

20  허영심의 즐거움은 사람 자신이 잊은 목적을 위한 수단의 즐거움
이다.

47〔7〕

오 이러한 고상한 반쯤 어리석은 엄숙함이여! 너의 눈을 위해 아

무런 잔주름도 없는가? 너는 사유를 손끝으로 하고 튀어 오르게 할 수 있는가? 너의 입은 단지 이러한 찡그린 짜증나는 생김새를 갖고 있는가? 어깨를 올릴 수 있는 아무런 기회가 없는가? 나는 네가 존경할 만하게, 그리고 견딜 수 없이 조심스럽게 너의 작가와 함께 앉는 것보다, 언젠가 휘파람을 불고 마치 나쁜 사회에서처럼 행동하기를 원했다.

어떤 작가는 항상 자신의 낱말 움직임을 알렸다.

여기에 독자가 있다 ; 그는 내가 그를 관찰한다는 것을 알지 못한다. 그는 나에게 전부터 알려졌다 ─ 겁먹은 머리 : 그에 의해 읽히는 것은 손해가 되지 않는다. ─ 그러나 그는 물론 완전히 변했다 : 그를 변하게 한 것은 나인가?

구두점, 의문사와 감탄사, 그리고 독자는 자신의 몸을 그곳에 맡겨야만 했다. 그리고 움직이는 것이 또한 감동시킨다는 것을 보여주어야 했다.

그곳에 그가 있다. 그는 완전히 변했다.

도덕 : 사람은 반드시 잘 읽는 법을 배워야만 한다 ; 사람은 반드시 잘 읽는 법을 가르쳐야만 한다.

도덕은 : 사람은 반드시 자신의 독자를 위해 쓰지 않아야 한다는

것이다. 독자는 사람이 반드시 쓰지 않아야 한다고 생각한다. 가끔
그 자신을 위해 ― ― ―

그가 얼마나 빨리 읽는지, 얼마나 그가 페이지를 넘기는지에 주
의하라 ― 정확히 초당 몇 페이지씩. 시계를 손에 쥐어라.
그것은 더 소리 크게 개별적으로 잘 숙고할 수 있는 사상, 어렵고
쉬운 사상이다 ― 그리고 그는 모두를 위해 하나의 즐거움을 가진
다! 그는 사상을 끝까지 읽는다, 마치 사람이 각 사상-수집을 끝까
지 읽어도 되는 것처럼 불행한 사람이다!

47〔8〕
(또한 주제가 현재에 속할 때에도) 극적인 인간이 노래하는 것은
허용된다. 그것은 우리의 감정의 비장한 말투Kothurn[23]의 종류다.

47〔9〕
어느 정도로 우월의 감정 또는 뿐만 아니라 지배의 감정이 기쁨
을 만들 수 있는가? 그 자체로서 또는 근원적으로가 아니라, 단지
많은 선의 샘과 많은 악의 방해로서 ― 또한 본래 목적의 전회에서
자신이 즐거움을 만들 수 있었던 수단으로서 말이다. 그러나 점점
빈번할수록, 힘은 점점 목적을 위한 수단이 되었다. 그리고 그 자신
을 위해 열망한다 : 열망된 것으로서 수단은 도달되자마자 즐거움을
만든다 : 특히 동〈일한〉 목적에 다다르지 않은 것을 볼 때.

47[10]

사회가 그들의 고유한 영역 내에서— — — 전제 군주적인 것, 폭력적인 것, 독재적인 것의 새로운 만연, 새로운 "전염"을 막기 위한 수백 년 동안의 매우 필연적인 "검역"으로 고찰할 때, 사람들은 민주주의의 지배가 가져온 (그리고 가져오게 될 — ) 모든 성가시고 지루한 것에 대해 보다 인내하고 부드러운 기분을 갖는다.


47[11]

선택된 문화 — — —


47[12]

도마뱀. — 그러나 아마도 그대들이 어두운 방에 사는 것은 그대들의 눈에 좋다. 누가 그대들을 그것 때문에 꾸짖을 권리를 가졌던가!


47[13]

리하르트 바그너는 그가 극적인 장면에 대한 (내적인) 바라봄에서 갖는 느낌을 위한 음악을 추구한다. 이러한 음악에 따라 결론을 지으면 그는 희곡의 이상적인 관객이다.


47[14]

"나는 오랜 잠을 자야 한다고 생각한다."

47〔15〕

임신

라 로슈⟨푸코⟩와 레

유목⟨민⟩에 반대한 문화-정착

5 ― 분트Wundt "과학에서의 미신"

― 반(半)아시아적인 야만인

― 안개 낀 늪

― 증류기

# 주

1) 지크프리트는 〈니벨룽겐의 노래Niebelungenlied〉의 남자 주인공 이름이다.

2) 볼테르의 철학적 소설 《자디그Zadig》에 나오는 인물이다.

3) 카뮈 데물랭Camille Desmoulins을 가리킨다. 프랑스 혁명 당시 변호사로서 애국적 행동을 한 인물이다.

4) 독일어 'Empfindung'은 느낌, 지각, 감각이라는 의미를 갖고 있다.

5) 홀바인Hans Holbein(1465~1524)은 독일 르네상스 시대의 화가다.

6) 칼데론Pedro Calderon de la Barca은 스페인의 희곡 작가다.

7) 보탄은 고대 독일 신화에 나오는 최고 신이다.

8) 미트라스는 페르시아의 태양신이다.

9) 에리니에스는 그리스 신화에 나오는 복수의 여신이다.

10) 고대 로마의 시인들이다.

11) 헤파이스토스는 그리스 신화에 나오는 불과 대장일의 신이다.

12) 트리스탄은 중세 전설의 주인공이다.

13) 에다Edda는 고대 아이슬란드의 신화집이다.

14) 파르치발은 중세의 성배 전설에 나오는 영웅이다.

15) 아이기나는 고대 그리스의 폴리스 중 하나다.

16) 헤로도토스는 그리스의 역사가다.

17) 여기서 언급된 스코파스, 프락시텔레스, 페이디아스는 모두 그리스의 조각가다.

18) 브륀힐데는 니벨룽겐 전설에 나오는 군터 왕의 왕비다.

19) 테오폼포스는 그리스의 역사가, 수사학자다.

20) 사투르누스는 그리스 신화에서 농업을 주관하는 신이다.

21) 린트부름Lindwurm은 독일 전설에 나오는 용이다.

22) 라오콘은 그리스 신화에서 두 아들과 함께 뱀에 물려 죽은 트로이의 신관(神官)이다.

23) Kothurn은 코투르노스를 말한다. 코투르노스는 고대 그리스에서 비극 배우가 키를 크게 보이기 위해서 신었던, 창이 두꺼운 반장화다.

# 해설

# 존재의 가벼움을 위한 철학

강용수

## I

### 유고의 형성 배경

《인간적인 너무나 인간적인》은 니체 사상의 발전 단계에서 두 번째에 해당되는 실증주의적 시기를 대표하는 작품으로 잘 알려져 있다. 프랑스 계몽주의 철학자 볼테르에게 헌정된 이 책에서 니체는 《비극의 탄생》에서 표방한 예술론과 극명하게 대비되는 입장을 취한다. 바그너와의 결별이 상징하듯이 니체는 여기서 예술을 통해 실존을 정당화하는 대신에 점증하는 자연과학에 대한 관심, 특히 진화론, 에너지 보존의 법칙 등에 대한 연구를 수용하여 위버멘쉬와 영원회귀 사상 등을 전개하는 것이다. 니체의 계몽주의적 견해들은 무엇보다도 실증주의적 학문에 대한 확고한 믿음을 바탕으로, 쇼펜하우어의 형이상학과 바그너의 예술에 대한 열광에서 탈피하여 냉정한 지성으로 이 세상을 새롭게 보고자 한다. 《인간적인 너무나 인간적인》은, 《비극의 탄생》에서 그리스 비극 예술을 파멸시킨 합리주의와 주지주의를 재평가하고 후기에 디오니소스의 철학으로 되돌아갈 때까지의 니체의 과도기적 성격을 보여줄 뿐만 아니라 그의 사상의 결정적인 요체가 된다.

이 유고를 작성하던 시기의 니체의 개인적인 삶을 들여다보면, 그는 32세 때인 1876년에 건강이 악화되어 2월 중순에 강의를 중단하며, 4월에는 제네바에서 네덜란드의 여성 음악가에게 구혼했다가 거절당한다.

또한 제1회 바이로이트 축제극에 참가하여 바그너의 〈니벨룽겐의 반지〉 4부작을 시험 관람하던 중 실망하여 퇴장하고, 바이로이트를 떠나 바이에른의 숲이 있는 크리겐브룬에 약 10일간 체류하면서 《인간적인 너무나 인간적인》의 최초의 메모를 작성한다. 그는 친구 파울 레와 돈독한 관계를 유지하는 가운데 대학과의 관계를 청산하고, 이후 소렌토에 체류 중이던 바그너 일가를 마지막으로 만나며, 건강이 더 악화되는 상황에서 볼테르를 읽는다. 1878년에는 《인간적인 너무나 인간적인—자유 정신을 위한 책》을, 1879년에는 제2부 상권을 출판한다. 병세가 악화되어 바젤 대학 교수직을 사임한 그는 '가장 암담한 겨울'을 보낸다. 1880년에는 제2부 하권을 출판하고, 베네치아에서 체류한 후에 겨울을 제네바에서 난다.

## II

### 고통의 자기 승화

'고통적인 너무나 고통적인' 이 기간에 니체는 건강이 악화되었음에도 불구하고, 1876년 바이로이트에서 도주한 수일 동안에 시작한 저술을 1878년에 출간하고 후속서도 냈는데, 이 분량을 보면(슈레이타 판으로 600쪽) 그가 최악의 상황에서도 글쓰기를 멈추지 않았다는 것을 알 수 있다. 병에 대한 그의 처방전은 바로 '피로 글쓰기'였다.

삶이 한번 어려운 모습을 보이고 나면, 사실 삶을 가볍게 유지하거나 삶을 가볍게 만드는 것이긴 하지만, 모든 인간들은 저마다 삶을 견딜 수 있는

나름대로의 처방전을 갖는다. (18〔30〕)

그는 방랑 기간에 바벨, 소렌토, 바트라가츠, 나움부르크 등지에서 연속적인 스케치, 메모, 잠언, 단편적인 에세이들을 틈틈이 썼고, 이를 모아 책으로 낼 수 있었다. 그가 고유한 글쓰기에 자서전적인 경구를 도입하게 된 데는 친구인 파울 레뿐만 아니라 몽테뉴, 라 로슈푸코, 라 브뤼예르, 스탕달 등의 영향이 컸다. 《인간적인 너무나 인간적인》은 가장 위대하고 비상한 고통 속에서 탄생한 작품이며, 같은 시기에 작성된 이 유고들에는 죽음에 대한 유혹이 힘겹게 극복되는 과정이 잘 표현돼 있다.

> 죽음에의 동경. ― 배에서 멀미하는 사람이 첫새벽에 해안을 살피듯이, 사람은 종종 죽음을 동경한다 ― 사람은 인간이 자신의 배의 진행과 방향을 변경할 수 없다는 것을 안다. (23〔188〕)

니체를 반계몽주의자라고 비판하는 학자들이 많고, 그중 대표적인 인물이 하버마스J. Habermas다. 그러나 그러한 단정은 위험한데, 니체가 '자유 정신을 위한 부제'를 덧붙인 것이 자기 해방을 욕구하는 것으로 이해될 수 있기 때문이다. 따라서 니체는 일관된 철저한 반계몽주의자는 아니었고, 자신을 구속하는 힘으로부터 벗어나기 위해 실존을 고민했다. 그의 자유로운 정신을 향한 동경, 그것은 기독교적 독단론, 쇼펜하우어의 의지의 형이상학, 그리고 바그너적인 미학에서의 탈피를 의미한다. 비의존성, 독립된 영혼은 그를 묶었던 쇠사슬의 속박으로부터의 탈출이다. 즉 "사상가의 독립성은 대지에서 증가"(27〔12〕)하고 이제 "사람은 권력을 위한 독립성(자유)을 얻고자 한다. 그 역은 아니다"(41〔3〕).

니체가 쇼펜하우어와 바그너에게서 탈피했음은 다음과 같은 근거들을 통해 구체적으로 설명해볼 수 있다. 첫째, 그는 물자체, 피안, 의지 자체 등을 주장하는 칸트와 쇼펜하우어의 인식론의 영향 하에서 주장되는, 감각의 세계가 실재와는 다른 표상의 세계라는 점을 부인한다. 배후의 세계, 초월의 세계, 사후의 세계는 따로 존재하는 것이 아니다. 선과 악 자체, 현상과 물자체의 구분에 대한 형이상학적 믿음은 탈자연화의 과정이다. 쇼펜하우어와 바그너는 단지 "현존재의 조화를 부정하고 세계의 배후에 잘못 놓인 예술. 모든 이러한 배후세계론자와 형이상학자" (30〔124〕)일 뿐이다. 니체는 현상과 본질 간의 이분법은 표상에 대한 하나의 근본 오류를 범하는 것이라고 단정한다.

근본 이해는 물자체와 현상이 완전히 충족될 수 없는 대립에 서 있는 것처럼 나타나는 근거를 간과했다 : 우리는 현상을 마찬가지로 오류로 휘감았고, 현상은 당연히 오류와 짜여 있어서, 아무도 현상 세계를 오류로부터 분리하여 생각할 수 없다……우리가 지금 세계라고 명명하는 것은, 유기적인 존재의 모든 발전에서 점차적으로 발생하고, 서로 자라고, 우리에게 모든 과거가 이제 집적된 보물로서 상속된, 많은 오류의 결과다. (23〔125〕)

둘째, 니체는 바그너 숭배와 예술의 주도적인 역할, 즉 예술만이 삶을 구제한다는 미학적 존재론에서 어느 정도 거리를 취한다. 디오니소스적인 도취로부터 밝고 맑음의 단계로 나가 자기 비판을 시도하면서 쇼펜하우어뿐만 아니라 칸트의 미학 원칙인 무관심성, 무목적성을 정면으로 부정하고, 미적인 것을 쾌감이라는 유용성에 근거하는 것으로 보고 있는 것이다.

셋째, 계몽주의자로서 니체는 이성의 해방적 성격을 방랑에서 획득한다. 자유란 바로 목적 없는 방랑자Wanderer가 구현하는 세계에 대한 열려 있음을 인정하는 데서 가능하다. 니체는 여행의 장점에 대해 짧게 언급한다. 여행에서 체득하는 지혜는 알고 떠나는 유목민적(노마드 Nomad) 사유다.

여행자에 관하여 : 어떤 이는 적은 것에서 많은 것을 만들고, 대부분은 많은 것에서 아무것도 만들지 못한다. 보게 (여행하게) 되면 ; 구경 ; 체험 ; 친숙 ; 떠남 — 다섯 번째 단계 ; 소수가 최고의 단계에 이른다. (28[19])

그의 여행 체험이 구체화되는 이 유고에서 니체는 이미 새로운 정신, 실험적 모험과 모든 가치의 전도를 기획하고 있고, 그 새로움은 앞으로 이어질 위대한 사상을 준비하고 있다.

III

사상적 단초들

니체의 글은 많은 경우 체계적이지 않다. 분열적 사고를 기록한 유고는 새로운 주제들을 언급하지는 않지만 자유 정신, 해방, 여행, 결혼, 심리학, 도덕, 예술, 종교, 형이상학, 정치 등에 많은 부분을 할애하고 있다.

자유 정신은 미래의 철학자들이 가져야 할 새로운 덕목이다. "자유를 향해 난 계단은 다양하다. 한 사람이 이 계단으로 올라갈 수 없으면 (예를 들어 그가 완고한 기질의 사람이라면) 그는 아마 저 계단으로 올라갈 수 있을 것이다. 그러면 그 한쪽 힘은 비정상적으로 강하게 발전한다. 독립성을 위한 감각은……[우리로 하여금] 자유를 향해 잘 나아갈 수" 있게 한다(16[16]). 그러나 "지난 세기, 자유 정신의 상은 미완성으로 남아 있었다. 그들은 너무 적게 부정했고, 스스로를 과잉보호했다"(16[55]). 이제 "자유롭게 사유하는 사람은 모든 세대의 발전을 미리 완료"하고 (16[28]) "삶에 대한 새로운 가능성을 고안"해야만 한다(17[44]).

니체의 화두는 존재의 가벼움이다. 자유는 형이상학과 종교적 금욕주의에 의해 가중된 무게를 거부하는 것이다. 가볍게 살기, 가볍게 사유하기는 속박된 사유로부터의 해방이다.

어떻게 자유 정신이 궁극적으로 적극적인 삶에 관계하는가? — 가볍게 묶이는 것 — 그러나 자기 행동의 노예는 아님. (16[47])

자유는 부담을 주는 기존의 모든 것에서 탈피하는 것, 《차라투스트라는 이렇게 말했다》에 나오는 '정신의 세 가지 변화'에서 낙타에 비유되는 노예 상태를 벗어나는 것이다. 니체는 삶의 무게를 가볍게 하기 위한 정신적 해방을 위해 '쟁기 날'의 방법이 필요하다고 말한다(17[105]). 쟁기 날은 단지 경작을 의미하는 것이 아니라 후에 계보학이라는 방법론에 적용되는 메타포다.

쟁기 날은 딱딱하고 부드러운 땅을 자르고, 높고 낮음을 무시하고 땅에 접근한다. 이 책은 선한 자와 악한 자를 위한 것, 저열한 자와 힘 있는 자를 위한 것이다. 책을 읽는 악한 자는 더 선하게 되고 책을 읽는 선한 자는 더 나쁘게 될 것이다. 책을 읽는 소인배는 더 힘을 갖게 되고 힘 있는 자는 더 작게 될 것이다. (18[62])

계보학적 방법에 의해 도덕성이 성장한 토양이 파헤쳐짐에 따라 또 다른 모습이 나타난다. 계보학은 자명하고 의심할 여지가 없는 도덕적 판단, 가치, 윤리 체계의 밑에서 균열되고 단절된 지층들을 드러내어 모순, 불일치성, 차이를 보여주는 전략이다. 계보학이 적용된 대표적인 예가 바로 도덕에 대한 심리학적 고찰이다. 니체는 도덕의 비이기성을 유용성과의 관계에서 살펴보고 도덕, 무엇보다 이웃에 대한 동정과 인류은 인간의 본능에 가해진 습관화된 강제성이라는 결론을 내린다.

도덕가들의 오류는 그들이 도덕적인 것을 설명하기 위해 이기적이고 비이기적인 것을 마치 비도덕적이고 도덕적인 것처럼 서로 대립시키는 것에 있다. 즉 그들이 도덕적인 발전의 최종 목적의 출발점을 우리의 현재의 감각으로 잡는 것에 있다. 그러나 이러한 발전의 마지막 단계는 수많은 단계를 통해, 철학과 형이상학의 유입을 통해, 기독교에 의해 조건 지어지며, 도덕적인 것의 근원을 설명하는 데 철저히 이용되지 않는다. 게다가 비이기적인 행위가 우리에게 익숙한 개념이라는 것, 그러나 실제적인 사실이 결코 아니고 단지 그럴듯한 사실이라는 것이 가능하다 ; 동정의 도입은 예를 들어 아마도 이기주의로 환원된다. (23[96])

자유로운 정신이 양심이라는 짐에서 벗어나기 위해서 "정신적 해방을 위한 양심의 가책의 가치"가 "기존의 행위의 원인에 매우 고통스럽게 작용하는 표상"으로 작동하기 때문에, 우리는 양심이 사람들이 사는 "사회

내부의 관습과 일반적인 생각과 별다른 것이 아니라는 것을 발견"해야
한다(23[103]).

자유 정신을 불가능하게 한 것은 평준화를 목표로 하는 교육 체계다.
철저히 시간제라는 양적인 규범에 따라 운영되는 학교에서 개인의 재능
은 무시되고, 환경에 적응하도록 주입하는 교육에서 자립심은 기대할 수
없다. 그것은 교육의 정당성 자체를 위협하는 위기 상황이다.

공식적인 모든 학교는 평균적인 본성들에 맞게 조정되어 있다. 그러니
까, 익어가면서 별다른 관찰 대상이 되지 못하는 과실을 맺는 그런 본성에
맞춘 것이다. 원래 성숙해지고 열매 맺는 것이 모두에게 중요시되는 그런
보다 높은 정신과 정서가 그런 본성들에게서는 희생양이 된다. (18[2])

바그너의 음악적 마취에서 깨어나 새로운 삶으로 나아가고 암흑화에
서 벗어나는 길은 분명 과학에 있다고 니체는 믿고 있다.

과학은 모든 종교의 죽음이며, 아마도 언젠가 또한 예술의 죽음이다.
(23[13])

이 유고에서는 과학적 실증주의에 대한 옹호가 크게 두드러지지 않지
만, 확실한 것은 과학적인 인간이 니체의 모범이 된다는 점이다. 따라서
우리는 조심스럽게 "모든 실증주의를 자신 안에 수용하는 것이 필요하
다"(22[37]). 의심할 여지 없이 인간의 의식의 발전 단계에서 과학은 가
장 성숙된 단계다.

선하고 유능한 사람은 그가 다른 문화를 두루 겪고 모든 개인의 이해와 파악에서 언젠가 정점에 이르는 한에서 여러 번 성숙의 상태를 체험한다 : 그리고 인간은 그 자체가 모든 세기의 내용을 예감할 수 있다 : 왜냐하면 그가 다른 문화를 통해 이룬 진행은 많은 세대가 나중에 서로 이루는 것과 같은 것이기 때문이다. ― 그래서 그는 또한 여러 번 미성숙의, 완전한 개화의, 과다 성숙의 상태를 갖는다 : 이러한 모든 등급을 그는 아마도 처음에 언젠가는 종교적인 인간으로, 그리고 다시 예술가적인 인간으로, 마지막으로 과학적인 인간으로 관철한다. (23〔145〕)

니체는 "본질적인 것에서 지배적인 형이상학적-예술가적인 견해를 포기했다는 것을 명백하게 설명"(23〔159〕)한다. 바그너에게 반대하여 그의 새로운 이상으로 설정된 것은 "강한 자유로운 인간은 비-예술가다"(27〔4〕)라는 것이다. 왜냐하면 바그너의 음악은 도덕화된 예술로서 대중을 자극하면서 기독교·유대교적인 사유를 복원시키기 때문이다. 니체가 바그너적인 선동주의와 예술가적 형이상학에 반대하게 된 결정적인 원인은 바이로이트에서의 절망이다.

나의 실수는 내가 바이로이트로 이상을 갖고 왔다는 것이다 : 그래서 나는 가장 심한 실망을 경험해야 했다. 추한 것, 왜곡된 것, 지나치게 첨가된 것의 과잉이 나에게 심하게 거부감을 준다. (30〔1〕)

왜냐하면 "모든 뛰어난 것은 중간의 본성을" 갖고, "리하르트 바그너의 음악은 과숙한 음악기에 해당"되기 때문이다(27〔92〕). 바그너의 예술, "그것은 실제로 현대의 예술이다 : 미적인 시대를 그것이 거부할 것이다. 보다 섬세한 사람들은 그것을 또한 이제 거절한다. 모든 미적인 것의 조잡화. — 괴테의 이상에 반대하여 조심스럽고 깊게 뒤떨어진. 이러한 헌신하는, 불타는-신뢰하는 바그너의 본성의 도덕적인 대조는 가시로서, 자극제로서 작용한다"(27〔25〕).

이제 니체는 미학에 대한 새로운 독자적인 견해를 제시한다. 미학을 통한 실존의 정당화라는 '거대 담론'을 포기하고 미의 본질에 대한 그의 근본 입장을 수정한다. 우선 《비극의 탄생》에 대해 니체는 새롭게 평가한다.

> 그 당시에 나는 세계가 미적인 관점에서 연극이고 그 자체로서 세계의 시인에 의해 생각되며, 그러나 도덕적인 현상으로서의 세계는 사기라고 믿었다 : 그 때문에 나는 단지 미적인 현상으로서의 세계만이 정당화된다는 결론에 이르렀다. (30〔51〕)

그러나 이러한 거창한 근본 입장에서 전환하여 니체는 미의 유용성을 쾌감의 증가라는 목적으로 환원한다.

> 유용성은 쾌적함(아름다움)보다 더 높이 있다. 왜냐하면 그것이 간접적으로 계속 쾌적함을 얻으려고 노력하고, 순간적인 것이 아니라, 또는 (예를 들어, 건강함으로써) 쾌적함을 만들기를 추구하기 때문이다. 아름다움의 예술은 단지 순간에 의존하거나 또는 유용성과 결합된다 ; 유용성은 결코 자기 목적이 아니라 쾌적함의 쾌감이다. (30〔89〕)

그렇다면 예술의 비판 근거는 무엇인가? 니체에 의하면 미학은 자연

에 대한 철저한 인간화의 산물이다. 숭고한 예술적 체험은 그것을 구성
하는 감각들, 즉 시각, 청각, 촉각 등에 대한 과학적인 설명에 의해 세세
한 부분까지 해부될 수 있다. 다시 말해 사물은 반사에 의해 달리 보일
수 있고 지각에 의해 절단되고 구성된다.

예술은 자연이 아니라 단지 인간에게만 속한다. — 자연에는 아무런 소
리가 없다. 자연은 말이 없다 ; 아무런 색깔도 없다. 또한 아무런 형태도 없
다, 왜냐하면 자연은 눈 표면의 반사의 결과이기 때문이다. 그러나 그 자체
로서는 위와 아래, 안과 밖은 존재하지 않는다……소리를 하나의 진동하는
운동으로 파악할 수 있다 ; 우리가 자연을 점점 더 탈자연화할수록, 세계는
우리에게 점점 더 공허하고 의미 없게 된다. — 예술은 전적으로 인간화된
자연에, 오류와 기만으로 짜이고 엮인, 어떤 예술도 도외시할 수 없는 자연
에 근거한다 ; 〈예술은〉 사물의 본질을 파악하지 않는다. (23〔150〕)

밖의 세계로 연결된 감각에 의존하는 감동은 그 세계의 본질로 이끄
는 것이 아니다. 체험의 영역은 "거친 촉각" 뿐인 안구의 "특정한 점에서
전도하는 전기적 흐름", "화학적 원자" 등에 의해 설명될 수 있다
(23〔150〕). 따라서 실재를 감지하기에는 우리의 감각이 너무 무디며, 예
술적 감동은 창작된 것으로서 환상이 가미된 인간적 현상일 뿐이다. 따
라서 예술은 과학으로 해소 가능한 영역이다.
또한 이 유고에서 중요한 점은 니체가 문화 비판적인 단초들을 짧은
명제들로 언급하고 있다는 것이다. 근대적 위기를 니체는 양식(樣式)의
부재로 본다.

우리는 중심이 몰락하고 있는 문화 속에서 산다. (19[65])

니체의 시대는 프랑스에서의 폭동에서 야기된 두려움과 몰락의 예감으로 각인된다.

가을 — 아픔 — 폐허 — 끈끈이 과꽃. 아주 유사하게 이른바 루브르의 화재 — 문화-가을 감정. 더 깊은 고통은 절대로 없다. (28[1])

니체의 문화염세주의는 삶의 방향 부재와 극도의 불안정과 결합되어 결국 그로 하여금 "내가 근대적인 문화 지평의 불확실성을 응시할 때 두려움이 생겼다"(40[9])고 회고하게 한다.

정의론(正義論)과 관련하여 니체는 기본적으로 인간의 평등성을 신학적인 틀로 설명하는 것, 즉 모든 인간이 신 앞에 평등하다는 당위성에 대해 회의적이며, 오히려 평등에 대한 요구가 근본적으로 불평등한 계급 간의 원한Ressentiment에 기초를 두고 있다고 인식하고 그 원한을 어떻게 사회적으로 조직하느냐에 관심을 갖는다. 따라서 그에게서는 분배적 정의보다는 처벌적 정의가 중요한 관심사다. 니체가 기획한 "범죄 처벌의 역사"(42[70])에 대한 분석은 미셸 푸코Michel Foucault가 《감시와 처벌》에서 다룬 신체의 기호화와도 관련되는 주제다.

니체는 처벌의 대상이 도덕적 주체로서 인간이 '의도한' 행위에 제한되어야 하며, '강제적인' 상황은 예외여야 한다고 주장한다.

강제의 행동은 처벌되지 않는다는 전제. 단지 의도적인 행동만이 — 그러나 모든 의도적인 행위는 아니다! 누군가 의도적으로 행동하는 곳에 : 왜냐하면 또는 그것과 함께 — 그곳에 동기 부여의 강제가 있기 때문이다. 사람은 동기를 처벌해서는 안 된다. (42[58])

"처벌하는 정의에 반대하여" 신체에 대해 행해지는 "기억의 가장 강한 자극제로서의 고통"은 "모든 처벌에 대한 가장 큰 완화"이지만 "동일화"를 통한 잔인한 "기억술의 수단"으로 자리 잡게 된다(42[61]). 처벌의 동일화는 행위의 결과에 따라 똑같은 형량을 적용하는 것이다. 문제점은 동기주의에 바탕을 둔 처벌이 질적으로 다른 동기들의 측정 가능성과 수량화(數量化)에 바탕을 둔다는 것이다.

　　처벌의 동일화는 범죄의 동일화를 전제로 한다. 그러나 동기와 관련하여
　　어떤 동일성은 없다. (42[63])

인간의 의지가 자유롭다는 전제 하에서, 즉 달리 선택할 수 있는 가능성에서 볼 때 개별적인 차이에도 불구하고 죄의 대가는 "자유로운 의지의 이론에 따른 당연한 처벌이다 : 즉 자유로운 의지와 관련하여 모두가 같게 정립된다……이러한 동일성 때문에 또한 처벌은 모든 사람에게 같을 수 있다"(42[62]).

인간은 오직 이성의 주체에 대해서만 행위의 책임을 물을 수 있고 처벌을 할 수 있다. 그러나 만약 누군가 행위의 내적 강제성을 분석해 다른 것을 선택하는 일이 불가능한 사람이었다면, 따라서 나쁜 경향심에서 자유롭지 못하고 절대적인 자의 때문에 비이성적으로 행동해 타락과 죄를 범했다면 그를 처벌할 수 없다. 처벌의 정당성은 인간의 이성이 보장될 때에만 획득될 수 있는 것이며 모든 법적·도덕적 처벌의 근거는 인간의

자유 의지에 대한 강한 믿음에 있다. 그러므로 예를 들면 이성을 의도적으로 부정하지 않는 광인은 "내적인 강제의 결과로 다른 것을 한다고 가정한다면, 그는 처벌될 수 없다"(42[65]).

니체가 파시즘의 사상적 원흉으로 간주되어 히틀러와 함께 재판을 받는 그림이 있다. 이 오해를 불식시키기 위해 폭력의 정당화에 대한 니체의 입장을 살펴볼 필요가 있다. 방어 또는 선제 공격이라는 측면에서 전쟁이 정당화되고, 테러리즘과 '악의 축'에 대한 국제적 비난이 일고, 더나아가 국가의 주권 침해를 불사한 적극적인 개입론이 쟁점화되고 있는 오늘날, 니체가 모든 폭력을 정당화할 수 있는 자기 보존과 정당방위를 문제 삼았다는 것이 흥미롭게 느껴진다. 그는 전쟁에 대한 방어적 정당성은 한낱 허울일 뿐이며 그 논리에 민족 간의 깊은 증오심이 내재해 있음을 폭로한다. 폭력에 근본적으로 반대하는 니체의 입장은 현대, 전쟁의 시대를 살아가는 우리에게 시사하는 바가 크다.

정당방위의 군대? — 그러나 자기 보존 때문에 정당방위. 얼마나 많은 공격-전쟁이 자기 보존 때문에 일어났는가! (공격을 예방하기 위해, 국민의 관심을 전환하기 위해 등.) 정복자는 결국 또한 단지 그가 존재하는 본질로써 자신의 자기 보존을 찾는다 : 그는 정복해야 한다 : "그대의 정당방위는 모든 전쟁을 정당화한다. 칼을 파괴하고 말한다 : 우리는 오히려 모든 것을 겪고자 하고, 물론 적을 사회에서 지탱하기보다 물리친다." 마찬가지로 그것은 처벌하는 정의와 연결된다. 어떤 국가도 군대가 정복의-의도 때문에 유지되어야 한다는 것을 이제 인정하지 않는다. 그래서 다음과 같이 말한다 : 이웃의 정복-욕망과 허위를 비난한다. 이것은 증오하는 신념이다. (42[38])

# IV

니체의 유고 번역에 많은 어려움을 느꼈지만 정리되지 않은 단상들을 추체험하는 것은 매우 보람 있는 일이었다. 무수한 암호와 기호 그리고 상징으로 뒤덮인 잎과 가지를 뚫고 그 줄기를 더듬으면서 니체 사유의 높이와 깊이 그리고 넓이를 가늠할 수 있었던 것은 옮긴이로 하여금 철학함이 무엇인지를 다시 한번 되짚어보게 하는 계기가 되었다.

이 유고의 번역을 추천해주신 김정현 교수님, 늘 해석학적인 엄밀함과 인간적인 따뜻함으로 철학적 대화에 응해주시는 최성환 교수님께 깊은 감사를 드린다. 또한 라틴어와 희랍어 번역을 도와준 손병석 교수님과 임건태, 이탈리아어 번역을 흔쾌히 맡아준 얀 보포르Prof. Dr. Jan Beaufort, 그리고 인내심을 갖고 함께 작업해준 책세상에 진심으로 감사를 표한다.

# 연보

### 1844년

10월 15일, 목사였던 카를 루트비히 니체Carl Ludwig Nietzsche와 이웃 고장 목사의 딸 프란치스카 욀러Franziska Öhler 사이의 첫아들로 뢰켄에서 프리드리히 니체가 태어났다. 1846년에는 여동생 엘리자베트가, 1848년에는 남동생 요제프가 태어난다. 이듬해에 아버지 카를이 사망하고 몇 달 후에는 요제프가 사망한다.

### 1850년

가족과 함께 나움부르크로 이사한다. 그를 평범한 소년으로 교육시키려는 할머니의 뜻에 따라 소년 시민학교Knaben-Bürgerschule에 입학한다. 하지만 학교에 적응하지 못하고 곧 그만둔다.

### 1851년

칸디다텐 베버Kandidaten Weber라는 사설 교육 기관에 들어가 종교, 라틴어, 그리스어 수업을 받는다.

이때 친구 쿠룩의 집에서 처음으로 음악을 알게 되고 어머니에게서 피아노를 선물받아 음악 교육을 받기 시작한다.

### 1853년

돔 김나지움Domgymnasium에 입학한다.

대단한 열성으로 학업에 임했으며 이듬해에 이미 작시와 작곡을 시작한다. 할머니가 사망한다.

## 1858년

14세 때 김나지움 슐포르타Schulpforta에 입학하여 철저한 인문계 중등 교육을 받는다. 고전어와 독일 문학에서 비상한 재주를 보였을 뿐만 아니라 작시도 했고, 음악 서클을 만들어 교회 음악을 작곡할 정도로 음악적 관심과 재능도 보인다.

## 1862년

〈운명과 역사Fatum und Geschichte〉라는 글을 쓴다. 이것은 이후의 사유에 대한 일종의 예견서 같은 역할을 한다. 이외에도 다양한 문학적 계획을 세운다.

이처럼 니체는 이미 소년 시절에 창조적으로 생활한다. 그렇지만 음악에 대한 천부적인 재질, 치밀한 분석 능력과 인내를 요하는 고전어에 대한 재능, 문학적 능력 등에도 불구하고 그는 행복하지는 못했던 것 같다. 아버지의 부재와 여성들로 이루어진 가정, 이 가정에서의 할머니의 위압적인 중심 역할과 어머니의 불안정한 위치 및 이들의 갈등 관계, 자신의 불안정한 위치의 심적 대체물로 나타난 니체 남매에 대한 어머니의 지나친 보호 본능 등으로 인해 그는 불안스러운 어린 시절을 보내게 되며 이런 환경에서 아버지와 가부장적 권위, 남성상에 대한 동경을 품게 된다.

## 1864년

슐포르타를 우수한 성적으로 졸업한다. 본Bonn 대학에서 1864/65년 겨울 학기에 신학과 고전문헌학 공부를 시작한다.

동료 도이센과 함께 '프랑코니아Frankonia' 라는 서클에 가입하며, 사교적이고 음악적인 삶을 살게 된다. 한 학기가 지난 후 신약 성서에 대한 문헌학적인 비판적 시각이 형성되면서 신학 공부를 포기하려 한다. 이로 인해 어머니와의 첫 갈등을 겪은 후 저명한 문헌학자 리츨F. W. Ritschl의 강의를 수강한다.

## 1865년

1865/66년 겨울 학기에 리츨 교수를 따라 라이프치히로 학교를 옮긴다. 라이프치히에서 리츨의 지도 하에 시작한 고전문헌학 공부와 쇼펜하우어의 발견에 힘입어 학자로서의 삶을 시작한다. 하지만 육체적으로는 아주 어려운 시기를 맞게 된다. 소년 시절에 나타났던 병증들이 악화되었으며, 그는 류머티즘과 격렬한 구토에 시달리고 매독 치료를 받기도 한다. 늦가을에 우연히 고서점에서 쇼펜하우어의 《의지와 표상으로서의 세계》를 발견해 탐독하고 그의 염세주의 철학에 한동안 매료되었으며, 이러한 자극 아래 훗날 《음악의 정신으로부터의 비극의 탄생Die Geburt der Tragödie aus dem Geist der Musik》(이하 《비극의 탄생》)을 쓰게 된다. 또한 이 시기에 문헌학적 공부에 전념한다.

## 1866년

로데E. Rhode와 친교를 맺는다. 시인 테오그니스Theognis와 고대의 철학사가인 디오게네스 라에르티오스Diogenes Laertios의 자료들에 대한 문헌학적 작업을 시작한다. 디오게네스에 대한 연구와 니체에 대한 리츨의 높은 평가로 인해 문헌학자로서의 니체의 이름이 알려지기 시작한다.

## 1867년

디오게네스 논문이 《라인문헌학지 *Rheinische Museum für Philologie*》, XXII에 게재된다. 1월에 아리스토텔레스 저작의 전통에 대해 강연한다. 호메로스와 데모크리토스에 대한 연구를 시작하고 칸트 철학을 접하게 된다. 이어 나움부르크에서 군대 생활을 시작한다.

## 1868년

여러 편의 고전문헌학적 논평을 쓰고 호메로스와 헤시오도스에 대한 학위 논문을 구상한다. 이렇게 문헌학적 활동을 활발히 해나가면서도 문헌학이 자신에게 맞는가에 대해 계속 회의한다. 이로 인해 그리스 문헌학과 관련된 교수 자격 논문을 계획하다가도 때로는 칸트와 관련된 철학 박사 논문을 계획하기도 하고(주제 : 칸트 이후의 유기체의 개념 Der Begriff des Organischen seit Kant), 칸트의 《판단력 비판 *Kritik der Urteilskraft*》과 랑게 G. Lange의 《유물론의 역사 *Geschichte des Materialismus*》를 읽기도 하며, 화학으로 전공을 바꿀 생각도 잠시 해본다. 이 다양한 논문 계획들은 1869년 초에 박사 학위나 교수 자격 논문 없이도 바젤의 고전문헌학 교수직을 얻을 수 있다는 리츨의 말을 들은 뒤 중단된다. 3월에는 말에서 떨어져 가슴에 심한 부상을 입고, 10월에 제대한 후 라이프치히로 돌아온다. 11월 8일, 동양학자인 브로크하우스 H. Brockhaus의 집에서 바그너를 처음 만난다. 그와 함께 쇼펜하우어와 독일의 현대 철학 그리고 오페라의 미래에 대해 의견을 나눈다. 이때 만난 바그너는 니체에게 깊은 인상을 심어준다. 이 시기에 나타나는 니체의 첫 번째 철학적 작품이 〈목적론에 관하여 Zur Teleologie〉다.

## 1869년

4월에 바젤 대학의 고전어와 고전문학 원외 교수로 위촉된다. 함부르크 대학으로 자리를 옮긴 키슬링A. Kiessling의 후임으로, 그가 이후 독일 문헌학계를 이끌어갈 선두적 인물이 될 것이라는 리츨의 적극적인 천거에 따라 초빙된 것이었다. 5월 17일에 트립셴에 머물던 바그너를 처음 방문하고 이때부터 니체는 자주 트립셴에 머물게 된다. 《라인문헌학지》에 발표한 논문과 디오게네스 라에르티오스의 자료들에 대한 연구를 인정받아 라이프치히 대학에서 박사 학위를 받는다. 부르크하르트Jacob Burckhardt를 존경해 그와 교분을 맺는다. 스위스 국적을 신청하지 않은 채 프로이센 국적을 포기한다.

## 1870년

1월과 2월에 그리스인의 악극 및 소크라테스와 비극에 대한 강연을 한다. 오버베크F. Overbeck를 알게 되고 4월에는 정교수가 된다. 7월에는 독불 전쟁에 자원 의무병으로 참가하지만 이질과 디프테리아에 걸려 10월에 다시 바젤로 돌아온다.

## 1871년

〈Certamen quod dicitur Homeri et Hesiodi〉를 완성하고, 새로운 《라인문헌학지》(1842~1869)의 색인을 작성한다. 2월에는 《비극의 탄생》의 집필을 끝낸다.

## 1872년

첫 철학적 저서 《비극의 탄생》이 출판된다. 그리스 비극 작품의 탄생과 몰락에 대해서 쓴 이 작품은 바그너의 기념비적인 문화 정치를 위한 프로그램적 작품이라고 여겨지기도 하지만 니체의 독창적이고도 철학적인 초기 사유를 제시하고 있다고 평가받는다. 그렇지만 이 시기의 유고들을 보면 그가 문헌학적 문제와 문헌학에 대한 근본적인 비판에 얼마나 전념하고 있었는지를 알 수 있다.

《비극의 탄생》에 대한 학계의 혹평으로 상심한 후 니체는 1876년 바그너의 이념을 전파하는 데 전념할 생각으로 바이로이트 축제를 기획하고 5월에는 준비를 위해 바이로이트로 간다.


1873년

다피트 슈트라우스에 대한 첫 번째 저작 《반시대적 고찰*Unzeitgemäße Betrachtungen : David Strauss, der Bekenner und der Schriftsteller*》이 출간된다. 원래 이 책은 10~13개의 논문들을 포함할 예정이었지만, 실제로는 4개의 주제들로 구성되었다. 다피트 슈트라우스에 대한 1권, 삶에 있어서 역사가 지니는 유용함과 단점에 관한 2권, 교육자로서의 쇼펜하우어를 다룬 3권은 원래의 의도인 독일인들에 대한 경고에 충실하고, 바그너와의 문제를 다룬 4권에서는 바그너에 대한 긍정적 평가가 이루어진다. 여기서 철학은 진정한 삶을 가능하게 하는 예술의 예비 절차 역할을 하며, 다양한 삶의 현상들은 문화 안에서 미적 통일을 이루는 것으로 제시된다. 이러한 시도는 반 년 후에 집필되는 두 번째 《반시대적 고찰》에서 이루어진다.

1872년 초에 이미 바이로이트에 있던 바그너는 이 저술에 옹호적이었지만 그럼에도 양자의 관계는 점점 냉랭해진다. 이때 니체 자신의 관심은 쇼펜하우어에서 볼테르로 옮겨 간다. 이 시기에 구토를 동반한 편두통이 심해지면서 육체적 고통에 시달린다.

### 1874년

《비극의 탄생》 2판과 《반시대적 고찰》 2, 3권이 출간된다. 소크라테스 이전의 사상가에 대한 니체의 1873년 강의를 들었던 레P. Ree와의 긴밀한 관계가 형성되기 시작한다. 10월에 출간된 세 번째 《반시대적 고찰》인 《교육자로서의 쇼펜하우어Schopenhauer als Erzieher》에서는 니체가 바그너와 냉정한 거리를 유지한다는 사실이 드러난다.

### 1875년

《반시대적 고찰》 4권인 《바이로이트의 바그너Richard Wagner in Bayreuth》 (1876년 출간)는 겉으로는 바그너를 위대한 개인으로 형상화하고 있지만, 그 행간에는 니체가 청년기의 이 숭배 대상을 그 스스로 이미 오래전에 멀리해버린 일종의 기념물쯤으로 생각하고 있다는 사실이 숨어 있다. 이것이 출판된 지 한 달 후인 1876년 8월 바이로이트 축제의 마지막 리허설 때 니체는 그곳에 있었지만, 바그너에 대한 숭배의 분위기를 더 이상 견뎌내지 못하고 축제 도중 바이로이트를 떠난다.

겨울 학기가 시작될 때 쾨젤리츠Heinrich Köselitz라는 한 젊은 음악가가 바젤로 찾아와 니체와 오버베크의 강의를 듣는다. 그는 니체의 가장 충실한 학생 중의 하나이자 절친한 교우가 된다. 니체한테서 페터 가스트Peter Gast라는 예명을 받은 그는 니체가 사망한 후 니체의 여동생 엘리자베트와 함께 《힘에의 의지》 편집본의 편집자가 된다. 이 시기에 건강이 눈에 띄게 악화된 니체는 10월 초 1년간의 휴가를 얻어 레와 함께 이탈리아로 요양을 하러 간다. 6월과 7월에 니체는 《반시대적 고찰》의 다른 잠언들을 페터 가스트에게 구술해 받아 적게 하는데, 이것은 나중에 《인간적인 너무나 인간적인Menschliches, Allzumenschliches》의 일부가 된다.

### 1876년

《인간적인 너무나 인간적인》을 집필한다. 3월에 제네바에 있는 '볼테르의 집'을 방문하고 그의 정신을 잠언에 수록하려 한다.

### 1877년

소렌토에서의 강독 모임에서 투키디데스, 〈마태복음〉, 볼테르, 디드로 등을 읽으며 8월까지 요양차 여행을 한다. 9월에는 바젤로 돌아와 강의를 다시 시작한다. 페터 가스트에게 《인간적인 너무나 인간적인》의 내용을 받아 적게 했는데, 이 텍스트는 다음해 5월까지는 비밀로 해달라는 부탁과 함께 12월 3일에 출판사에 보내진다.

### 1878년

5월에 바그너가 《인간적인 너무나 인간적인》 1부를 읽으면서 니체와 바그너 사이의 열정, 갈등, 좌절로 점철된 관계는 실망으로 끝난다. 12월 말경에 《인간적인 너무나 인간적인》의 2부 원고가 완결된다.

《인간적인 너무나 인간적인》 1, 2부는 건설의 전 단계인 파괴의 시기로 진입함을 보여주며 따라서 문체상의 새로운 변화를 보여준다.

### 1879년

건강이 악화되어 3월 19일 강의를 중단하고 제네바로 휴양을 떠난다. 5월에는 바젤 대학에 퇴직 의사를 밝힌다. 9월에 나움부르크로 오기까지 비젠과 장크트모리츠에 머무르며, 《인간적인 너무나 인간적인》의 2부 중 한 부분인 《혼합된 의견과 잠언들 *Vermischte Meinungen und Sprüche*》을 출간한다. 장크트모리츠에서 지내는 여름 동안 2부의 다른 부분인 《방랑자와 그의 그림자*Der Wanderer und sein Schatten*》를 집필해 1880년에 출간한다.

### 1880년

1월에 이미 《아침놀*Morgenröthe*》을 위한 노트들을 만들고 있었으며, 이 시기에 특히 도덕 문제에 대한 독서를 집중적으로 한다. 가스트와 함께 3월에 베네치아로 간 후 여러 곳을 돌아다니다가 11월에 제노바로 간다.

### 1881년

다른 작품들과 마찬가지로 《아침놀》의 원고들이 페터 가스트에 의해 옮겨 적혀 7월 1일에 출간된다. 7월 초에 처음으로 질스마리아로 간다. 그곳의 한 산책길에서 영원회귀에 대한 구상이 떠올랐다는 이야기는 유명하다. 10월 1일에는 제노바로 다시 돌아간다. 건강 상태, 특히 시력이 더욱 악화된다. 11월 27일, 처음으로 비제의 〈카르멘〉을 보고 감격한다. 《아침놀》에서 제시되는 힘의 느낌은 나중에 구체화되는 《힘에의 의지》를 준비하는 단계다.

### 1882년

《아침놀》에 이어 1월에 페터 가스트에게 첫 3부를 보낸다. 이것들은 4부와 함께 8월 말에 《즐거운 학문*Die fröhliche Wissenschaft*》이라는 책으로 출판된다. 3월 말에는 제노바를 떠나 메시나로 배 여행을 하고, 그곳에 4월 20일까지 머무른다. 〈메시나에서의 전원시Idyllen aus Messina〉에 대한 소묘들은 이 여행 며칠 전에 구상되었다. 이것은 니체가 잠언적인 작품 외에 유일하게 발표한 시가로서 《인터나치오날레 모나츠슈리프트*Internationale Monatsschrift*》 5월호에 실린다(267~275쪽). 4월 24일에 메시나를 떠나 로마로 가고, 모이센부르크의 집에서 살로메를 소개받는다. 5월 중순에는 타우텐부르크에서 여동생과 살로메와 함께 지낸다. 27일 살로메가 떠난 뒤 나움부르크로 돌아온다. 10월에 라이프치히에서 살로메를 마지막으로 만난 후 11월 중순부터 제노바를 거쳐 이탈리아의 여러 곳을 돌아다니면서 《차라투스트라는 이렇게 말했다》의 첫 부분을 구상하기 시작한다.

지속적인 휴양 여행, 알프스의 신선한 공기, 이탈리아나 프랑스의 온화한 기후도 육체적인 고통을 덜어주지는 못한다. 그는 아주 한정된 사람들과 교제한다. 살로메와의 만남으로 인해 교제 방식이 변화의 조짐을 보였었지만, 그는 다시 고독한 삶의 방식으로 돌아갈 수밖에 없었다.


### 1883년

《차라투스트라는 이렇게 말했다》의 1부를 쓴 후 아주 빠른 속도로 3부까지 쓴다.


### 1884년

1월에 《차라투스트라는 이렇게 말했다》의 4부가 완성된다.

건강은 비교적 호전되었고, 정신적인 고조를 경험하면서 그의 사유는 정점에 올라 있었다. 그러나 이 시기에 여동생 및 어머니와의 화해와 다툼이 지속된다. 여동생이 푀르스터B. Förster라는, 반유대주의자이자 바그너 숭배자이며, 파라과이에 종족주의적 원칙에 의거한 독일 식민지를 세우려는 계획을 갖고 있는 사람과 약혼하기로 결정하면서, 가까스로 회복된 여동생과의 불화는 다시 심화된다.

### 1885년

《차라투스트라는 이렇게 말했다》의 4부를 출판할 출판업자를 찾지 못해 자비로 출판한다. 5월 22일에 여동생이 결혼하지만 그는 결혼식에 참석하지 않는다. 6월 7일부터 9월까지 질스마리아에서 지내고, 그 후 나움부르크, 뮌헨, 피렌체를 경유해 11월 11일에 니스로 온다. 질스마리아에서 여름을 보내면서 《힘에의 의지》라는 책을 쓸 것을 구상한다. 이 제목 '힘에의 의지'는 1885년 8월의 노트에 처음으로 등장한다. 이후의 노트들에는 '힘에의 의지'라는 제목으로 체계적이고 일반적인 내용을 서술하겠다는 구상들이 등장한다. 이 구상은 여러 번의 변동을 거치다가 결국에는 니체 자신에 의해 1888년 8월에 포기된다.

### 1886년

《선악의 저편Jenseits von Gut und Böse》 역시 자비로 8월 초에 출판된다. 니체는 이전의 작품들을 다시 출간하는 데 관심을 가지고 이전 작품들에 대한 새로운 서문을 쓰기 시작한다. 《인간적인 너무나 인간적인》의 서문, 《비극의 탄생》을 위한 〈자기 비판의 시도Versuch einer Selbstkritik〉라는 서문, 《아침놀》과 《즐거운 학문》의 서문들이 이때 작성된다.

### 1887년

악화된 그의 건강은 6월에 살로메의 결혼 소식을 접하고서 우울증이 겹치는 바람에 심각해진다. 이런 상태에도 불구하고 그의 의식은 명료했다.

6월에 《아침놀》과 《즐거운 학문》, 《차라투스트라는 이렇게 말했다》의 재판이 출간된다. 6월 12일 이후 질스마리아에서 《도덕의 계보Zur Genealogie der Moral》를 집필하고 11월에 자비로 출판한다.

## 1888년

4월 2일까지 니스에 머무르면서 '모든 가치의 전도'에 대한 책을 구상하고 이 책의 일부를 《안티크리스트*Der Antichrist*》라는 책으로 출판한다. 7월에는 《바그너의 경우*Der Fall Wagner*》를 출판사에 보낸다. 6월에 투린을 떠나 질스마리아에서 《우상의 황혼*Götzen-Dämmerung*》을 쓴다. 투린으로 다시 돌아가 《이 사람을 보라*Ecce homo*》를 11월 4일에 끝내고 12월에 출판사로 보낸다. 그사이 《바그너의 경우》가 출판된다. 《디오니소스 송가 *Dionysos-Dithyramben*》를 포함한 이 시기에 쓰인 모든 것이 인쇄를 위해 보내진다.

1887~1888년이라는 그의 지적 활동의 마지막 시기의 유고들에서도 니체는 여전히 자신을 실현하고자 하는 강한 저술적 의도를 보인다. 그렇지만 그는 파괴와 건설 작업에서 그가 사용했던 모든 도구들이 더 이상 쓸모없다는 생각을 한다.

## 1889년

1월 3일(혹은 1월 7일) 카를로 알베르토 광장에서 졸도하면서 심각한 정신 이상 신호가 나타나기 시작한다. 오버베크는 니체를 바젤로 데리고 가서 정신 병원에 입원시킨다. 1월 17일 니체는 어머니에 의해 예나 대학 정신 병원으로 옮겨진다. 《우상의 황혼》, 《니체 대 바그너*Nietzsche contra Wagner*》, 《이 사람을 보라》가 출판된다.

## 1890년

3월 24일에 병원을 떠나 어머니 옆에서 머무르다가 5월 13일에 나움부르크로 돌아온다.

1897년

4월 20일에 어머니가 71세의 나이로 사망하고, 니체는 여동생을 따라 바이마르로 거처를 옮긴다.

페터 가스트는 1892년 니체 전집의 편찬에 들어가, 그해 가을에 차라투스트라 전4부를 처음으로 한 권으로 출판했다. 1894년 초에 여동생은 페터 가스트에게 전집 작업을 중지할 것을 종용하고, 니체 전집의 편찬을 담당할 니체 문서보관소Nietzsche Archiv를 설립했다.

1900년

8월 25일 정오경에 사망했다.

■ 옮긴이 강용수

고려대학교 철학과와 같은 과 대학원을 졸업하고 독일 뷔르츠부르크 대학교에서 박사 학위를 취득했다. 현재 고려대학교와 중앙대학교 등에서 강의하고 있으며, 중앙대학교 부설 중앙철학 연구소의 전임연구원으로 활동하고 있다. 지은 책으로《Nietzsches Kulturphilosophie》가 있고, 논문으로는 〈니체의 과학기술에 대한 실험주의적 고찰〉, 〈니체의 문화철학의 체계성과 연속성에 관한 연구〉, 〈니체의 폭력의 해석학에 대한 비판적 고찰〉, 〈칸트에 대한 니체의 이해와 오해〉, 〈니체의 대중문화 비판〉, 〈니체의 반인간학적 문화론〉 등이 있다.

**니체전집 9(KGW IV2, IV3)** 유고(1876년~1877/78년 겨울)
유고(1878년 봄~1879년 11월)

초판 1쇄 발행 2005년 1월 20일
초판 4쇄 발행 2021년 4월 6일

**지은이** 프리드리히 니체
**옮긴이** 강용수

**펴낸이** 김현태
**펴낸곳** 책세상
**등록** 1975. 5. 21. 제1-517호
**주소** 서울시 마포구 잔다리로 62-1, 3층(04031)
**전화** 02-704-1250(영업) 02-3273-1334(편집)
**팩스** 02-719-1258
**이메일** editor@chaeksesang.com
**광고·제휴 문의** creator@chaeksesang.com
**홈페이지** chaeksesang.com
**페이스북** /chaeksesang   **트위터** @chaeksesang
**인스타그램** @chaeksesang   **네이버포스트** bkworldpub

ISBN 978-89-7013-490-1 04160
    978-89-7013-542-7 (세트)

■ 옮긴이 강용수

고려대학교 철학과와 같은 과 대학원을 졸업하고 독일 뷔르츠부르크 대학교에서 박사 학위를 취득했다. 현재 고려대학교와 중앙대학교 등에서 강의하고 있으며, 중앙대학교 부설 중앙철학 연구소의 전임연구원으로 활동하고 있다. 지은 책으로 《Nietzsches Kulturphilosophie》가 있고, 논문으로는 〈니체의 과학기술에 대한 실험주의적 고찰〉, 〈니체의 문화철학의 체계성과 연속성에 관한 연구〉, 〈니체의 폭력의 해석학에 대한 비판적 고찰〉, 〈칸트에 대한 니체의 이해와 오해〉, 〈니체의 대중문화 비판〉, 〈니체의 반인간학적 문화론〉 등이 있다.

니체전집 9(KGW IV2, IV3)  유고(1876년~1877/78년 겨울)
                          유고(1878년 봄~1879년 11월)

초판 1쇄 발행 2005년 1월 20일
초판 4쇄 발행 2021년 4월 6일

지은이 프리드리히 니체
옮긴이 강용수

펴낸이 김현태
펴낸곳 책세상
등록 1975. 5. 21. 제1-517호
주소 서울시 마포구 잔다리로 62-1, 3층(04031)
전화 02-704-1250(영업) 02-3273-1334(편집)
팩스 02-719-1258
이메일 editor@chaeksesang.com
광고·제휴 문의 creator@chaeksesang.com
홈페이지 chaeksesang.com
페이스북 /chaeksesang   트위터 @chaeksesang
인스타그램 @chaeksesang   네이버포스트 bkworldpub

ISBN 978-89-7013-490-1 04160
     978-89-7013-542-7 (세트)